Gerda Weiler

Der enteignete Mythos

Eine notwendige Revision der
Archetypenlehre C. G. Jungs
und Erich Neumanns

W0360363

Gerda Weiler

Der enteignete Mythos

Eine notwendige Revision der Archetypenlehre C. G. Jungs und Erich Neumanns

Frauenoffensive

1. Auflage, 1985
© Verlag Frauenoffensive, München 1985
(Kellerstr. 39, 8000 München 80)

ISBN 3–88104–148–6

Satz: Sylvia Seyfried, München
Druck: Clausen u. Bosse, Leck
Cover- und Buchgestaltung: Ine Guckert

Für Daniela
meine jüngste Tochter

die in einer Klinik für
suchtkranke Frauen arbeitet,
deren Lebensumstände
einen Mangel an Selbständigkeit
verursacht haben,
so daß sie
mit ihren Schwierigkeiten
nicht mehr fertig werden
und Betäubung durch Alkohol,
Medikamente und Drogen suchen.
Daniela arbeitet als
Psychotherapeutin mit Frauen,
die erst lernen zu leben,
die nicht wissen,
daß sie ein Recht haben,
sich zu behaupten,
ihre Bedürfnisse
und ihren Ärger zu äußern,
die erst erfahren müssen,
daß sie liebenswert sind
und glücklich sein dürfen.

INHALT

VORGETÄUSCHTE VERSÖHNUNG

Erinnerungen an die Zukunft 10
Archetypen sind keine Urbilder 17
Erich Neumann, sein Leben und sein Werk 25

DER ENTEIGNETE MYTHOS

Ich bin die Weisheit, die von Anfang war –
Einstimmung in ein matriarchales Urbild 36
Vergewaltigung und Muttermord 42
Die wundersame Verwandlung des Mannes zur
jungfräulichen Mutter 65
MA-GIE – MA-triarchale Ener-GIE 85
Die Gefäßgöttin 101
Nachthimmelgöttin und Mondmythologie 108
Die furchtbare Mutter 133
Das Geheimnis der Gorgo Medusa 139
Lilith – eine Göttin wird zur Verderberin 153
Die Königin im Fenster 173
Die Jungfrau muß genommen werden 184

PERSÖNLICHKEITSMITTE UND SELBSTFINDUNG DER FRAU

Anima 194
Animus 219
Die Goldene Blüte – die umfassende kosmische Liebesidee
gestaltet sich in Träumen 245

ANHANG

Wie dieses Buch entstanden ist 266
Glossar 268
Bildnachweis 271
Anmerkungen 272
Werke von C. G. Jung 284
Die Werke von Erich Neumann 285
Literaturverzeichnis 287

Vorgetäuschte Versöhnung

Erinnerungen an die Zukunft

Leben und Natur werden vom patriarchalen Bewußtsein kollektivpsychologisch ‚weiblich' definiert. Sie treten dadurch in einen Gegensatz zum Männlichen, das diese Definitionsmacht hat. Gegenüber dem männlichen Subjekt sind Leben, Natur und Erde zum Objekt verkommen. Das gilt nicht nur für den patriarchalen Herrschaftsanspruch gegenüber Natur und Frau, sondern auch für den Vorrang männlicher Aggression und des männlichen Machtanspruchs gegenüber der ohnmächtigen ‚Macht' der Liebe: Wenn es gilt, ‚das Vaterland zu verteidigen', weint ‚Mutter Erde' um ihre Kinder.

Erde, Natur und Leben gewinnen überall dort ihren Subjektcharakter zurück, wo ihnen in dieser Welt wieder Vorrang gegeben wird vor patriarchaler Männermacht. Sie lassen sich dann nicht mehr ‚weiblich' definieren, denn sie repräsentieren die souveräne Seins-Macht, die das ‚Männliche' integriert. Das heißt, die angewandten Gebiete des patriarchalen Geistes – gleichgültig, ob Männer oder Frauen dort tätig sind –, müssen sich heute wieder fragen lassen, ob sie dem Leben dienen. Angesichts dieser Einstellung gewinnen Erde, Natur und Leben ihre matriarchale Würde zurück.

Ohne zu realisieren, daß es matriarchale Weisheit ist, die durch diese tiefgreifende Bewußtseinsveränderung gesellschaftswirksam wird, kritisieren Frauen und Männer die Ausbeutung der Natur und die rücksichtslose Unterwerfung des Lebens unter den Selbstzweck patriarchaler Macht. Ohne zu bedenken, daß sie ein matriarchales Weltbild entwerfen, fordern sie die Verpflichtung der am Detail arbeitenden Wissenschaften gegenüber dem Leben. Sie stellen kritische Fragen an diejenigen, die sich in der Politik, im Handel, in Wirtschaft und Wissenschaft ‚Sachzwängen' unterwerfen. Sie stellen die Frage nach den „Grenzen des Wachstums"[1] und sehen die „Welt auf Kollisionskurs"[2]. „Ein Planet wird geplündert"[3], mahnt der eine, während ein anderer die Ausbeutung der Natur durch den Menschen ein

„Selbstmordprogramm"[4] nennt. Sie fordern für die Wirtschaft

> „die lebendige Versöhnung von Gegensätzen, die nach streng logischen Grundsätzen eigentlich unvereinbar sind".[5]

Mahatma Gandhi entwarf das Konzept einer ‚mittleren Technologie', die in der Lage ist, menschliche Arbeit zu erleichtern. Er kritisierte die Großtechnik, deren Konsequenzen unmenschlich sind. Er verlangte, die Maschine solle dem Menschen dienen und nicht umgekehrt. Darin klingt matriarchale Weisheit an, die alles, was der forschende Geist ersinnen kann, dem Leben verpflichtet.

Die Übersetzung matriarchaler Gesellschaftspraxis in unsere Zeit ist einem in England lebenden Schweizer Bürger gelungen, der in Modellversuchen bewiesen hat, daß Produktionsweisen mit überschaubaren Gruppen menschengerechter sind als großindustrielle Fertigung. Er fordert:

1. Die Wiederherstellung echt schöpferischer Arbeit durch Entwicklung einer vereinfachten, vermenschlichten Technik,
2. eine radikal vereinfachte Lebensweise,
3. die Anerkennung des Vorrangs des Biologischen,
4. die Entwicklung einer dezentralisierten Wirtschaftsstruktur mit vorwiegend kleinen Betrieben und
5. weitgehende Selbstversorgung kleiner kohärenter Gruppen.[6]

Aber dieser Mann würde sich hüten, sein Konzept matriarchal zu nennen, obwohl er unbewußt matriarchale Gesellschaftsstrukturen ‚erinnert'. Er spricht vom *„nach-modernen Menschen"*.[7]

Ökologen sehen die Überbevölkerung der Erde als die Ursache allen Übels an, ohne zu bedenken, daß die Abschaffung von Männermacht über die weibliche Gebärfähigkeit gefordert werden muß, wenn der Lebensraum Erde erhalten werden soll.

> „Praktisch alle Probleme sind eine Funktion der überhöhten Populationsdichte des Menschen. Aber dieses Thema ist ja bei uns völlig tabu. Was sind eigentlich die Vorstellungen unserer Wirtschaftler, unserer Soziologen, unserer Politiker von einer optimalen Bevölkerungsdichte für Mitteleuropa? Nicht nur im Augenblick, sondern langfristig gesehen, im Hinblick auf die Ressourcen und ökologisch-ökonomische Stabilität? Die Frage nach der optimalen Populationsdichte ist die ökologische Kernfrage."[8]

Es gibt heute eine wissenschaftliche Meinung darüber, wie groß die Weltbevölkerung maximal sein dürfte, um langfristig eine ökologische Katastrophe zu vermeiden:

„Leute, die sich intensiv damit beschäftigen, sind darauf gekommen, daß es zwei Milliarden maximal sind. Das heißt, um das Optimum der Weltbevölkerung zu erreichen, müßte diese erheblich schrumpfen, ‚gesundschrumpfen'."[9]

Wenn solche wissenschaftlichen Erkenntnisse vorliegen, dann ist die in patriarchalen Systemen daraus gezogene Konsequenz selbstverständlich die Forderung nach gesetzlich verordneter Bevölkerungskontrolle. Ein Beispiel dafür bietet China. Weltweites Entsetzen löste eine dpa-Meldung aus: In chinesischen Dörfern war und ist es keine Seltenheit, daß Mütter, die ein Mädchen geboren haben, dies ermorden. Eine Sohnesgeburt zählt in China nach wie vor mehr als die Geburt einer Tochter, und die Mutter eines Sohnes steht gesellschaftlich in höherem Ansehen als die Mutter einer Tochter. Wenn nun ein einziges Kind politisch erzwungen wird, ohne die Hierarchie der Geschlechter abzuschaffen, verzweifeln Frauen, die glauben, sie könnten die Schmach nicht tragen, Mutter einer Tochter zu sein.

Das Gleichgewicht zwischen Bevölkerungsdichte und Lebensraum wurde in matriarchalen Gesellschaften durch die Weisheit der Frauen hergestellt. Darüber gibt es ein geschichtliches Dokument. Das Alte Reich Ägyptens brach zusammen, als die oberägyptischen Gaue nach Selbständigkeit strebten und dem König in Memphis den Tribut verweigerten. Der Pyramidenbau kam zum Erliegen und mindestens 40 000 arbeitslose Bauarbeiter strömten ins Nildelta und versuchten, sich in die dortige Bevölkerung zu integrieren. Sie erlernten Handwerke, bebauten brachliegendes Land, und wer Glück hatte, gab seinem elenden Schicksal durch Einheirat eine positive Wendung. Trotz allem glichen die Zustände einem Chaos, das in einem altägyptischen Text, dem „Klagelied des Ipuwer", eindrucksvoll geschildert wird. Niemand dachte daran, die ‚Fremdarbeiter' des Landes zu verweisen. Keine Frau hatte Sorge, ins gesellschaftliche Abseits zu geraten, wenn sie ‚nur' eine Tochter oder überhaupt kein Kind geboren hatte. Unter matriarchalen Gesellschaftsbedingungen lösten die Frauen das Problem der Überbevölkerung stillschweigend und selbstverständlich: „Die Frauen verweigerten das Gebären"[10], bis das ‚ökologische Gleichgewicht' wieder hergestellt war.

Es gibt viele Männer, die mit offenen Augen sehen, daß wir mit der Natur die Basis unserer Existenz zerstören. Die Abschaffung des Patriarchats ist für sie aber so unvorstellbar, daß ihnen der Gedanke an das Aussterben der Menschheit näher liegt.

„Wenn Sie die Naturzerstörung absolut nehmen – dann zerstört der Mensch sich selbst. Und es erhebt sich die Frage, ob der Homo sapiens lebensfähig gehalten werden soll oder nicht."[11]

Um der Naturzerstörung entgegenzuwirken, arbeiten Forscher an einem „Programm für die energie- und industriepolitische Umrüstung unserer Gesellschaft" und stellen der herrschenden Atomwirtschaft das Konzept der „Sanften Energie" entgegen.[12]

Noch nie erfuhr das überdimensional repräsentierte Potential der Macht und Aggression so unerbittlich und weltweit schärfste Kritik. Trotzdem glauben besonders Männer und auch viele Frauen, der Friede in der Welt und die Versöhnung mit der Natur sei möglich innerhalb der bestehenden Patriarchatskultur. Ein Wissenschaftler fordert: „Wir müssen uns der Natur anpassen, wenn wir sie *beherrschen* wollen."[13] (Hervorhebung G. W.) Männer glauben, sie könnten den Frieden in der Politik verwirklichen und sich in der persönlichen Beziehung eine Oase der Machtausübung des Mannes über die Frau bewahren. Sie schaffen die wissenschaftliche Basis für die Erkenntnis, daß

„jedes ökologische Bewußtsein, das ein Kernstück der Systemweisheit ist... charakteristisch ist für traditionelle, nicht auf schriftlicher Überlieferung beruhender Kulturen", – eine „Weisheit, die von unserer überrationalen und mechanisierten Gesellschaft auf betrübliche Weise vernachlässigt wird"[14],

aber sie hüten sich, diese Weisheit matriarchal zu nennen. Daraus ergibt sich die gönnerhaft frauenfreundliche Einstellung zum Feminismus in unserer Zeit:

„Der Feminismus ist eine starke Kraft in unserem kulturellen Wandel... Die Frauenbewegung wird wahrscheinlich eine Schlüsselrolle für das Zusammenwachsen verschiedener gesellschaftlicher Bewegungen spielen. Sie kann sehr wohl zum Katalysator werden, der es den verschiedenen Bewegungen erlaubt, sich in den 1980er Jahren zu vereinen."[15]

Ein Katalysator ist bekanntlich ein Stoff, dem nur auslösende Wirkung zukommt, während er selbst unverändert derselbe bleibt – in der modernen Wissenschaftssprache werden den Frauen Gehilfendienste zugedacht. Da dies seit Adams Zeiten so gewesen ist, warum werden darüber so viel Worte verloren?

Den gleichen fragwürdigen Dienst leistet die Analytische Psychologie C. G. Jungs den Frauen, wenn sie „die *Einbeziehung* des Weiblichen in die patriarchale Kultur" fordert. Sie verlangt damit nichts anderes als die Aufrechterhaltung des status quo. Sie leistet der verbreiteten und für Männer so bequemen Meinung Vorschub, es reiche aus, wenn Männer ein wenig ‚weiblicher und zarter' würden, wenn dabei nur die Vorrangigkeit des „Männlichen' – und die Privilegien des Mannes im besonderen – nicht in Frage gestellt werden. Die Analytische Psychologie, die immer auch den Anspruch erhebt, Kulturpsychologie zu sein, leistet auch der Menschheit einen schlechten Dienst zu einer Zeit, in der die Überzeugung allmählich heranreift, daß die ‚angewandten Gebiete des männlichen Geistes' dem Leben verpflichtet sind, daß dem Eros und nicht dem Logos die kulturschöpferische Kraft zugetraut werden muß.

Die Sehnsucht nach Frieden, das Bedürfnis nach ausgewogenen mitmenschlichen Beziehungen, die vom Vertrauen getragen sind und nicht vom Machtkampf zersetzt werden, der berechtigte Anspruch auf nicht-entfremdete Arbeit und die Sorge um unsere Umwelt haben in jüngster Zeit den Ruf nach ‚Ganzheit' nicht mehr verstummen lassen. Ausgehend von der Überzeugung, daß die Dichotomie der Geschlechter eine Realität sei, glaubt man, eine ganzheitliche Erlebnisweise sei durch Integration der im Patriarchat vernachlässigten weiblichen Komponente in die Gesellschaft zu erreichen. Erich Neumann vertritt diese Auffassung, wenn er fordert,

> „die abendländische Menschheit" müsse „notwendigerweise zu einer Synthese gelangen, in welcher die matriarchale Welt der Psyche fruchtbar einbezogen" werde.[16]

Wie sollte sich die ganzheitliche ‚matriarchale Welt der Psyche' in das abendländische Bewußtsein ‚einbeziehen' lassen, das eine Vorstellungswelt der tausend Splitter und Einzelteile ist? Ganzheit läßt sich nur gewinnen, wenn sich die Teile sinnvoll der umgreifenden Integrationsmacht der kosmischen Ordnung einfügen. Der patriarchale ‚Geist' und das ‚Logos-Prinzip' erfüllen nur dann eine sinnvolle Funktion, wenn sie der Erhaltung des Lebens dienen.

In der Metapher vom ‚verlorenen Paradies' ist das ganzheitliche Weltbild der matriarchalen Menschheit verschlüsselt. Es ist nicht die kollektiv-psychologische Entsprechung der „Einheitswirklichkeit"[17], jener Undifferenziertheit der kindlichen Seele, die unfähig ist, zwischen Ich und Nicht-Ich zu unterscheiden. Es ist die Erinnerung an eine vom Eros getragene Kultur, die, differenziert und unterscheidungsfähig, dennoch die Ganzheit der Persönlichkeit und die Beziehung der Menschen zur Natur nicht zerstört hat.

Nicht allein Frauen, sondern auch Männer sehnen sich heute nach Erlösung vom Patriarchat. Sie suchen nach anderen Formen mitmenschlicher Begegnung, und sie hoffen, durch herrschaftsfreie Beziehungen seelische Gesundheit und menschliche Integrität wiederzuerlangen. Wenn es ihnen gelingt, mit ihrem Persönlichkeitskern in Berührung zu kommen, begegnet ihnen dort häufig das komplexe Bild ganzheitlicher Menschheit: Sie ‚erinnern' matriarchales Bewußtsein. Aus der Begegnung mit ihrem ‚Unbewußten' entsteht der Entwurf für eine lebenswerte Welt von morgen.

Hand in Hand mit dem innerseelischen Bemühen, das ‚verlorene Paradies' wiederzuentdecken, gehen äußere Anstrengungen moderner Wissenschaftler, versunkene Kulturen auszugraben, vergessene Sprachen zu erforschen, uralte Kulttexte zu verstehen. Jahrtausendelang interessierte sich niemand für die Vergangenheit. Es muß eine verborgene Kraft wirksam sein, die die wissenschaftliche Bemühung mit der Zielrichtung der Seele synchronisiert.

Archäologische, ethnologische und sprachwissenschaftliche Forschungen vermitteln, wenn die Erkenntnisse der Mythenforschung hinzugezogen werden, ein einigermaßen vollständiges und zutreffendes Bild von der Lebensweise matriarchal orientierter Völker. Dabei werden unsere anerzogenen Vorstellungen von der Primitivität archaischer Menschen gründlich korrigiert. In Kenntnis matriarchaler Religion und Gesellschaftspraxis stellen heute besonders Frauen die Frage nach der Bedeutung des matriarchalen Bewußtseins angesichts der modernen Menschheitskrise. Übergreifende, ganzheitliche Matriarchatsforschung wird gegenwärtig ausschließlich von Frauen geleistet. Ohne Zweifel liegt es aber im Interesse von Frauen *und* Männern, nach matriarchaler Menschlichkeit zu fragen und die Erinnerung an eine verlorengegangene Weisheit als utopische Phantasie in die Zukunft zu werfen.

Die Sinnfrage – welchen Sinn hat menschliches Leben in dieser Welt – wird vom matriarchalen Bewußtsein völlig anders gestellt: Nicht durch Herrschaft und Willkürgesetzgebung, sondern durch Toleranz und Anpassung an die innewohnenden Ordnungsprinzipien erfüllen die Menschen ihren Auftrag.

Matriarchale Religion und Lebensweise bieten hilfreiche Modelle an, wenn es um die Frage der Überlebensmöglichkeiten der modernen Menschheit geht. Die matriarchale Weisheit hat zentral mit den Problemen echter Menschlichkeit zu tun. Deshalb ist sie heute so aktuell wie vor vielen tausend Jahren.

Archetypen sind keine Urbilder

Im wörtlichen Sinn ist ‚Urbild' die deutsche Übersetzung des griechischen Wortes ‚Archetyp'. Wenn ich trotzdem zwischen Urbild und Archetyp unterscheide, so deshalb, weil der ‚Archetyp' im Laufe der abendländischen Bewußtseinsentwicklung zu einem unanschaulich abstrakten Begriff geworden ist, der mit dem ganzheitlichen ‚Urbild' des matriarchalen Bewußtseins nur noch den Namen gemeinsam hat.

Die Ursprungssymbole der Menschheit sind komplexe Bilder, in denen sich die Einheit von Geist und Materie ausdrückt. In ihnen spiegelt sich das ganzheitliche, geschlossene Weltbild matriarchaler Gesellschaften. Die Bedeutungsvielfalt matriarchaler Urbilder spricht für die Integrationskraft eines Bewußtseins, das fähig gewesen ist, in einem einzigen Symbol eine ganze Weltanschauung faßbar zu machen. Die Urbilder entstehen spontan überall, wo Leben, Spannung und Bewegung ist. Sie spiegeln die weise Ordnung, die den Dingen innewohnt. Immer sind sie der Anschauung zugänglich, und alle Symbole der matriarchalen Menschheit sind der Natur abgelauscht.

Ausschließlich für die echten Ursprungssymbole der Menschheit benutze ich in der vorliegenden Arbeit den Begriff ‚Urbild' und grenze ihn ausdrücklich gegen den ‚Archetypus' der Philosophie und der Analytischen Psychologie C. G. Jungs ab.

Der philosophische Begriff des Archetypischen geht auf Platon zurück und bezeichnet Ideen, „die gedacht, aber nicht gesehen werden können"[1], das heißt, es sind Vorstellungen vollkommener menschlicher Tugenden, die im irdischen Leben zwar angestrebt werden sollen, aber für einen Sterblichen unerreichbar sind. Der ‚Archetypus' ist aus dem Lebenszusammenhang abgespalten und zum Abstraktum geworden. Er ist die ‚allen Erscheinungen präexistente Idee'.

Trotzdem ist Platon nicht durch reine Betrachtung, sondern durch philosophische Grübeleien, in die er nach einer bitteren

Enttäuschung verfiel, zu seiner Ideenlehre gekommen.

Korruption und politische Gewaltherrschaft hatten zur Verurteilung des Sokrates geführt, der sein Lehrer und Vorbild gewesen war. Platon, der bisher Tragödien geschrieben hatte, wandte sich der Politik zu und mußte verbittert erkennen, daß überall Ungerechtigkeit herrschte. So entwickelte er die Vorstellung, es müsse eine Idee von Gerechtigkeit geben, die aller Rechtsprechung die Wahrheit und Reinheit voraushabe. Ebenso müsse es die Idee reiner Frömmigkeit geben, ein Urbild der Besonnenheit und der Weisheit.

Über die reine Idee der Schönheit läßt Platon im „Symposion" seinen Lehrer Sokrates philosophieren. Und auch dieser erzählt hier ein Geheimnis, das ihm die Priesterin Diotima verraten habe. Wer das Geheimnis der Schönheit ergründen will, muß in der Jugend damit beginnen, sich schönen Leibern zuzuwenden. Indem er vielen dient und in der Vielfalt ihre Schönheit schaut, wird er erkennen, daß die Schönheit in allen Leibern ein und dieselbe ist. Er wird sich auf das Meer des Schönen begeben und im Schauen viele schöne und große Gedanken gebären. Diese Schönheit ist immerseiend, weder entstehend noch vergehend, weder wachsend noch abnehmend.

Platon glaubt, das Wissen um die Ur-Ideen, die Archetypen, stamme aus einem früheren Leben, einem vorzeitlichen Dasein der Seele. Oberhalb des Himmelsgewölbes fahren die Seelen mit den Göttern einher und erblicken dabei die Archetypen. Zeus, der große Fürst am Himmel, zieht als erster voraus, seinen geflügelten Wagen lenkend. Ihm folgt das Heer der Götter und Dämonen. Wenn sie zur Höhe des Himmelsgewölbes gekommen sind, betreten sie den Rücken des Himmels. Dort können sie alles schauen, was außerhalb des Himmels ist. Die Seele liebt das Wahre, sie schaut und betrachtet die Gerechtigkeit selbst, die Besonnenheit, die Erkenntnis, und sie labt sich an dem Anblick. Dann fährt die Seele wieder hinab unter das Himmelsgewölbe und kehrt schließlich nach Hause zurück. Aus dieser Begegnung der präexistenten Seele mit den Archetypen rührt die Sehnsucht des Menschen, sich dem Reinen zu verbinden, sich von aller Sinnlichkeit zu befreien und sich im Anschauen der reinen Idee hinzugeben.[2] Je reiner sich nun der Mann der Anschauung der reinen Idee hingibt, um so vollkommener wird er sich in einem kommenden Leben verkörpern. Diejenigen Männer aber, die sich im gegenwärtigen Leben nicht zu beherrschen wissen, die werden zur Strafe im nächsten Leben als Weiber wiedergeboren. Denn Frauen stehen an Tugend den Männern weit nach. Sie sind hinterhältig, verschlagen, oberflächlich und leicht erregbar. Sie neigen dazu, Schimpfreden zu führen (sie werden Gründe gehabt haben im patriarchalen Griechenland), sie sind zaghaft und abergläubisch. Es muß ein Fluch der Götter sein, als Frau geboren zu werden. Das weibliche Geschlecht, klagt Platon, sei „von Natur aus versteckter und verschlagener wegen seiner Schwäche. Es füge sich der Gesetzesordnung nur schwer".[3]

In einem vorbildlichen Staatswesen sollte die Idee des Guten von vielen verwirklicht werden. Dazu bedarf es der staatlich verordneten Hochzeiten unter den Besten. Zwar ist „das Weib in allem schwächer als der Mann"[4], aber es gibt Unterschiede, wie der Mensch es leicht sehen kann beim edlen Geflügel, bei Hunden und Pferden, wo man auch nur dahin strebe, Nachkommenschaft aus den Besten zu erhalten.[5]

> „Jeder Treffliche soll daher einer Trefflichen beiwohnen, und nur deren Sprößlinge sollen aufgezogen werden, die anderen aber nicht, damit die Herde recht edel bleiben soll. Dies alles muß völlig unbekannt bleiben, außer den Oberen selbst."[6]
>
> „Den Jünglingen, die sich wacker im Kriege oder sonstwo gezeigt haben, ist eine reichlichere Erlaubnis zur Beiwohnung der Frauen zuzuteilen, damit auch zugleich unter gerechtem Vorwand die meisten Kinder von solchen gezeugt werden."

Die Sprößlinge der guten Menschen sollen in einem Säugehaus aufgezogen werden.

> „Die Hüter sollen die Mütter, wenn sie von Milch strotzen, ins Säugehaus führen, so jedoch, daß sie auf alle ersinnliche Weise verhüten, daß eine das Ihrige erkenne."[7]
>
> So solle „die Frau mit dem zwanzigsten Jahr anfangend bis zum vierzigsten dem Staat gebären, der Mann aber erzeuge bis zum fünfundfünfzigsten Jahre..., daß aus guten bessere und aus brauchbaren immer brauchbarere Nachkommen entstehen mögen".[8]
>
> „Unter allem Erkennbaren wird nur mit Mühe die Idee des Guten erblickt."[9]
>
> Wie nun der Leib durch Übung und Gewöhnung gebildet werden kann, so wird die Seele „durch die Kunst der Umlenkung zur Tugend geführt".[10]

C. G. Jung nimmt den platonischen Begriff des ‚Archetypus'

wieder auf und wendet ihn auf psychologische Phänomene an:

„Die Archetypen sind etwas wie Organe der prärationalen Psyche. Es sind ewig vererbte identische Formen und Ideen ohne spezifischen Inhalt."[11]

Mit Platon stimmt Jung darin überein, daß er den Archetypus als einen abstrakten Begriff definiert. Er sagt:

„Ich begegne immer wieder dem Mißverständnis, daß die Archetypen inhaltlich bestimmt, d. h. eine Art unbewußter ‚Vorstellungen' seien. Es muß deshalb nochmals hervorgehoben werden, daß die Archetypen nicht inhaltlich, sondern bloß *formal* bestimmt sind, und letzteres nur in sehr bedingter Weise... Der Archetypus ist ein an sich leeres, formales Element."[12]

Jung hat so oft und mit immer anderen Bildern erklärt, was ein Archetypus sei, daß es einen kleinen Band für sich beanspruchen würde, nur seine Zitate zu diesem Thema zu sammeln. Das Unanschauliche gewinnt Plastizität, wenn er sagt:

„Archetypen sind wie Flußbetten, die das Wasser verlassen hat, die es aber nach einer unbestimmt langen Zeit wieder auffinden kann. Ein Archetypus ist etwas wie ein alter Stromlauf, in welchem die Wasser des Lebens lange flossen und sich tief eingegraben haben. Und je länger sie diese Richtung behielten, desto wahrscheinlicher ist es, daß sie früher oder später wieder dorthin zurückkehren."[13]

Welche Frau, die auf der Suche nach ihren Wurzeln ist, sollte hier nicht hellhörig werden und vermuten, Jung habe die matriarchalen Urbilder im Sinn, die Ursymbole menschlicher Weisheit. Die gleiche Bedeutung könnte das folgende Zitat haben:

„Archetypen waren und sind Lebensmächte, welche ernstgenommen sein wollen und auf die seltsamste Art auch dafür sorgen, daß sie zur Geltung kommen. Sie waren immer Schutz- und Heilbringer... Sie sind nämlich auch die unfehlbaren Erreger neurotischer und sogar psychotischer Störungen, indem sie sich genau so verhalten wie vernachlässigte oder mißhandelte Körperorgane oder organische Funktionssysteme."[14]

Ich vernehme die Mahnung: Wir haben die matriarchalen Urbilder vernachlässigt, weshalb es in unserer Kultur zu neurotischen und psychotischen Störungen kommt – genauer: es ist die Erklärung dafür, warum die Patriarchatskultur als solche dermaßen neurotisch ist. Weiter ist da zu lesen:

„Diese Bilder sind insofern ‚Urbilder', als sie der Gattung schlechthin eigentümlich sind, und, wenn sie überhaupt je entstanden sind, so fällt ihre Entstehung mindestens mit dem Beginn der Gattung zusammen. Es ist *die Menschenart des Menschen* (Hervorhebung C. G. Jung), die spezifisch menschliche Form seiner Tätigkeiten. Die spezifische Art liegt schon im Keim. Die Annahme, daß sie nicht vererbt sei, sondern in jedem Menschen neu entstehe, wäre ebenso unsinnig wie die primitive Auffassung, daß die Sonne, die am Morgen aufgehe, eine andere sei, als jene, die am Abend zuvor unterging."

Sichtbar werden die Archetypen in den Produkten der Phantasie, erklärt Jung weiter, „und hier findet der Begriff des Archetypus seine spezifische Anwendung".[15]

Damit wird der Begriff aber auch fragwürdig, und er wird es besonders, wenn Männerphantasien über Frauen als ‚Archetypen' gelten sollen. Jung ist der Ansicht, es gäbe

„irgendwo ‚an einem himmlischen Orte' ein Urbild der Mutter, jeglichem Phänomen des ‚Mütterlichen' präexistent und übergeordnet".[16]

Für meine Erfahrung handelt es sich dabei um *das* Urbild überhaupt, den Inbegriff matriarchaler schöpferischer Kraft. Wenn aber der ‚Mutterarchetypus' im Sinne der Analytischen Psychologie in ‚seine Aspekte' zerlegt wird, kommt allzuviel ins Bild, was erst durch männliche Menschenart im Laufe der abendländischen Bewußtseinsentwicklung entstanden ist, so daß von *Urbildern* nicht mehr die Rede sein kann.

Wenn wir an der Urbildlichkeit der ‚Archetypen' zweifeln, so belehrt uns die Analytische Psychologie:

„Die ewige Wahrheit bedarf der menschlichen Sprache, die sich mit dem Zeitgeist ändert. Die Urbilder sind unendlicher Wandlung fähig und bleiben doch stets dieselben, aber nur in neuer Gestalt können sie aufs Neue begriffen werden."[17]

Erich Neumann hat die Archetypen der Großen Mutter ausführlich beschrieben und ihre Aspekte in einem Schema dargestellt (Abb. 1). Er läßt auch dieser ‚Wandlung' keinen Freiraum mehr; die Archetypen wandeln sich nach einem vorgezeichneten Plan:

„Neben die Ewigkeitsbedeutung des Archetyps stellt sich gleichberechtigt ein historischer Aspekt."[18]

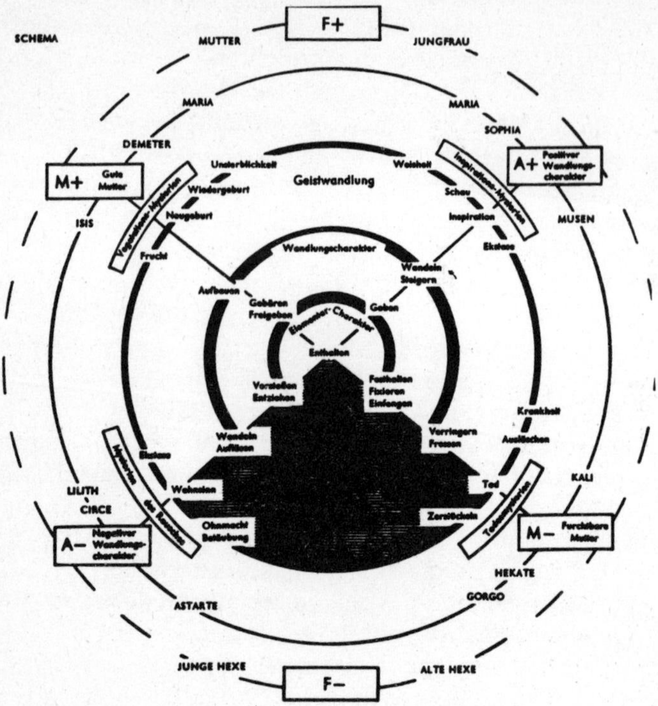
SCHEMA
F+
MUTTER
JUNGFRAU
MARIA
MARIA
SOPHIA
DEMETER
M+
Gute Mutter
A+
Positiver Wandlungscharakter
Vegetations-Mysterien
Inspirations-Mysterien
Unsterblichkeit
Weisheit
Geistwandlung
Wiedergeburt
Schau
Neugeburt
Inspiration
ISIS
MUSEN
Frucht
Ekstase
Wandlungscharakter
Wandeln
Steigern
Aufbauen
Gebären
Freigeben
Geben
Elementar-Charakter
Enthalten
Vorstoßen
Entziehen
Festhalten
Fixieren
Einfangen
Krankheit
Wandeln
Auflösen
Verringern
Fressen
Auslöschen
Ekstase
Mysterien des Rausches
Wahnsinn
Tod
Todesmysterien
KALI
LILITH
CIRCE
Zerstückeln
Ohnmacht
Betäubung
A–
Negativer Wandlungscharakter
M–
Furchtbare Mutter
HEKATE
GORGO
ASTARTE
JUNGE HEXE
ALTE HEXE
F–

Abb. 1

Der Entwicklungsweg ist festgelegt. Er folgt ‚archetypischen Stadien‘. Die Archetypen werden relativ.

> Ihre „Sichtbarkeit und Deutbarkeit verändert sich mit der Entwicklung des Ichbewußtseins... durch den entwicklungsgeschichtlichen Gesichtspunkt wird eine Weg-Linie in der unübersehbaren Symbolik des kollektiven Unbewußten sichtbar.“[19]

Diese Weg-Linie führt vom Stofflichen zum Abstrakten. Dazu sagt Jung:

> „Je archaischer und je ‚tiefer‘ d. h. physiologischer das Symbol, desto kollektiver und universaler, desto ‚stofflicher‘ ist es. Je abstrakter, differenzierter und spezieller es ist, desto mehr nähert es sich der Natur bewußter Einzigartigkeit und Einmaligkeit und desto mehr hat es sein universales Wesen abgestreift.“[20]

Neumann unterscheidet die Bilder, die in Träumen, Mythen, Märchen und Kunstwerken anschaulich werden, von einem ‚Archetypen an sich‘, den er einen

> „unanschaulichen Faktor“ nennt, „eine Disposition, welche in einem gegebenen Moment der Entwicklung des menschlichen Geistes zu wirken beginnt, indem er das Bewußtseinsmaterial zu bestimmten Figuren anordnet“.[21]

Nun lassen sich die Bilder oder Figuren, die zu einer bestimmten archetypischen Symbolgruppe gehören, nicht gegenseitig abgrenzen. Die Wirklichkeit der Seele, die auf Ganzheit angelegt ist, widerstrebt der analytischen Systematisierung. Neumann spricht von der Schwierigkeit, die darin bestünde, daß sich die Symbole nicht eindeutig zuordnen ließen:

> „Denn im Unbewußten sind die einzelnen Archetypen nicht gegeneinander isoliert, sondern sie befinden sich im Zustande der Kontamination, der völligen wechselseitigen Durchdringung und Verschmelzung. Diese Kontamination ist um so größer, je schwächer das unterscheidende Bewußtsein ist, und sie läßt in dem Maße nach, in dem das Bewußtsein sich entwikkelt.“[22]

Im Sinne des patriarchalen Weltbildes sieht Neumann einen Fortschritt in der Fähigkeit des Bewußtseins, zu zerlegen, zu spezialisieren und zu abstrahieren. Er wertet das matriarchale Urbild auf die Qualität des „gestaltlosen Anfangssymbols“[23] ab und nennt es, zur Unterscheidung von den Archetypen der Analytischen Psychologie, den „Urarchetypus, wie er in der Frühphase des menschlichen Bewußtseins vor der Differenzierung in die einzelnen Archetypen in Erscheinung getreten ist".[24]

Erich Neumann, sein Leben und sein Werk

Erich Neumann hat als Schüler C. G. Jungs nicht, wie Schüler dies zu tun pflegen, jahrzehntelang zu Füßen seines Meisters gesessen, dessen Lehren lauschend, um sie zu verinnerlichen, zu interpretieren und um später dem Werk des Älteren zu dienen. Er hat seinen Lehrer nur wenig zu Gesicht bekommen. Trotzdem verstand er sich selbst als Schüler Jungs. Ihm widmete er seine umfangreiche Arbeit „Die Große Mutter" mit den Worten: „C. G. Jung – dem Freund und dem Lehrer".

Als Erich Neumann im Jahre 1905 in Berlin geboren wurde, lag die epochemachende Begegnung zwischen Jung und Freud noch in der Zukunft. Jung, der evangelische Pfarrersohn aus der Schweiz, und der Wiener Psychiater Sigmund Freud bahnten damals durch einen regen Briefwechsel ihre Freundschaft erst an. Endlich, im Jahre 1907, reiste Jung mit seiner Frau nach Österreich, um Freud kennenzulernen. Sechs Jahre lang – bis 1913 – blieb Jung Anhänger der Psychonalytischen Schule Sigmund Freuds. Aber die Probleme verdrängter Sexualität, die in der bürgerlichen Welt Wiens um die Jahrhundertwende die Hauptursache für Neurosen sein mochten, schienen Jung weder in ihrer Ausschließlichkeit, noch in der Enge ihrer Interpretation für psychische Störungen verantwortlich zu sein. Jung, der in seiner Kindheit mit der Landjugend Schaffhausens engen Kontakt gehabt hatte, konnte und wollte nicht akzeptieren, daß allein verdrängte Sexualität – vor allem für die Erklärung kulturpsychologischer Erscheinungen – einen so wesentlichen Stellenwert haben sollte. Für ihn, den Pfarrersohn, lag es näher, religiöse Phänomene bei der Untersuchung der psychischen Bedingungen für die kulturelle Entwicklung zugrunde zu legen. So begründete Jung nach einer durch bittere Auseinandersetzungen getrübten Trennung von Freud eine eigene tiefenpsychologische Schule, die er – in bewußter Abgrenzung von Freud – ‚Analytische Psychologie' oder ‚Komplexe Psychologie' genannt hat.

In der therapeutischen Praxis begegnete Jung immer wieder

bestimmten Grundmustern in der Seele seiner Patienten, die er auf Ursymbole der Menschheit zurückführte. Jung bezeichnete diese Seelenbilder als ‚Archetypen' und definierte sie in Anlehnung an die Ideenlehre Platons als präexistente Strukturmuster der Seele. Er gesteht: „Es ist durchaus nicht mein Verdienst, diese Tatsache zum ersten Mal bemerkt zu haben. Die Palme gebührt Platon."[1]

Von dieser unbewußten Bilderwelt war Erich Neumann zutiefst fasziniert. Für ihn, diesen hochbegabten Intellektuellen, bedeutete die Suche nach der verdrängten Innenwelt die Frage nach dem eigenen Selbst, nach der seelischen Ganzheit. Er nannte einen Teil seines Lebenswerkes „Die Umkreisung der Mitte", und dort, im Zentrum, begegnete er immer wieder den Gestalten des Weiblichen.

In seiner Jugend schien Erich Neumann eher in eine künstlerische Laufbahn zu drängen. Seine einfühlsamen Analysen von Kunstwerken, sein Interesse für den Künstler und den schöpferischen Prozeß zeugen von seiner musischen Begabung. Er hat den Künstler immer auch als den Besonderen angesehen, der dem Unbewußten inniger verhaftet ist als der unschöpferische Mensch. Das beweisen seine Arbeiten zu Henry Moore, Franz Kafka, Georg Trakl, Wolfgang Amadeus Mozart. Sein Buch „Kunst und schöpferisches Unbewußtes" befaßt sich mit Leonardo da Vinci und Marc Chagall.

Das Erstlingswerk Neumanns ist ein langer Roman mit dem Titel „Der Anfang". Aber nur ein Kapitel dieses umfangreichen Werkes fand 1932 Aufnahme in einem Sammelband – „Zwischen den Zeiten" – in dem die Arbeiten junger jüdischer Autoren veröffentlicht wurden.

Neben vielen Gedichten schrieb Neumann einen Kommentar zu den Romanen Kafkas, die zutiefst Verwandtes in Neumann ansprachen. Wie sich Kafka im Kunstwerk mit den Lebensängsten des modernen Menschen auseinandersetzte, wie er seine Romanfiguren einer anonymen, überwältigenden Macht gegenüberstellte, so fragte Neumann vom psychologischen Interesse her nach dem Numinosen, nach der verborgenen Macht, die des Menschen Dasein regiert. Im Leben und Werk Kafkas ebenso wie in den tiefenpsychologischen Arbeiten Erich Neumanns spielt die Angst vor dem Weiblichen eine zentrale Rolle. Ein Kapitel aus Neumanns Kafka-Kommentaren – das „Domkapitel" – wurde 1958 in einem Sammelband des Zürcher Rheinverlags

„Geist und Werk" herausgebracht.

Neumann sah im abendländischen intelligenten Judentum einen hervorragenden Repräsentanten jener Bewußtseinsentwicklung, durch die der patriarchale Geistaspekt einseitig überbetont und von der weiblichen Komponente, vom Bodenständigen, vom Verwurzeltsein in der Materie, abgespalten wird.

Nachdem für ihn feststand, daß die Psychologie seine Lebensaufgabe werden sollte, studierte Neumann zusätzlich Medizin und schloß 1933 mit dem Staatsexamen ab.

Lange zuvor hatte er die Auswanderung mit seiner Frau Julie und seinem Sohn Micha nach Palästina geplant. Nicht der erstarkende Nationalsozialismus in Deutschland, nicht Hitlers Machtergreifung im Jahre 1933 haben Neumann veranlaßt, Deutschland zu verlassen. Für ihn bedeutete es vor allem das Ernstnehmen seiner ‚Erdseite', als er sich entschloß, sich in Tel Aviv anzusiedeln. Die Frage nach den ‚Wurzeln' war bei Erich Neumann weniger durch orthodox jüdischen Glauben veranlaßt, als durch eine in mystischer Tiefe beheimatete Sehnsucht nach Ursprungsgeborgenheit. So führte ihn sein Lebensweg zurück zu den Wurzeln, von denen er, der Jude, sich in Berlin abgeschnitten fühlte. Er ging in das Land, das seine Väter verlassen hatten, um sich wieder der Erde Palästinas zu verbinden, dem Ursprungsort der jüdischen Kultur. Im Jahre 1934 verließ er Deutschland und ging zunächst in die Schweiz, um bei C. G. Jung zu arbeiten. Und auf diese wenigen Monate des Atemholens zwischen dem Studium und seiner Ansiedlung in Tel Aviv beschränkt sich die ‚Lehrzeit' Neumanns bei Carl Gustav Jung.

Weit entfernt von den Zentren europäischer Wissenschaft und durch die Jahre des Krieges zusätzlich isoliert, wurde Neumann dennoch zu einem der bekanntesten und bedeutendsten Vertreter der Analytischen Psychologie. Zunächst blieben Neumanns Arbeiten, durch den Krieg bedingt, unveröffentlicht und unbekannt. Er hat in Tel Aviv eine „Ursprungsgeschichte des jüdischen Bewußtseins" geschrieben, die niemals gedruckt worden ist. In dieser Arbeit ging es im ersten Teil um die Spannung zwischen Gott und dem Erdprinzip – ein Problem, mit dem sich Neumann zeitlebens auseinandergesetzt hat. Neumann spricht bei der Entwicklung des jüdischen Bewußtseins von einem ‚heimlichen Sieg des Mutterarchetypus'. Im zweiten Teil seiner Arbeit befaßt sich Neumann mit der psychologischen Deutung der jüdischen Mystik, besonders mit Martin Bubers Bearbeitung des chassidischen Materials. Als aber Martin Buber von der jüdischen Fachwelt heftig kritisiert wurde, weil er die chassidischen Erzählungen allzusehr ausgeschmückt und dem europäischen Gedankengut anverwandelt habe, ließ Neumann seine „Ursprungsgeschichte des jüdischen Bewußtseins" unveröffentlicht.

Erst nach dem Krieg trat er dann mit seiner systematischen Geschichte der Entwicklung des abendländischen Bewußtseins hervor. Diese Arbeit geht davon aus, daß zwischen der psychischen Entwicklung des Einzelnen und der kollektivpsychologischen Entwicklung der Menschheit eine Analogie bestünde, ein Denkansatz, der die allgemein herrschende Fortschrittsideologie ungemein stabilisiert. Ist es doch offensichtlich, daß ein Kind, nachdem es geboren ist, an Geist ständig zunimmt. Entsprechend soll die phylogenetische Entwicklung gedacht werden: Auch die Völker schlummerten anfangs im ‚Bewußtseinsdunkel der Großen Mutter', von der sie sich Schritt für Schritt und Stufe um Stufe befreiten. Der Weg von den Müttern zu den Vätern, von der matriarchalen Unbewußtheit in die Geistwelt der Männerkultur, wird so zum vorgezeichneten Entwicklungsplan des Einzelnen und der Völker. Im Fort-Schreiten vom matriarchalen Bewußtsein will Neumann ‚archetypische Stadien' der menschlichen Bewußtseinsentwicklung erkennen, die schließlich im ‚archetypisch bedingten Kulturkanon' der patriarchalen Gesellschaft münden. 1949 unter dem Titel „Ursprungsgeschichte des Bewußtseins" in der Schweiz erschienen, wurde dieses Buch bald weltweit bekannt und gilt als eines der Hauptwerke Erich Neumanns.

Fast gleichzeitig erschien die kleine Schrift „Tiefenpsychologie und neue Ethik", die den theoretischen Ansatz in der „Ursprungsgeschichte des Bewußtseins" gewissermaßen um das therapeutische Konzept ergänzt. Wenn das ‚Böse' aus dem Bewußtsein verdrängt und auf einen für minder wert erachteten ‚anderen' projiziert werde, entstehe eine Situation, die das Zusammenleben der Menschen gefährde. Wenn ganze Volksgruppen oder Völkerschaften einander durch irrationale Projektionsprozesse zur Verkörperung des sogenannten Bösen machen, werden Kriege unvermeidlich. Wer jedoch das Böse als den ‚Schatten' der eigenen Psyche erkenne und annähme, habe eine der häufigsten Veranlassungen zur ewigen Feindschaft unter den Menschen beseitigt.

Als Erich Neumann 1947 zum ersten Mal nach dem Krieg

Europa wieder besuchte, wurde er mit Olga Fröbe-Kapteyn bekannt, die ihn zur Mitarbeit am Eranos-Archiv für Symbolforschung in Ascona in der Schweiz aufforderte. Schon 1948 hielt Neumann seinen ersten Eranos-Vortrag, und er wurde im Laufe der Jahre zu einer zentralen Persönlichkeit der jährlichen Eranos-Tagungen. Dreizehn Jahre lang bestimmten Neumanns kulturpsychologische Forschungen, die den Rahmen der herkömmlichen Psychologie sprengten, den Geist der Arbeit an diesem Institut. Noch im Herbst 1960 hielt Neumann seinen letzten Vortrag in Ascona. Er starb am 5. November 1960 in Tel Aviv.

Während der letzten Jahre intensiver Verbundenheit mit dem Symbolforschungsinstitut in Ascona entstand Neumanns umfangreichste Arbeit zum Symbolkreis des Weiblichen, „Die Große Mutter". Auf Anregung von C. G. Jung und Olga Kapteyn war Neumann lediglich gebeten worden, die Sammlung des Eranos-Archivs durch einen einleitenden Text zu interpretieren. Aus diesem Ansatz entwickelte Neumann eine „Strukturanalyse des Archetyps der Großen Mutter", die er 1956 als Buch veröffentlichte.

Hier, wie schon in der „Ursprungsgeschichte des Bewußtseins" entwickelte Neumann die ‚archetypischen Gestalten des Weiblichen' aufgrund von Traumanalysen und freien Phantasien, die in der therapeutischen Arbeit am modernen Menschen zutage treten. Neumann verfolgt den Beweis für die ‚zeitlose Gültigkeit' dieser unbewußten Inhalte bis zu den mythologischen Gestalten der klassischen Sagenwelt. Im Mythos, der klassischen und christlichen Gnosis, im Gedankengut der Alchemie, in der mittelalterlichen Mystik und Dichtung, über die romantische Märchenwelt bis hin zu den Träumen moderner Menschen begegnen uns unzweifelhaft überall die gleichen Gestalten des Weiblichen: hilfreiche Feen und verderbenbringende Verführerinnen, Hexen und Huren, grausam verschlingende, todbringende wie allzeit gütige, hingebungsvolle und aufopferungsbereite Mütter. Mit einer überwältigenden Stoffülle glaubt Neumann den Beweis zu erbringen, daß sich in den vom Mythos ausgehenden, durch die gesamte Geschichte der Patriarchatskultur erhaltenen Vorstellungen eine ‚echte Erfahrung' des Mannes am Weiblichen ausdrücke.

Jenseits der Patriarchatskultur aber vermutet Neumann den Ursumpf, das Chaos, das Unbewußte, die Welt der Ursprungsgöttin, deren Kulte an Moorbrüche und deren Symbole an Dunkelheiten geknüpft seien. Die kulturschöpferischen Leistungen, die Frauen in der Frühgeschichte erbracht haben, betrachtet Neumann als ,unbewußtes Tun', das an der instinktiv gemachten Erfahrung reife, seine Entstehung aber niemals dem Bewußtsein verdanke.

Selbst in diesen Frühkulturen, die allein die Verehrung der Göttin gekannt haben, nennt Neumann als handelndes Subjekt allein den Mann. Priesterinnen und Prophetinnen haben in Neumanns Werken nur psychische Funktion als Erscheinungsformen des (männlichen) Unbewußten. Sie sind ,Herrinnen des Rauschtrankes, der Ekstase und der Geistwandlung', Geburtshelferinnen des patriarchalen Ich-Bewußtseins.[2] „Getreu ihrer Anima-Funktion" vermitteln sie zwischen der männlichen Bewußtseinswelt und dem Unbewußten, „inkarniert als Prophetin"[3]. Soweit sich Neumann mit der gesellschaftlichen Seite der Kulturentwicklung befaßt, gewinnt die Priesterin keine konkrete Gestalt. In seinem Buch „Kulturentwicklung und Religion" kommt das Wort ,Priesterin' nicht ein einziges Mal vor. Nur Männer treiben die kulturelle Entwicklung voran. Männer dringen in das Dunkel der Höhlen ein und weihen sie zu Kultstätten.[4] ,Der Große Einzelne', ,der Medizinmann' und ,der Leiter des Rituals' heben sich aus der Gruppe heraus. ,Propheten', ,Führer' und ,Priester' bringen die notwendige Entwicklung in Gang. Es ist der ,Priester', der seine Macht verstärkt[5], und der ,Held', der sich im ,Götterkampf' für ein Numen gegen das andere entscheidet[6].

Obwohl Neumanns gesamtes Werk um das ,Weibliche' kreist, hat er niemals eine Psychologie der Frau geschrieben. Seine Arbeit über „Die psychologischen Stadien der weiblichen Entwicklung" faßt er selbst als Skizze auf[7], in deren Rahmen es nicht möglich sei, „die für die weibliche Entwicklung spezifischen Züge herauszuarbeiten"[8]. Er sagt:

> „Wir müssen uns deswegen an dieser Stelle mit einer schlagwortartigen Zusammenstellung einiger für diese Prozesse bedeutsamer Probleme begnügen."[9]

Wenn Frauen von den psychologischen Arbeiten Neumanns eine für die seelische Entwicklung der Frau zukunftsweisende Idee erwartet haben, werden sie enttäuscht sein. Neumann sagt selbst:

> „Die Bedeutung des voll entwickelten Weiblichen für eine zukünftige neue Gesellschaft kann uns an dieser Stelle nicht weiter beschäftigen."[10]

Erich Neumann konnte die ,kulturelle Bedeutung voll entfalteter Weiblichkeit' unmöglich darstellen, weil er ,Das Weibliche' nur in den Spiegelungen durch die männliche Psyche erfaßt hat.

In seinem posthum erschienenen Werk „Das Kind" betont er die Bedeutung der Mutter für eine ‚geglückte Urbeziehung' in einer Weise, die jede Mutter unzulässig überfordern muß, während sie den Vater von der Verantwortung für die Bildung des kindlichen Urvertrauens und schließlich seines Glaubens an eine geordnete Welt entbindet. Zur Begründung zieht Neumann die Tatsache heran, daß

> „es zur menschlichen Art gehört, daß jedes Kind seine nachgeburtlich-embryonale Entwicklung mit und an seiner Mutter durchmacht".[11]

Die Wirkung der Archetypen beschränkte sich nicht allein auf innere Prozesse, die sich mit der Unabweisbarkeit einer Naturgewalt durchsetzen. Es seien transpersonale Ur-Ideen, die in jeder individuellen Entwicklung konkret erfahren und erlitten werden müssen. In welcher Weise sie es tun, hängt wesentlich von den Müttern ab, da sie für das Kind ‚die Welt' repräsentieren. Neumann formuliert das so:

> „Die Evokation der Archetypen und die damit verbundene Auslösung artgemäß angelegter Entwicklung ist nicht ein innerpsychischer Prozeß, sondern geschieht in einem Innen und Außen umschließenden archetypischen Wirkungsfeld, das immer auch einen auslösenden ‚Außenfaktor', einen Weltfaktor, enthält und voraussetzt. Die Mutter allein ist verantwortlich, daß die notwendig auftretenden negativen Kindheitserfahrungen ausgeglichen werden"[12] : „Die Große Mutterfigur der Urbeziehung entscheidet als Schicksalsgöttin nicht nur durch Gunst oder Ungunst über Leben und Tod, positive und negative Entwicklung, sondern ihre Haltung ist darüber hinaus ein ‚Spruch', ein höchstes Gerichtsurteil."[13] „Der Faktor der echten Einwirkung der Urbeziehung auf die kindliche Entwicklung und seine psychische Erkrankung ist kaum zu überschätzen."[14]

Im Archetyp der ‚Großen Mutter' wird eine umfassende Schicksalsmacht allein auf Frauen konzentriert, was die Männer ungemein entlastet.

Neumann geht in seinem gesamten Werk vom patriarchalen Ich-Bewußtsein aus. Das ‚Weibliche' bildet gewissermaßen den Urgrund, in den das ‚Männliche' eingebettet ist, und gleichzeitig den dunklen Hintergrund, von dem sich das männliche Bewußtsein leuchtend abhebt. Aus dem Bewußtseinsschatten strömen dem Mann die schöpferischen weiblichen Kräfte zu, die ihn zu kulturellen Leistungen befähigen.[15]

Die Frau selbst wird niemals schöpferisch. Weder die individuelle Frau noch die ‚Große Mutter' der matriarchalen Kulturen kommt in Neumanns Werken je als handelndes Subjekt und selbstbestimmendes Ich vor. Dieses ewig Weibliche *erleidet* das Dasein. Es wird vom ‚Männlichen' geraubt und vergewaltigt, es erleidet die Todeshochzeit, um seine Bestimmung zu erfüllen. ‚Das Weib' ist immer passiv, ein ewig Abwartendes, dessen Leben auf die Reife der Frucht, das Gären des Brotteiges, des Bieres und des Weins wie auf das Schwellen und Abnehmen des Mondes eingestellt ist.

Neumanns Werk ist eine Psychologie des Mannes und der Patriarchatskultur. Für den individuellen Mann genauso wie für das patriarchale Bewußtsein ist die Frau das Andere und Uneigentliche, aber dennoch das in so bedrängender Weise Unverzichtbare. Weil sie gegenüber dem männlichen Ich den Schatten verkörpert, erfüllt sie die Sündenbockfunktion und wird zur Projektionsträgerin des Bösen.

> „Deswegen wird sie unterdrückt, versklavt, äußerlich vom Leben ausgeschaltet oder – wie in den Hexenprozessen – verfolgt und umgebracht. Nur daß das Männliche ohne das Weibliche nicht existieren kann, hat die sonst so beliebte Ausrottung der ‚bösen' Menschengruppe verhindert."[16]

Immer wieder deckt Neumann das Versagen, die Irrtümer und Fehler der Patriarchatsgeschichte mit der tröstenden Versicherung zu, wie unverzichtbar und ‚archetypisch notwendig' die Entwicklung des patriarchalen Bewußtseins gewesen sei. So argumentiert er etwa, es sei zu einer „verhängnisvollen, wenn auch notwendigen Differenzierung innerhalb der Menschheit"[17] gekommen, „die patriarchale Entwicklung" sei „nicht ohne negative Akzentuierung des Weiblichen durch das Männliche zu erreichen"[18] gewesen. Angesichts der Überzeugung, daß ohne die patriarchale Bewußtseinsentwicklung „eine Kulturleistung nicht möglich"[19] sei, wird die ‚Entwertung des Weiblichen' so entschuldbar wie der ‚Muttermord als weltschöpferische Befreiungstat' hingenommen werden muß.

Die Durchsetzung des Frauenwahlrechts und des Rechts der Frau auf Bildung läßt eine Zukunft ahnen, die von den Frauen aktiv mitgestaltet werden wird. Im Spannungsfeld zwischen einem aufkommenden neuen weiblichen Selbstbewußtsein auf der einen Seite und der unerschütterlichen Überzeugung von der absoluten Gültigkeit der patriarchalen Welthierarchie andererseits, entwirft Neumann das Modell einer ‚Psychologie der Begegnung‘. Er räumt der Frau die Möglichkeit ein, am patriarchalen Bewußtsein teilzuhaben. Dazu muß sie eine Entwicklung durchmachen, die bei ihr zu einer „Dominanz männlich-patriarchaler Werte“[20] führt. Der Wesenskern der Frau aber bleibt mit dem Archetyp der ‚Großen Erdmutter‘ verknüpft.

Frauen, die der Suggestion erlegen sind, Erich Neumann habe die Befreiung der Frau gewollt, sie, die Frauen, seien nun endlich angesprochen, sie würden ernstgenommen und ihr Eigenwert sei gemeint, haben sich getäuscht. Erich Neumann hat den Mann ernstgenommen. Der Wert der Patriarchatskultur steht für ihn außer Zweifel. Sein Leben und sein Werk dienen der Auseinandersetzung mit den unbewußten gegengeschlechtlichen Instanzen des *Mannes* und mit dem kollektiven Unbewußten der *Patriarchatskultur*. Seine „Phänomenologie des Weiblichen“ ist eine Aktualisierung der ‚Erdseite‘ eines Ich-Bewußtseins, das sich in unhinterfragter Selbstüberschätzung mit Logos, Vernünftigkeit und Bewußtseinsklarheit, mit der Sonne, dem Licht und dem Himmel identifiziert.

Der enteignete Mythos

Ich bin die Weisheit, die von Anfang war

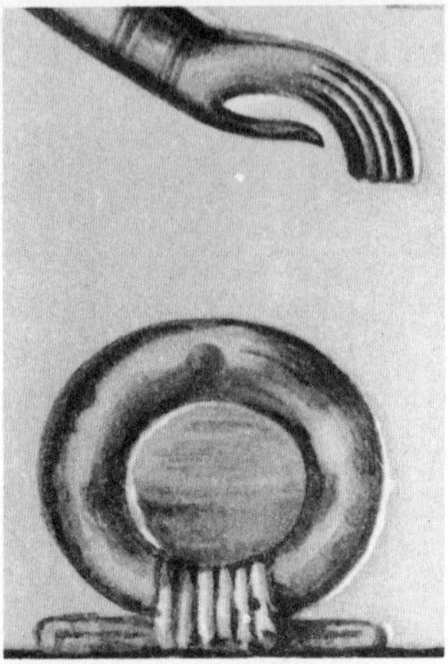

Einstimmung
in die
Bedeutungsvielfalt
eines
matriarchalen Urbildes

Frauen schufen sich einst Bilder zu ihrer Weltdeutung, um den verborgenen Sinn der Welt anschaulich zu machen. Im Symbol machten sie die Bedeutungsvielfalt der Erscheinungen bewußt. Ihre Schrift war notwendig Bilderschrift; auch ihre Sprache formulierte Sinn-Bildliches, erfreute sich am bildhaften Ausdruck, der sich der Übertragung in die rational-konkreten Denkmuster moderner Sprachen widersetzt. Denn die Ratio nimmt immer nur Einzelheiten wahr. Schwerfällig und mühsam muß sie eines nach dem andern betrachten. Sie zerlegt, um zu begreifen. Durch keine Synthese vermag sie die Urform wiederherzustellen – es sei denn als fragmentarisches Mosaik, als Kunststoff, als Niederschlag aus der Retorte.

Das älteste Sinnbild für die ganzheitliche Erfahrung der ‚Welt' als Einheit von Raum und Zeit ist der Kreis.

Der Raum, in dem wir leben, erscheint der schlichten Anschauung als Umkreis, der Himmel über uns ist schützende Wölbung. Höhle und Mutterleib bieten Geborgenheit und gelten als Sinnbild der kosmischen Dimension der Göttin und ihrer umfassenden Kraft. Der Kreis, das Runde, die Wölbung sind Urbilder ihrer Stärke und Seins-Macht, die unsere Welt als Ganzes umgreift.

Die Zeit gehorcht den Kreisläufen der Natur. Auch wenn sie voranschreitet, kehren die Jahreszeiten immer wieder: Der Ring schließt sich. Das Mysterium von Werden und Vergehen ist der Kreislauf, über dessen Ordnung die große Himmelsherrin wacht.

Innere Anschauungen, Wahrheiten der Seele, Eindrücke und Wesenswirklichkeiten spiegeln sich im Sinnbild des Kreises – nicht nur meßbare Realitäten. Steig auf einen Hügel, der sich aus der Ebene erhebt, und blick' um dich. Unter dir dehnt sich der Erdkreis in seinen Horizonten. Du stehst im Mittelpunkt.

Auf Mikra-Delos, einer kleinen, nur über 3 km sich ausdehnenden, heute unbewohnten granitenen Felsklippe, stand einst das Heiligtum der Artemis. Die Inseln im Umkreis nannte man schon in der vorhellenischen Epoche Kykladen, weil sie im kyklos – im Kreis – um ihr kultisches Zentrum gruppiert gedacht sind. Auf der Landkarte bietet die Inselgruppe in der Ägäis kaum den Eindruck eines Kreises, und noch weniger ist Mikra-Delos (Klein-Delos), das östlich liegt von Megale-Delos (Groß-Delos), sein geographischer Mittelpunkt. Wenn man aber zu den Ruinen des Tempels der Artemis hinaufgestiegen ist und sich umblickt, ist das Bild des Kreises wirklich vollkommen mit Mykonos im Osten, Tenos im Norden, Syros im Westen und den beiden Inseln Paros und Naxos im Süden. Ein meerumspültes Inselreich, das ein kleines Volk einst für den Kosmos gehalten haben mag, ist im Kreis angeordnet, und sein Mittelpunkt, das Heiligtum der Göttin, galt einst als der Nabel der Welt. Noch heute nennen wir den Bezirk, in dem wir wohnen, den Landkreis, dessen Zentrum die Kreisstadt ist.

Der kosmische Raum ist schon deshalb urbildlich weiblich, weil alle Gestirne Kreisbahnen folgen und der ewigen Ordnung des Großen Runden gehorchen. Mit ihrem Himmelsleib überwölbt die Göttin die ganze Welt. Auf die Erde gestützt, dehnt sie sich im Halbkreis: Schöpferin, die Mond und Sonne und die Sterne gebiert. Ihr Erdenleib bringt die Abbilder der Gestirne – Pflanzen, Tiere und Menschen – hervor. Der König verkörpert die Sonne, den Mond oder den Venusstern.

Gemeinsam bilden Himmel und Erde den großen kosmischen Leib der Göttin, der ihren Geschöpfen zur Heimat wird. Wie die irdischen Geschöpfe auf dem Erdenleib der Göttin hausen, so wohnen die Gestirne an ihrem himmlischen Körper und ziehen ihre Bahn. Alles Geschaffene lebt im Binnenraum der Großen Göttin. Die Weltenschlange windet sich um das Erdenrund:

Sinnbild der Einfügung des Menschen in die umgreifende weibliche Kraft. In den Innenkreis des Ewigkeitsrings, den die Ägypter den shen-Ring nannten, haben einst die ägyptischen Könige ihren Namen geschrieben. Sie faßten sich nicht auf als Inkarnation eines patriarchalen Hochgottes, sie waren keine patriarchalen Herrscher, zu denen die Ägyptologen, gebannt von der vergoldeten Pharaonenpracht, sie hochstilisiert haben. Sie betrachteten sich als Geschöpfe der Großen Göttin und waren ihrer kosmischen Herrin tief ergeben.

Nicht allein Symbol des umgreifenden Raumes ist der shen-Ring, er ist auch das Sinnbild des Kreislaufs der Zeit. Überall, wo das Mysterium von Leben und Tod, das Wunder von Aufgang und Untergang der Sonne, vom Wechsel der Jahreszeiten eine Rolle spielt, hält die Göttin den shen-Ring in der Hand, den Ewigkeitsring, das Zeichen ihrer unvergänglichen, erneuernden Wiedergeburtskraft.

Ursprünglich wurde der shen-Ring von Frauen aus Stricken und gedrehten Schnüren verfertigt.[1] Die Drehung der Schnüre symbolisierte wie das Bild der Spirale das paradoxe Nebeneinander von Wiederholung und Fortschreiten der zeitlichen Dimension. Schnüre wurden zum Messen und Markieren wichtiger jahreszeitlicher Daten benutzt und waren daher auch Werkzeug für mathematische Berechnungen, für angewandte Geo-Metrie – Beweis des umfassenden Wissens, das im Besitz von Frauen war. Die Anfertigung der Meßschnüre war Frauenkunst; und Frauen sind es gewesen, die die Wendepunkte der kreisenden Sonnenbahn auf der Erde markierten. Frauenwissen schuf die Basis für die Errichtung megalithischer Kultstätten, die den Menschen die Orientierung in Raum und Zeit und die weise Anpassung an die Naturordnung möglich machten. Steinkreise und Kultbauten öffneten sich dem Lichteinfall der Sonne an den Äquinoktien und zur Sommer- und Wintersonnenwende.

Der griechische Buchstabe Alpha geht auf das Bild einer Schlaufe zurück. Zunächst lehrt die Alpha-Schlaufe, auf welche Weise ein Knoten geknüpft wird. Mit dem ersten Knoten in der Meßschnur begannen Planung, Zeichnung und Vermessung. Der Kreis, das matriarchale Ursymbol der Menschheit, ist im Alpha zum Sinnbild des Beginns geworden, zum Zeichen für Höhle und Öffnung – Ursprungsstätten des Lebendigen.

Das Alpha hat sich dem Yoni-Zeichen anverwandelt. Das Wort Yoni ist Sanskrit und bedeutet Mutterschoß. Das Symbol hat sich bis heute in Indien, besonders im Buddhismus, erhalten. Es existiert aber auf der ganzen Welt und gilt – sei es als Dreieck oder in der Tropfenform – als das Symbol weiblicher schöpferischer Kraft. Das Alpha-Yoni-Zeichen versinnbildlicht überall die Geschlechtsorgane der Frau, Vulva, Vagina und Gebärmutter. Dieses Zeichen ist universell. Es scheint, als habe es sich von selbst manifestiert. Es ist das Grundmuster, das die Natur überall bildet. Es erscheint als Knospe, Perle und Blütenblatt, die alle wieder Symbole für die Klitoris sind und zentral für Leben, Liebe und ein alles durchströmendes Glück stehen. Das Yoni-Zeichen ist der Wassertropfen, aus dem Quelle, Fluß und Meer sich speisen. Im Tautropfen, der des Morgens in der Blüte glitzert, im Nektar des Lotos, gewinnt das Yoni-Zeichen Gestalt und verschwistert sich symbolisch mit der Feuchtigkeit des weiblichen Geschlechtsorgans. In der Hieroglyphe für ‚Leben', dem sogenannten Anch-Zeichen, das ursprünglich einzig in der Hand der Göttin dargestellt wird, findet sich die Tropfenform.

Das grüne Pflanzenblatt hat dieselbe Gestalt – diesmal als Versprechen auf Sprießen und neues Wachstum, Symbol des Keimens, der grünenden Frühlingskraft, der Hoffnung und Daseinsfülle, Zusage auf Ernte und Nahrung. Viele Früchte und Samen haben die Yoni-Form, wiederholen vielfältig den einen universalen Bild-Entwurf weiblicher Kraft. Die Göttin wird zum Inbegriff für die Erhaltung des Lebens. Sie stillt Hunger und Durst und versorgt ihre Geschöpfe mit allem, dessen sie bedürfen.

Wenn die Flamme emporzüngelt, formt sie das Yoni-Zeichen. Die allumfassende Göttin ist auch die Herrin des Lichts. Sie ist der Himmel selbst, der Sonne, Mond und Sterne hervorgebracht hat. Die ‚Lichtträgerin' trägt die Fackel durch die dunkle Winternacht. Hestia, die griechische Göttin des Herdfeuers, hütet die wärmende Glut im Zentrum des schützenden Hauses.

Tropfenformen finden sich bei Werkzeugen, mit denen matriarchale Gesellschaften ihre Äcker bearbeiten. Als Steinaxt oder Faustkeil kommt die Form am Beginn aller kulturschöpferischen Leistung vor. Sie wurden an den meisten Fundstellen der Altsteinzeit angetroffen. Manche Steinblatt-Klingen sind zart und hauchdünn. Sie können kaum als Werkzeuge gedient haben. Ein Beispiel sind elf hauchdünne Feuersteinklingen aus Volgu/Saône et Loire, deren Alter auf etwa 19 000 Jahre geschätzt wird. Nach Ansicht der Wissenschaftler handelt es sich nicht um Werkzeuge, da sie beim geringsten Schlag zerbrechen würden. So liegt die Vermutung nahe, daß es sich um Kultgegenstände handelt.

Das umfassende Mysterium des Weiblichen, die Weisheit der Natur, ihre schöpferische Gebärkraft, die aller Welt Urkraft ist, die Göttlichkeit der kosmischen Herrin schlechthin, ist im Symbol des Anfangs beschlossen, das schließlich zum ersten Zeichen des griechischen Alphabets geworden ist.*

Am Ende der griechischen Buchstabenreihe steht das Omega, ebenfalls ursprünglich ein aus Schnur gelegtes Zeichen. Und wie das Alpha umschließt es den Kreis, das Symbol ewiger Göttinnenkraft. Ist es – nach unten geöffnet – ein Sinnbild des Todes? Oder entwickelte sich das Zeichen aus einem Bild, das ursprünglich einen Frauenkörper in hockender Gebärstellung darstellte, wie die entsprechende ägyptische Hieroglyphe – Zeichen der Wiedergeburt, die jeden Tod zu einem neuen Anfang geleitet – Omega, das zum Alpha zurückschwingt? Die Göttin selbst ist Alpha und Omega: „Ich bin Anfang und Ende. Ich bin alles, was ist, was war und was kommen wird!" spricht die Göttin. Die Älteste ist sie, „die das erste Antlitz erleuchtete, die Uranfängliche, die Urmutter, die die Urzeitlichen gebar."[2]

* Den Hinweis auf die Bedeutungsfülle des Yoni-Zeichens verdanke ich einer matriarchalen Frau: Li, fille d'Irène, die auf einem Bauernhof in Südfrankreich ein alternatives Leben führt. Sie wird eine Forschungsarbeit zu den vergessenen weiblichen Symbolen herausbringen. Li hat mich auch darauf aufmerksam gemacht, daß fast alle Buchstaben ihren Ursprung in weiblichen Symbolen haben.

Im Großen Runden und dem Kreis sieht Erich Neumann eine unanschauliche Frühform des „Archetyps an sich", eine „vorkonkrete und vor-bildhafte Form des Anfangs, deren Einfachheit elementar und nicht abstrakt ist". Allzu gewaltsam projiziert Neumann sein patriarchales Weltbild in die Vergangenheit, wenn er behauptet, erst die Bewußtseinsentwicklung habe dann das elementare Zeichen mit Sinngehalten gefüllt, „aber im weiteren Verlaufe der Bewußtseins-Entwicklung werden sie immer mehr entemotionalisiert, um schließlich als abstrakte Zeichen des Bewußtseins erfahren zu werden. Es ist, als ob der Geist-Aspekt des Archetyps die erste Tiefe wie die letzte Höhe der menschlichen Bewußtseins-Entwicklung in gleicher Weise umfaßt, indem von ihm dieselben Zeichen am Beginn als Symbole für die noch unartikulierte und vorgestaltliche Vielheit, am Ende für eine abstrahierte und nachgestaltliche Begrifflichkeit verwendet werden."[3]

Vergewaltigung und Muttermord

Griechenland war vom Beginn seiner Geschichte an ein Schauplatz von Völkerwanderungen und Völkermord. Zugleich ist es der Schmelztiegel vieler Rassen und Stämme. Mythen erzählen von Götterkämpfen. Ihre Symbolsprache verschlüsselt die Geschichte des Aufeinanderpralls der Kulturen und Religionen. Um 1900 v. Chr. drängten indogermanische Stämme auf den Balkan ein. Etwa 1600 v. Chr. brachte die Berührung mit Kleinasien und Kreta in Griechenland die kretisch-mykenische Kultur zur Blüte. Seit 1400 v. Chr. nahm die Bevölkerungszahl ungewöhnlich zu. In riesigen Burgsiedlungen schirmten sich die Stämme gegeneinander ab, einer der erbitterte Feind des anderen. Am Ende des zweiten Jahrtausends eroberten die aus dem Norden Griechenlands einströmenden Dorer mit ihrer bäuerlichherben Kultur die Halbinsel.

Die Vorgeschichte, die Ur-Geschichte der Frauenkulturen liegt unter dem Schutt der Jahrhunderte begraben. Die Zeiten der dünnen Besiedlung, der freien Räume, sind vergessen. Niemand weiß mehr von den Kultheroinnen zu berichten, die einst von den Stämmen der griechischen Urbevölkerung als die Schöpferinnen ihrer überschaubaren Welt verehrt wurden.

Als Homer im achten vorchristlichen Jahrhundert die *Ilias* schrieb, wurde ein Stück mykenischer Kultur der Nachwelt erhalten. Im übrigen begründete das homerische Schrifttum erst die olympische Götterwelt, erzählte verwirrende Geschichten von Göttern und Menschen und verdrängte die Überlieferungen der vorgriechischen Welt. Die matriarchalen Kulttexte wurden umgedeutet, aufgesogen, verfremdet, umgearbeitet und teilweise völlig unterschlagen. Es handelt sich um ein literarisches Ereignis, das zeitlich mit dem Beginn der biblischen Schriftstellerei am Tempel von Jerusalem zusammenfällt, als die matriarchalen Kulttexte Alt-Israels zu ‚Jahwe-Zeugnissen' verfälscht wurden.

„Die Mythographen machten den kühnen Versuch, die widersprechenden Ansichten über das Jenseits, die die frühen Bewohner Griechenlands hatten, in Einklang zu bringen"[1], sagt Robert von Ranke-Graves. Sie versuchten mehr, nämlich die gesamte widersprüchliche Mythologie zu vereinheitlichen, die Vielzahl der Götter in einem einzigen Pantheon unterzubringen und Zeus zu ihrem Regenten zu machen, zum Göttervater und Herrn des Olymp.

Der Siegeszug des olympischen Zeus ist die Geschichte ununterbrochener Vergewaltigungen widerstrebender Göttinnen, Frauen und Mädchen. Er verfolgt sie, und sie fliehen. Sie verwandeln sich in Vögel, Fische und Tiere des Landes. Zeus spürt sie auf, nimmt Tiergestalt an und überwältigt sie. In den prähellenischen Sagen verkörperte der Gott die sich wandelnde Vegetation und veränderte seine Gestalt den Jahreszeiten entsprechend. Die Göttin „begegnete jeder seiner Verwandlungen mit einer Verwandlung ihrerseits. Im hellenischen Mythos sind die Rollen vertauscht."[2]

Perseus, der im argivischen Mythos die Gorgo enthauptet, liebte in frühgriechischer Vorstellung wahrscheinlich Persephone. Die Namensverwandtschaft der Göttin Persephone mit dem des Helden Perseus läßt jedenfalls vermuten, daß Perseus im matriarchalen Mythos der Sohngeliebte Persephones gewesen ist. Kerényi sagt, daß der Name Persephone „griechisch als ‚die von Perseus Getötete' verstanden werden"[3] könne. Aus dem prähellenischen Mythos ist anderes bekannt. Da errettete die Göttin den Gott. Wenn er am Ende des kultischen Jahres in die Unterwelt hinabstieg, war sie es, die ihm nacheilte, um ihn zu erlösen, sie, die heldische Göttin, deren Liebe stärker war als der Tod. Hier erlöste sie den Perseus-Zeus-Hades. Denn in verwirrender Verflechtung verkörpern diese drei Göttergestalten die ursprüngliche matriarchale Idee des sterblichen Gottes, der in die Unterwelt eintaucht, um durch die ewige Eroskraft der kosmischen Göttin zu neuem Leben erlöst zu werden.

> „Perseus hat mit Hades verwandte Züge – er trug auch die unsichtbar machende Hadeskappe – in Lerna war er sogar mit ihm identisch."[4]

Und Zeus, „einst auf Kreta ein sterblicher Gott, der jährlich begraben wurde"[5], spaltete seinen Bruder Hades ab zu einer Zeit, als die Menschen begannen, den Tod als endgültiges Schicksal zu fürchten. Persephones Gatte aber

> „trägt bald den Namen des Hades, bald den des unterirdischen Zeus. Zweifellos gilt die Gattin dieser Zeusgestalt für eine Große Göttin, der alle Sterblichen... untertan sind."[6]

Persephone war einst eine souveräne Göttinnengestalt; das beweist ihr Name „Herrin, ein Kultname der Persephone“[7]. Sie war die ‚Despoina‘, lange bevor das Despotentum Griechenland in Schrecken versetzte. Im matriarchalen Bewußtseinszusammenhang drückt der Name ‚Herrin‘ die integrierende Seins-Macht der Göttin aus. Er meint die umfassende schöpferische, weibliche Fähigkeit, die im Kult wirksam wird und kosmische Dimension hat. Im Gegensatz zum matriarchalen Kultbegriff ‚Despoina‘ bezeichnet der patriarchale Begriff ‚Despot‘ eine aus dem Lebenszusammenhang abgespaltene, zerstörerische Macht, meint Willkürherrschaft, die sich durch brutale Machtaneignung installiert hat.

Wenn wir die orientalischen Sprachen abtasten, begegnen uns überall diese Kultnamen, lange bevor die menschliche Sprache Begriffe für ‚Gott‘ und ‚Göttin‘ geprägt hatte. Die Ba'alat ist die parthenogene Kultheroin, die Herrin (oder Meisterin) von Byblos. Aus ihrem Namen leitet sich der Ba'al ab, dessen Name Meister bedeutet und dem wir später, im phönizischen Mythos, als dem Geliebten der Anat begegnen. ‚Adôn‘ – griechisch ‚Adonis‘, hebräisch ‚Adonai‘ –, heißt wörtlich nichts anderes als ‚Herr‘ im Sinne der männlichen Zeugungskraft, die in der Heiligen Hochzeit wirksam wird, eine Kraft, die nicht abgespalten und aufgesetzt, sondern integriert, dem Ganzen dienend und heilsam einbezogen ist. Die G^{e}bira, die hebräische ‚Herrin‘ – ebenso wie die almah, die kultische Priesterin, oft fälschlich mit ‚Jungfrau‘ übersetzt – vereint sich im Kult mit dem G^{e}bir. Die Bibel hat noch eine Erinnerung an das Mysterium der Heiligen Hochzeit aufbewahrt, da sie den Kulttext überliefert:

> „geheimnisvoll ist der Weg des G^{e}bir mit ha'almah. Erkenntnis ist ihm nicht gegeben.“[8]

‚Herrin‘ und ‚Herr‘ verwalten das Wunder schöpferischer Kraft. Im Lauf der patriarchalen Bewußtseinsentwicklung wurde ‚Herr‘ immer eindeutiger mit dem späten und abgehobenen Begriff ‚Gott‘ gleichgesetzt. Zwar wurde auch die ‚Herrin‘ zur ‚Göttin‘; aber ihre Stellung im Pantheon ordnete sie dem Gott unter. Ihre Priesterin, die Herrin des Kultes, verkam mit der Zeit zur Dienerin am Heiligtum, zur ‚Tempelprostituierten‘ oder zur ‚Magd Gottes‘. Später wurden die patriarchalen Bewußtseinsinhalte – ‚Herr gleich Gott‘ und ‚Herrin gleich Menschenfrau‘ – in die matriarchale Bewußtseinsebene zurücktransportiert. Auf diese Weise läßt sich die Zeugung des Gottessohnes durch den Gott mit einer Menschenfrau theologisch ‚beweisen‘.

Es ist an der Zeit, daß wir den Begriff ‚Herrin‘ von seinen entfremdenden patriarchalen Bedeutungsüberlagerungen befreien und ihn auf seinen matriarchalen Symbolgehalt zurückführen. Nur wenn wir sensibel und geduldig nach innen tasten, um die Qualität wieder zu erleben, die der Kultname ‚Herrin‘ im matriarchalen Bewußtsein einst gehabt hat, kann es uns gelingen, das Gespür für die heilsame, lebensfördernde und integrierende Kraft, die von der kosmischen Herrin und ihrem Kult ausging, wiederzugewinnen.[9]

> „In diesem Symbolismus drückt sich die nicht-dualistische poetische Weltsicht der Frauen in früher Zeit aus. Sie konnten ihre Körper als ganze Welten erleben und das Universum wie ihren Körper betrachten."[10]

Die religionsgeschichtliche Entwicklung verläuft nun in Griechenland so, daß die Große Dreifaltige Göttin auf nur *einen* Teilaspekt ihrer ursprünglichen umfassenden Kraft reduziert wird. Um der kultischen Anforderung des gesamten Jahreszeitenzyklus zu entsprechen, treten daher drei ursprünglich souveräne Göttinnen zu einer Trias zusammen, wie zum Beispiel Hekate, Demeter und Persephone, die im Kult der Eleusinischen Mysterien gemeinsam verehrt werden.

Persephone, einst die wahrhaft Dreifaltige Göttin, das Mädchen, die reife und die greise Frau, bedurfte nur eines kultischen Bades, des ‚Jungbrunnens‘, um immer wieder Mädchengöttin zu sein. Der späte griechische Mythos, der sie mit Demeter und Hekate zusammenbringt, ist das Ergebnis von Engriffen, die patriarchale Weltdeutung den matriarchalen Mythen zugemutet haben.

> „Persephone und Hekate verkörpern die prähellenische Hoffnung auf eine Wiedergeburt; der hellenische Hades jedoch war die Personifizierung der Endgültigkeit des Todes"[11],

sagt Robert von Ranke-Graves, und er bestätigt:

> „Noch bei Hesiod erscheint auch Hekate als die ursprüngliche Dreifaltige Göttin, die im Himmel, auf Erden und im Tartaros herrschte. Die Hellenen betonten jedoch ihre zerstörende Macht und vergaßen darüber ihre schöpferische Kraft."[12]

Auch Demeter hatte einst triadischen Charakter. Erst im helladischen Mythos wird ihr Charakter ‚eindeutig‘. Nun wird Demeter zur Mutter der Persephone, und das „Auseinandertreten der Göttin in ihre Aspekte"[13], das Erich Neumann als Fortschritt auf dem Wege zur patriarchalen Bewußtseinsentwicklung beschreibt, ist vollzogen. Da jedoch Persephone genauso wie Demeter den Charakter der reifen Frauengöttin hat, nimmt sie als Demeters Tochter die Mädchengestalt der Kore an, was die Sache nur noch mehr verwirrt.

Der patriarchale Demeter-Mythos erzählt die folgende Geschichte: Eines Tages habe Hades, der Gott der Unterwelt, bei Zeus um die liebliche Kore angehalten. Zeus fürchtete, seinem Bruder eine direkte Absage zu erteilen, obwohl er sicher sein konnte, daß seine Schwester Demeter ihre Tochter niemals in den Tartaros gehen lassen würde. So antwortete er ausweichend, daß er seine Zusage weder geben noch verweigern könne. Hades, in seiner verliebten Begehrlichkeit, überwältigte das Mädchen Kore, als es fröhlich und unbekümmert auf einer Wiese Blumen pflückte. Demeter suchte nach ihrer Tochter neun Tage und Nächte. Sie verweigerte Essen und Trinken. Schließlich erfuhr die Göttin von zwei Hirten, daß Hades mit einem Wagen, von schwarzen Pferden gezogen, herangebraust sei. Die Erde habe sich zu einer tiefen Kluft geöffnet, in die der Wagentreiber hineingejagt sei, in seinen Armen ein schreiendes Mädchen, das sich verzweifelt gewehrt habe. Der Wagen versank, die Schweine des Hirten mit sich hinab in den Schlund ziehend.

Demeter rief Hekate herbei, und die beiden begaben sich zu Helios, dem Sonnengott, der alles sieht, und der allwissende Gott bestätigte die Reden der Hirten. Demeter, zutiefst empört, untersagte den Blumen das Blühen, den Bäumen das Früchtetragen, dem Korn das Wachsen und den Himmeln das Regnen. Dürre und Trostlosigkeit breiteten sich über das Land, und die Menschheit drohte auszusterben. Da gebot Zeus dem Hades, Kore an ihre Mutter zurückzugeben. In Eleusis, an der gleichen Stelle, wo der Wagen des Hades mit Kore in der Erdschlucht verschwunden war, kehrte die Mädchengöttin in die lichte Welt zurück, von ihrer Mutter jubelnd begrüßt. Doch weil Kore im Tartaros Nahrung zu sich genommen und sieben Kerne eines Granatapfels gegessen hatte, mußte Demeter sich darauf einlassen, ihre Tochter mit dem Fürsten der Unterwelt zu teilen. Dic drei Monate anhaltende Zeit der Dürre und Unfruchtbarkeit mußte Kore im Reich der Toten verbringen. Während der fruchtbaren Jahreszeit aber durfte sie bei ihrer Mutter auf der Erde bleiben. Hekate hatte darüber zu wachen, daß diese Vereinbarungen eingehalten wurden.

Der Mythos liegt in unterschiedlichen Erzählformen vor. Einmal war das sizilianische Enna der Schauplatz, an dem Hades mit Kore in der Unterwelt verschwand, oder es geschah im

> „attischen Kolonos oder in Hermione oder irgendwo in Kreta oder in der Nähe von Pisa oder in Lerna oder im arkadischen Pheneus oder im boiotischen Nysa oder irgendwo anders in den weit voneinander liegenden Gegenden, die Demeter auf ihrer Suche nach Kore betrat. Ihre eigenen Priester sagten, es sei in Eleusis gewesen."[14]

Darum feierten die Griechen in Eleusis, an dem Ort, wo die Erde sich geöffnet hatte, um die Mädchengöttin am Beginn der unfruchtbaren Sommerperiode zu verschlingen, die Heimkehr der Kore zu ihrer Mutter.

Um aber an den Großen Mysterien von Eleusis teilnehmen zu können, mußten die Menschen zuvor den sogenannten ‚Kleinen Mysterien' beiwohnen. Diese fanden in Agrai statt, einem Vorort von Athen.[15] Während in Eleusis das Wunder der Wiedergeburt Ereignis wurde, führten die ‚Kleinen Mysterien' in das Geheimnis des Todes ein. Wer nicht zuvor mit Kore in die Unterwelt hinabgestiegen war, durfte am Wunder ihrer Rückkehr nicht teilnehmen. Wasser und Finsternis spielten im mystischen Geschehen die Hauptrolle. Der Kopf der Einzuweihenden wurde umhüllt und mit ‚Finsternis umgeben', Augen und Mund wurden ihnen gleicherweise verschlossen. Sie identifizierten sich mit Kore/Persephone/Hekate, die zur Unterwelt hinabgestiegen war. In diesen Mysterien ist ausdrücklich auch Hekate bezeugt. *Ihr* Unterwelts-Charakter dominiert das kultische Geschehen, wenn die Flüsse austrocknen, die Brunnen versiegen und das Land unter der mörderischen Hitze erstarrt. Kore, das Mädchen, kann diese kultische Funktion nicht erfüllen, auch dann nicht, wenn sie als Persephone in die Unterwelt entführt wird. Denn dort wird sie Gattin und Geliebte. Sie gehorcht also dem Aspekt der reifen Frau und nicht dem der Todesgöttin, obwohl sie in die Unterwelt eintaucht. Es zeigt sich, daß der patriarchale Eingriff in das mythologische Denken nur Verwirrung stiftet. Gegenüber der Logik des Lebens wird die typisch männliche Denkweise der Spezialisierung – das ‚Auseinandertreten der Göttin in ihre Aspekte' – unbrauchbar.

Im Herbst, wenn die mörderische Hitze zu Ende ging, wenn die ersten Wolken auf den erlösenden Regen hoffen ließen, begann in Athen die feierliche Vorbereitung der Demeter-Mysterien. Die Priesterin rief die Eingeweihten zusammen: Frauen und Männer, die mindestens einmal an den ‚Kleinen Mysterien' teilgenommen hatten und alle Mysten, die schon seit Jahren in den Kreis der Geheimnisträger gehörten. Es galt, die Uneingeweihten auszusondern, damit die Mysterien keinem Unwürdigen verraten würden. Am 17. Tag des Herbstmonats Boedromion wurden die Mysten ins Meer gerufen, ins reinigende Urelement. Mit der heiligen Handlung traten die Eingeweihten in die Gestalt der Göttin ein und betrachteten sich als identisch mit ihr. Sie unterwarfen sich dem rituellen Fasten. Auch Demeter, die Große Göttin, fastete – denn sie trauerte um ihre Tochter Kore. Erhalten ist die geheimnisvolle Bekenntnisformel der Eingeweihten: „Ich fastete, ich trank den Mischtrank; ich nahm aus der Cista, arbeitete damit und legte es dann in den Korb und aus dem Korbe wieder in die Cista."[16]

Nur aus der vergleichenden Forschung läßt sich der Sinn dieser Kultformel erahnen. Korb und Cista waren allgemeine Gerätschaften des täglichen Lebens. Aber im Dienst der Göttinnen von Eleusis gewannen sie kultischen Charakter, so wie der Kult immer auch Methode des Ackerbaus gewesen ist. Meist wurde in den Cisten, zylinderförmigen Gefäßen aus Bronze, deren Außenwände reich verziert waren, das Saatgut aufbewahrt. Die ‚mystischen Cisten' sollen zur Feier der Eleusischen Mysterien wenigstens eine Schlange, einen Granatapfel und wahrscheinlich heilige Brote in Form von männlichen und weiblichen Geschlechtsorganen enthalten haben. Diese Kuchen waren besonders heilig. Die Priesterinnen buken sie im Auftrag der Göttin; aber alle waren überzeugt, die Göttin selbst habe die heiligen Brote gebakken. Nichts läßt auf ein heiliges Mahl schließen; aber wie immer die Gegenstände feierlich gehandhabt und bewegt worden sein mögen – diesem Agieren liegt eine rituelle Handlung von bedeutendem Sinngehalt zugrunde. Sie bereitete den Mysten auf die höchsten Weihen vor und versicherte ihn der besonderen Gnade der Göttin. Wer diese letzte Würde der Einweihung erreicht hatte, dem verkündigte die Göttin Seelenheil, Wiedergeburt und ewiges Leben.

Bis auf den heutigen Tag pflegen die Bauern in Makedonien einen interessanten Brauch. Nach der Aussaat legen sie in den Saatbehälter einen Granatapfel als Symbol der Fruchtbarkeit und eine Zwiebel, die Unheil abwehren soll. Dann wird der Behälter mit einer roten Seidenschnur zugebunden. Nach der Ernte teilen die Familienmitglieder den Granatapfel, und während sie ihn essen, zitieren sie heilige Formeln, um die Fruchtbarkeit des nächsten Jahres zu erbitten. Plutarch erwähnt, daß auch die mystischen Cisten in Eleusis mit einer roten Seidenschnur zugebunden wurden.[17]

Die ‚Großen Mysterien' von Eleusis führten Kore – und damit alles Leben – wieder heraus aus dem Reich des Todes. Was aber geschah in Eleusis? Was war Gegenstand des ‚Mysteriums'? Ein Priester trug die Fackel während der geheimnisvollen Handlung. Bei der Anrufung der Kore schlug der Hierophant das Schallbecken. Aber sonst ist nicht viel Musik bezeugt – was aber kein Beweis dafür ist, daß es keine Musik gegeben habe. Es sei ‚nichtige Erfindung', meint Kerényi, sich eine mimische Darstellung des Kore-Raubes vorzustellen, oder aus rituellen Formeln auf eine ‚Predigt des Hierophanten' zu schließen. Handlung, Gesagtes und Gezeigtes waren jedenfalls kein Bühnenspiel:

> „Der archäologische Befund spricht entschieden gegen die Annahme einer Mysterienbühne... und kein einziger Text spricht sicher und eindeutig dafür."[18]

Es ist müßig zu betonen, daß die Eleusinischen Mysterien ‚kein Bühnenspiel' gewesen seien. Die Eleusinischen Mysterien haben den Charakter matriarchaler Rituale bewahrt. Die aktive Beteiligung *aller* kennzeichnet das kultische Drama, es gibt keine ‚Zuschauer', sondern ausschließlich eingeweihte Mysten, denen die Gnaden der Göttin zuteil werden.

> „Die mystisch-rituellen Feste, wie sie in regelmäßiger Folge der Jahreszeiten wiederkehrten, spiegelten im Matriarchat die gesamte komplexe Praxis dieser Gesellschaften... Tanz, Musik, Gesang, Prozessionen, Szenen mit dramatischem Charakter und üppige Gelage verbanden sich zu einem unlösbaren Ganzen. Und die zentralen dramatischen Szenen im Ablauf der Jahreszeiten: Einweihung, Hochzeit, Opfertod und Wiederkehr wurden nicht gespielt, sondern als sakrale Akte tatsächlich vollzogen... Als Ackerbaukunst, als die Kunst, Pflanzen zu veredeln und Tiere zu züchten, als die Kunst der Werkzeugherstellung, des Webens, des Töpferns, als die Kunst der Pflanzenheilkunde, der Astronomie-Astrologie, der Musik als kosmischem Abklang, als die Kunst der Trance, der Erotik, des Orakels, der Weisheit, als die Kunst, naturhafte, seelische und gesellschaftliche Zusammenhänge zu entdecken und zu lenken, als die Kunst des Regierens, ohne Zwang auszuüben."[19]

Kultfeier in der abgehobenen Form eines ‚Bühnenspiels' oder einer ‚Predigt' ist dem ganzheitlichen matriarchalen Bewußtsein fremd. Denn matriarchale Menschen sind mit ihrem Dasein in die kosmische Ordnung der Göttin eingeflochten. Ihr Kult ist nicht abgehobenes, frommes Handeln, sondern matriarchale Magie: Die Kunst der Teilhabe am Naturgeschehen, durch die sich Frauen und Männer mit den kosmischen Kraftströmen verbinden. Die kultische Handlung war keine das individuelle Schicksal herausragender Persönlichkeiten aktualisierende Tragödie. Das allen gemeinsame Schicksal aber wurde im Ritus nachvollzogen. Es wurde damit seelisch verarbeitet, und der Todes-Aspekt jeder menschlichen Existenz verlor seine Schrecken. Trat doch im Ritus deutlich zutage, daß alle Menschen das Land des Todes tapfer durchschreiten konnten. Frauen und Männer hatten Zugang zu den Mysterien; und auch die Männer identifizierten sich im Mysterium mit der todbesiegenden Göttin.

Dafür gibt es eine historische Urkunde. Kaiser Gallienus, ein Eingeweihter von Eleusis, legte besonderen Wert auf die Würde des Mysten, die ihn der Göttin, nicht dem Gott, anverwandelte. Er nannte sich offiziell mit dem Frauennamen ‚Galliena Augusta' und ließ Münzen mit seinem weiblichen Namen prägen, um seine Teilhabe am Großen Mysterium vor jedermann zu bekennen. Gleiches ist für andere Kultorte, an denen die Mysterien der Demeter begangen worden sind, bezeugt:

> „In Syrakus, im Heiligtum der Demeter und Persephone, leisteten auch Männer den großen Schwur so, daß sie sich ‚mit dem Purpurkleid der Göttin' bekleideten und ihre brennende Fackel in die Hand nahmen."[20]

Matriarchale Kult- und Lebenspraxis forderten die Ausgewogenheit von Geben und Nehmen. Hilfe, Heil und Leben erfuhren nicht nur die Menschen durch die Göttin; auch die Göttin erwartete die Hilfe der Menschen. Im Herbst, wenn die trostlose Periode der Sommerdürre zu Ende ging, war es Zeit, ‚der Göttin zu Hilfe zu eilen', ihre kosmische Kraft zu unterstützen. Der Name des Herbstmonates ‚Boedromion' gleich ‚zu Hilfe eilen' bewahrt eine Ahnung von dem ganzheitlichen Lebensgefühl dieser Menschen, die mit dem Herbstkult, der Wiederbelebung der Natur, einen ganzen Monat lang beschäftigt waren. In dramatischem Nachvollzug, an dem alle teilhatten, banden sich die Menschen ins kosmische Geschehen ein.

Am 19. Tag des Boedromion brach die Prozession von Athen

aus auf und erreichte die nordwestlich, an der Bucht von Eleusis gelegene Kultstätte der Demeter in tiefster Nacht. Schon die Wanderung nach dem Kultort glich einer Wallfahrt. Sie dramatisierte den Mythos, wiederholte das Herumirren der Göttin auf der Suche nach ihrer Tochter. Die Mysten trugen Myrtenbüschel in den Händen und schmückten den weiten Weg zum Kultzentrum mit den Zweigen des heiligen Baumes. In der klassischen Zeit galt die Myrte als Baum der Aphrodite und der Toten zugleich[21], sie war Sinnbild der Leben und Tod umfassenden kosmischen Kraft der Göttin. Die Priesterinnen trugen Gefäße mit Getreidesamen auf den Köpfen und Fackeln in der Hand, mit denen die Prozession das letzte Wegstück im Dunkel der Nacht erleuchtete. Die Männer führten Wanderstäbe, Säcke und Kannen mit sich, wie uns eine Votivtafel lehrt.

Wenn die Prozession im Dunkel der Nacht Eleusis endlich erreichte, begab man sich unmittelbar in das Telesterion, das Große Kultgebäude der Demeter, um die heilige Handlung zu begehen.

Der Ruf nach Kore erscholl lauter und dringlicher, unterstützt vom Klang der Schallbecken. Dann, nachdem Kore aus der Unterwelt zurückgekehrt war, geschah etwas Geheimnisvolles, das eigentliche Mysterium, was bei ausgelöschten Fackeln in der Finsternis vollzogen wurde: Die Heilige Hochzeit, nicht der Kore, wie man erwarten würde, sondern der Demeter selbst mit ihrem Bruder Zeus. Sind nun hier Zeus und Hades identisch, wie die wiedererstandene Kore eines ist mit ihrer Mutter?

Nach der Feier der Heiligen Hochzeit wurde ein großes Licht entzündet, und der Ruf des Hierophanten erscholl: „Die Große Göttin hat ein heiliges Kind geboren.“[22] Sie hat nicht etwa ihre Tochter Kore wiedergeboren, sondern den Sohn, die Frucht, das Geschöpf: Pluto, der auch eine Erscheinungsform des Hades ist. Ursprünglich verkörperte Pluto die Frucht, besonders den Weizen, der schließlich wieder zur ‚Unterwelt‘ herabsteigen muß, um neu zu grünen. In der Sohnesgeburt spiegelt sich die umfassende Idee der Wiedergeburt alles Sterblichen. Im Mysterium dieser Geburt haben die Eleusinischen Mysterien den Kern des matriarchalen Schöpfungsglaubens und das ursprüngliche matriarchale Kultgeschehen bewahrt. In dieses Gesamtbild gehört die Symbolgestalt des Pluto, der den Reichtum und die Fülle verkörpert, das Geschenk der Göttin an die Menschheit nach der entbehrungsreichen Zeit der sommerlichen Hitze. Der Urmythos wird Ereignis, wenn Hekate, Demeter und Kore/Persephone im großen Mysterium von Eleusis zur Gestalt der Einen Großen Göttin zusammentreten. Kore ist nicht die Tochter der Göttin, sondern Demeter selbst in ihrem Mädchenaspekt. Hekate, als ‚Greisin' auf ihren unterweltlichen Aspekt reduziert, fließt in die Gestalt der Einen Göttin ein, wenn Demeter klagend und trauernd über die unfruchtbar gewordene Erde zieht. Ihr Ruf gilt ursprünglich nicht der Tochter, sondern dem Sohn. Pluto verkörpert die geschaffene Welt. Er ist das Geschöpf, reift zu ihrem Geliebten heran, um sich in Heiliger Hochzeit mit ihr zu verbinden. Wenn er schließlich stirbt, wird er durch sie wiedergeboren werden.

Alles Geschöpfliche ist in diesem Sinne ‚Der Sohn': Die Sonne und der Mond, die Sterne des nächtlichen Himmels und die Vegetation der Erde. ‚Mensch' bezeichnet in des Wortes ursprünglichen Sinne tatsächlich nur den Mann, wie es die meisten Sprachen noch heute vermitteln. Denn der Sohn – das uranfängliche Mannesgeschöpf – verkörpert im matriarchalen Bewußtsein die Vegetation, die Einheit der Schöpfung und des Hervorgebrachten. Jede Tochter aber ist mit der Mutter identisch und repräsentiert ihre hervorbringende schöpferische Kraft. Sie garantiert die Fortdauer des Lebens und die Erhaltung der universellen schöpferischen Kraft.

Der Großen Göttin gehorchen Licht- und Schattenreich, und die Unterwelt ist so belebt, so voller spannender Erlebnismöglichkeiten, so voller Verwandlung und Wunder wie die Nacht mit ihren ziehenden Sternen und wechselnden Mondgestalten. Mit der Wucht des ewigen Kreislaufs zieht die Göttin ihre Geschöpfe hinab in die Nacht, in den Tod. Einst wurde Perseus-Zeus-Hades von der Göttin der Unterwelt anheimgegeben. *Er* war es, der drei Monate im Schattenreich verbringen mußte, bis er wieder erlöst wurde, nicht Kore-Persephone.

Das zerlegende patriarchale Denken macht auch vor der Aufspaltung der männlichen Götter nicht Halt. Auch sie treten in ihre ‚Aspekte' auseinander. Das patriarchale Weltbild kennt für Hades, den Unterweltgott, keine Gnade. Auf ewig unerlöst bleibt er dem Tode verhaftet, der dunkle Schattenbruder des olympischen Zeus. In völliger Pervertierung der matriarchalen Wiedergeburtsidee raubt der Gott die Mädchengöttin und zerrt sie in die Unterwelt, in der Absicht, sie auf immer gefangen zu halten. Der ‚Raub der Kore' durch den Unterweltsgott Hades stellt den matriarchalen Mythos auf den Kopf. Die matriarchale Opposition, der Aufruhr des Lebensprinzips gegen den nekrophilen Machtanspruch des männlichen Gottes, schlägt sich im Mythos nieder und erzwingt den Sagenzug, der von der Rückkehr der Kore aus der Unterwelt berichtet. Es hat den Anschein, als seien im Kore-Mythos Patriarchat und Matriarchat, Männliches und Weibliches, noch einmal einen Kompromiß eingegangen. Kore darf sogar dreiviertel des Jahres bei ihrer Mutter bleiben. Trotzdem bedeutet das keine Ausgewogenheit zwischen dem männlichen und dem weiblichen Prinzip, weil Gewalt durch Liebe nicht im Ausgleich gehalten werden kann.

Bezeichnenderweise setzt Erich Neumann gerade an diesem Punkt ein, um den perversen Umgang des Mannes mit der Frau als ‚archetypisch' und für die Entwicklung der weiblichen Psyche notwendig zu beschreiben:

> „Raub, Vergewaltigung und Todeshochzeit sind die großen Motive, die im Mythos vom Raub der Kore, der Trennung von Mutter und Tochter, das zentrale Geschehen der Eleusinischen Mysterien bestimmen."[23]

Die Frau hat – so Neumann – um zu ihrer seelischen Reife zu gelangen, die matriarchale Welt der Mutter zu überwinden.

> Ebenso wie sie körperlich „auf den Eingriff des Männlichen zu ihrer Aufschließung angewiesen ist, so ist auch ihre Befreiung zum Bewußtsein" an den Mann gebunden.[24]

Deshalb gehöre „zu den Einweihungsmysterien, in denen das Weibliche zu sich selber kommt", daß

> „es in Abkehr von seiner Urbeziehung zur Mutter sich dem Männlich-Tötenden anheimgibt. Der entscheidende Schritt der Loslösung der Tochter von der Mutter besteht darin, daß sie die matriarchale Welt zugunsten der Liebe zum Mann verläßt und sich ihm in der Todeshochzeit freiwillig hingibt. Diese für das Weibliche erlösende Hingabe an das Männliche wird aber vom matriarchalen Prinzip als ‚Verrat' angesehen. Der Konflikt zwischen diesen beiden archetypischen Gewalten, dem Mütterlichen und dem Männlichen, bildet stets den tragischen Hintergrund der ‚Todeshochzeit'."[25]

Nicht genug damit, daß seine Interpretation vom *patriarchalen* Mythos ausgeht und daraus ‚archetypisches' Geschehen ableitet, Neumann verfälscht darüber hinaus auch den Sinn der patriarchalen Mythen-Variation, wenn er analog für die psychologische Situation der modernen Frau fordert, sie habe sich ‚freiwillig der Todeshochzeit anheimzugeben'. Kore hat sich gegen Hades heftig gewehrt. Sie hat sich gegen die Vergewaltigung empört, sie hat laut geschrien. Der Kore-Mythos soll die Rechtfertigung hergeben für den gewaltsamen Umgang des Mannes mit der Frau.

> „Anheimfallen, Untergang als Mädchen, Sterben und Geopfertwerden steht im Mittelpunkt dieser Ereignisse", wenn die Frau „von dem in jedem Sinne ‚fremden' Männlichen genommen wird."[26] „Jede Hochzeit ist" – im Sinne Neumanns – „ein Warten auf das Mann-Ungeheuer, dem die Braut ausgeliefert wird. Die Verhüllung der Braut ist immer die Verhüllung des Mysteriums, und die Hochzeit als Todeshochzeit ist ein zentraler Archetyp weiblicher Mysterien. Auch die Unheilshochzeit, die in unzähligen Mythen und Märchen als Darbringung des Mädchens an das Ungeheuer, den Drachen, Zauberer und Unhold auftritt, ist für die Tiefenerfahrung des Weiblichen ein Hieros Gamos. Der Vergewaltigungscharakter, den das Geschehen für das Weibliche annimmt, ist Ausdruck der für die matriarchale Psyche charakteristischen Projektion des Feindlichen auf den Mann."[27]

Wo Hochzeit von der Frau als ‚Todeshochzeit' erlitten werden muß, ist das vom matriarchalen Kultverständnis ursprünglich Gemeinte bis zur Unkenntlichkeit entstellt. Im Hieros Gamos des matriarchalen Kultes geht es um Erlösung *zum* Leben. Es gibt keine ‚Todeshochzeit' als Urbild matriarchaler Mysterien. Wenn Neumann die Todeshochzeit als ‚Archetypus' mit den ‚Unheilshochzeiten unzähliger Mythen und Märchen, mit der Darbringung des Mädchens an das Ungeheuer, den Drachen, Zauberer und Unhold' beweisen will, so bezieht er sich auf literarische Produkte, die alle der perversen patriarchalen Phantasie entsprungen sind, und blendet die matriarchale Symbolsprache aus. Neuman verklärt den sexuellen Machtmißbrauch des Mannes zum notwendigen Akt für die ‚Entwicklung des Mädchens zum Weibe'. Wenn er nun noch unterstellt, solcher Machtmißbrauch erhalte Vergewaltigungscharakter allein durch ‚Projektion des Feindlichen auf den Mann', wie es ‚für die matriarchale Psyche charakteristisch' sei, grenzt seine Argumentationsweise ans Perfide. Die Begegnung mit dem Mann ist – nach Ansicht Neumanns – für die Frauen eine ‚archetypische Erfahrung mit der Gewalt des Stärkeren, mit der Macht'. Für die Begegnung mit dem patriarchalen Mann ist das durchaus zutreffend. Wenn

– was keine Einzelfälle sind – Mädchen nackt vom Vater gezüchtigt werden, oder wenn Frauen in endlosen Demütigungen gewaltsamen Sexualmißbrauch haben erleiden müssen, kann dies dazu führen, daß sie ‚Vergewaltigung lustvoll erleben'. Aber ‚Vergewaltigung' und ‚Todeshochzeit' gehören nicht zum Entwurf matriarchaler Menschlichkeit, und es ist falsch, wenn Neumann behauptet, ‚das weibliche Ritual der Todeshochzeit' sei ‚matriarchal' und ginge „dem Ritus der Adonisklage voraus".[28] Damit rückt er das zuletzt Gedachte an den Anfang und versetzt die Erlebnisweise des patriarchalen Bewußtseins in die matriarchale Gesellschaftspraxis. Denn ‚Adonisklage' ist die Formel für die Klage um den in die Unterwelt hinabgestiegenen Vegetationsgott. Sie gehört sinngemäß zum Jahreszeitenzyklus der matriarchalen Kulte. Aber die Klage der Demeter um Kore gehört – wie schon das Auseinandertreten der Göttinnen in die Mutter- und Tochter-Funktion – in den Zusammenhang des patriarchalen differenzierenden Bewußtseins.

Erich Neumann starrt wie gebannt auf die hilflose ‚Frauenmacht' im Schatten patriarchaler Männermacht, wenn er sagt:

> Eine Frau, „deren liebende Bezogenheit nichts mit Macht zu tun hat", und die „im Selbstopfer der Todeshochzeit die matriarchale Welt überwindet, gelangt in der persönlichen Erfahrung der Begegnung zur echten conjunctio der Liebenden".[29]

Ein Sturm der Entrüstung sollte Neumann hier entgegenschlagen. Können Frauen wirklich lieben als Reaktion auf ‚Raub, Vergewaltigung und Todeshochzeit'? Lieben Männer die solcherart mißhandelte und unterworfene Frau? Die ‚Liebe' des *patriarchalen* Mannes hält bestenfalls so lange durch, wie eine Frau ihm dient und unterworfen bleibt. Wenn sie aber zu sich selbst erwacht und eigene Entwicklungsschritte geht, wirft der Mann – falls er die Patriarchatspsychologie nicht überwinden kann – seine ‚Liebe' ab wie eine Tarnkappe, unter der sein patriarchales Männer-Ich verborgen war. Die Frau wird austauschbar gegen jede andere, die sich leicht unterwirft und zum ‚Selbstopfer' bereit ist. Wirkliche Liebe – die uneigennützige, lebendige Neugier am anderen Du – gibt es das unter Patriarchatsbedingungen?

Wir brauchen nur die Liebeshymnen matriarchaler Kultgesänge auf uns wirken zu lassen, um deutlich zu sehen, wie sehr Neumann die Tatsachen entstellt. Liebe – wirklich freie Zuwendung von Mensch zu Mensch – ist nur möglich, solange ‚Macht' nicht mißbraucht wird, solange Grenzen respektiert werden, solange eines Menschen Würde und Ausstrahlung zählt und nicht seine brutale Gewalt.

Die schöpferische Wiedergeburtsmacht der Göttin läßt sich aus männlicher Sicht leicht umdeuten. Dazu bedarf es nur einer geringfügigen Akzentverschiebung: Nicht die Mutter gebiert den Sohn immer wieder, sondern es ist der Sohn, der sich in der Mutter immer wieder neu erzeugt. Der Mann versteht sich als aktiv handelndes Subjekt. Das Weibliche gerät zum Objekt, das sich der Mann zur Erhaltung *seiner* Spezies unterwirft.

Trotzdem betrachtet die patriarchale Weltsicht das Schöpfungsgeschehen nicht einfach mit umgekehrten Vorzeichen. Während das Männliche im matriarchalen Bewußtsein integriert ist und als zeugender Impuls seine souveräne Seins-Macht hat, wird das Weibliche im patriarchalen Bewußtsein zum leeren Gefäß und zur *toten* Materie. Erich Neumann sieht das so:

> „Der Fortschritt zum männlichen Bewußtsein und zur Autonomie des Geist-Sohn-Prinzips hängt von der ‚symbolischen Tötung' der Großen Mutter ab und von der Stützung des von der Erdmutter unabhängig gewordenen Sohnprinzips durch den Vater."[30]

Die Ideologie des einseitig männlichen Weltbildes kommt in diesem Satz so vollständig zum Ausdruck, daß es sich lohnt, seine Aussagen etwas genauer zu betrachten. Die kosmische Herrin ist auf die ‚Erdmutter' reduziert. Das ‚Geist-Sohn-Prinzip' ist ‚autonom'. Es kann das weibliche Prinzip entbehren. Diese Entwicklung ist aus männlicher Sicht ein ‚Fortschritt', der allerdings den ‚Muttermord' notwendig macht. Die Analytische Psychologie behauptet, daß dieses in solchem Ausmaß perverse Weltbild durch selbstgesteuerte kollektivpsychologische Prozesse zustande gekommen sei. Derartige Glaubenssätze haben ihren berechtigten Ort in religiösen Bekenntnissen.

Da der kosmische Schöpfungsakt in Analogie zur menschlichen Fortpflanzung gedacht worden ist, liegt es nahe, daß Männer die Entstehung der Welt aus ihrer Sicht anders interpretieren wollen als Frauen. Ethnologische Forschungen bestätigen, daß sich die Frauen andere Schöpfungsgeschichten erzählen als die Männer. Mythen, die Frauen erzählen, werden von Männern als ‚unwahre Geschichten' abgetan, weil sie nur die von Männern erdachten Mythen als ‚echt' bezeichnen.[31] Patriarchale Männer sind nicht mehr neugierig auf die Gedanken, Bilder und schöpferischen Phantasien von Frauen. Sie sind nicht mehr bereit, ihr einseitiges Weltverständnis durch das der Frauen korrigieren zu lassen, sondern tun es kurzerhand als ‚falsch' ab. Der nächste Fort-Schritt zum autonomen patriarchalen Weltbild wird erreicht, wenn Männer sich die Macht anmaßen, den Frauen den Mund zu verbieten. Massive Frauenunterdrückung und ein mörderisches Ausrottungsprogramm gegen Widerspenstige hat den „Fortschritt zum patriarchalen Bewußtsein und zur Autonomie des Geist-Sohn-Prinzips' möglich gemacht. Mit der Schutzbehauptung, dem ‚allein selig machenden Glauben' zu dienen, wurden kollektiv verordnete Frauenmorde gesellschaftsfähig gemacht – nicht erst in der beginnenden Neuzeit, als Hexenverbrennungen an der Tagesordnung waren, sondern bereits zu biblischen Zeiten, wie entsprechende Aufforderungen zur Ermordung Andersgläubiger im Alten Testament beweisen.[32]

Was übrig bleibt, wenn Frauen und Männer nicht mehr aufeinander neugierig sind, um sich gegenseitig zu bereichern, bringt die Ethnologin Brigitta Hauser-Schäublin auf den Punkt, wenn sie feststellt:

> „Die Beziehung zwischen Mann und Frau beruht auf einer Grundvoraussetzung: dem Austausch zwischen Nahrung und Sex."[33]

Im matriarchalen Weltbild vereinigen sich männliche und weibliche schöpferische Phantasien – das beweisen mythologische ebenso wie ethnologische Forschungen. Daraus schließt die Ethnologin,

> „daß Frauen kein ausgebautes kultisches Leben unter Ausschluß der Männer führten. Sie konnten es gar nicht führen, weil sie anders denken und fühlen und deshalb zu einer strikten, permanenten Trennung von Familienleben und Kult gar nicht in der Lage sind."[34]

Mythenforschung und Archäologie legen andere Ergebnisse vor. Archaische Kulte kennen nur die Priesterin. Denn allein Frauen konnten das Mysterium der Erneuerung und Wiedergeburt verwalten. Das machte ein ausgebautes kultisches Leben unter Ausschluß der Männer notwendig. Frauen sonderten sich zu kultischen Zeiten von der Sippe ab. Ihr ‚anderes Denken und Fühlen' – ihre liebende Bezogenheit – drückte sich eher darin aus, daß Frauenkult dem Heil des ganzen Stammes, auch den Männern, galt. Männer konnten sich den Zugang zum Kult nur verschaffen, indem sie sich mit der Priesterin identifizierten. Bis auf den heutigen Tag tragen Priester Frauenkleidung. Das ganzheitliche matriarchale Bewußtsein der Frauen ist aber wahrscheinlich dafür verantwortlich, daß Frauen später von Männern erdachte Rituale und die Identifizierung der Priester mit der Priesterin akzeptiert haben, damit Männer und Frauen gemeinsam am Kult teilnehmen konnten.

Bevor Männer den Himmel für den monotheistischen Vatergott erobern konnten, kam es zur Aufspaltung des einheitlichen matriarchalen Weltbildes. So spricht Erich Neumann von der Trennung von Himmel und Erde – mythologisch gesprochen – von der ‚Trennung der Ureltern' wie von einer befreienden Leistung des patriarchalen Bewußtseins.[35] Zwar bleibt in der ägyptischen Vorstellung der Himmel weiblich und die Erde männlich, doch für das abendländische Bewußtsein wird die jüdischchristliche Vorstellung verbindlich, wonach der Sitz des ‚männlichen, schöpferischen Geistes' im Bild des Himmels gedacht ist, dem die Erde als weibliche materielle Welt gegenübersteht. Das patriarchale Bewußtsein trennt Licht und Schatten in unvereinbare Gegensätze, obwohl sie einander bedingen und eines ohne das andere nicht entstehen kann. Was ‚gut' ist, wird durch patriarchale Willkür festgesetzt und gegen ‚Das Böse' abgegrenzt, gegen alles, was patriarchaler Machtdurchsetzung widerstrebt. Gütige Feen und schreckenerregende Scheusale entspringen der patriarchalen Phantasie.

Aus psychologischer Sicht repräsentiert der ‚Sohn-Geliebte der Großen Göttin' das Jünglings-Ich des Mannes, das – noch unreif und nicht zu sich selbst gekommen – „im matriarchalen Inzest mit der Großen Mutter *erliegt*."[36] (Hervorhebung G. W.)

> „In diesem Sinne finden wir immer das zeugend Männliche ‚im' Weiblichen, wobei die psychische Gleichung des Unbewußten die ist: Samen = Phallus = Sohn. Alle drei sind Varianten des zeugend Männlichen, das ‚im' Weiblichen – dem es dabei unterlegen bleibt – wirkt. Auf dieser Grundkonstellation beruht die Beziehung der Großen Mutter zum Sohngeliebten."[37]

Vom Standpunkt der Patriarchatspsychologie handelt es sich bei der Entwicklung des Jünglings zum Mann grundsätzlich um den Sieg des Sohnes und die Niederlage der Mutter. Ein Mann, der das Weibliche nicht heldisch besiegt, „regrediert durch die Verführung der Muttergöttin zu ihren Sohngeliebten".[38] Neumann verteidigt die Notwendigkeit des Muttermordes für das männliche Bewußtsein; denn

> „dem Helden tritt die festhaltende Erdmutter des Unbewußten als zu überwindender Drache gegenüber", als „feindselig verschlingende Mutter, die den Sohn festzuhalten sucht, indem sie sein Geborenwerden verhindert."[39]

Der matriarchale Mann, der seine männliche Kraft ins umgreifend Weibliche integriert erlebte, befindet sich nach Neumanns Ansicht im „Jünglingsstadium, das seine Selbständigkeit dem Unbewußten gegenüber noch nicht erreicht hat". Alles kommt darauf an, daß sich der Mann aus der ganzheitlichen Beziehung zum Großen Weiblichen löst; denn auf der matriarchalen Stufe – so sieht es Neumann – haben

> „Männlichkeit und Bewußtsein noch keine Eigenständigkeit... Der todesselige Sexualinzest mit seiner Auflösung des Ich ist Symptom eines Pubertäts-Ich, das den Mächten, welche die Große Mutter symbolisiert, nicht gewachsen ist... In Angst und Wahnsinn vor der Liebesforderung der Großen Mutter" entmannen diese Jünglinge sich selbst.[40]

In Wirklichkeit haben – religionsgeschichtlich betrachtet – Männer durch ‚Kastration' versucht, den Frauen gleich zu sein, um schöpferische Frauenmacht für sich in Anspruch zu nehmen. Der Begriff ‚todesseliger Sexualinzest' mißversteht matriarchale Symbolsprache als Gesellschaftspraxis, die in dieser abgespaltenen Form niemals gelebt worden ist.

Die Integration matriarchaler Männlichkeit ins umgreifend Weibliche bedeutet nicht die Unselbständigkeit des Jünglings, sondern die ‚Unselbständigkeit' des Aggressions- und Machttriebes, Ehrfurcht vor dem Leben und eine so tiefverwurzelte Scheu vor Vergewaltigung und Mord, daß sie in der Psyche ein unüberwindliches Tabu konstellieren. Die Zerstörung der versöhnlichen matriarchalen Eros-Kultur, die Abwendung vom „Liebe fordernden verschlingenden Objekt"[41] – die liebende Göttin ist zum Objekt verkommen – wird notwendig, wenn der

> „Jünglingsmann zu seiner Eigenständigkeit und Unabhängigkeit kommen will. Dieser Zug tritt in seiner Ablehnung der Liebe zur Großen Mutter und ihrer phallischen und orgiastischen Sexualbetonung auf, und zwar als ‚Keuschheit'. Diese Keuschheit bedeutet aber mehr als Sexualablehnung, denn sie ist zugleich Selbstbewußtwerdung dessen, was wir die ‚obere' Männlichkeit nennen, im Gegensatz zur phallisch ‚unteren'...

Diese obere Männlichkeit hängt mit Licht, Sonne, Auge und Bewußtsein zusammen."[42]

Es läßt sich leicht erkennen, wie unzulässig hier projiziert wird. Dem ganzheitlichen Denken matriarchaler Gesellschaften ist ein abgespaltener Begriff wie Sexualität völlig fremd gewesen. Tatsächlich existiert in den alten Sprachen das Wort ,Sexualität' überhaupt nicht. Statt dessen war die Liebe das alles durchdringende Agens, das die Welt in Gang hielt. Matriarchale Männlichkeit entsprach nicht der ,phallischen Jünglingsstufe'; dem matriarchalen Bewußtsein war es fremd, wie gebannt auf den Phallus zu starren. Noch weniger entsprach matriarchales Bewußtsein ,Dem Unbewußten', so als habe die matriarchale Menschheit noch nicht zur Individualität gefunden und als hätten matriarchale Menschen kein Ich-Bewußtsein gehabt. Bevor ein monotheistischer Vatergott sagte: „Ich bin der Herr, dein Gott!" haben Göttinnen längst die gleiche souveräne Sprache gesprochen. In den matriarchalen Kulturen waren das Ich und das Bewußtsein weiblich, *ohne das Männliche abzuwerten und zu unterdrücken.*

Neumann wird nicht müde, in seinen Werken das „unindividuelle Liebes- und Sexualprinzip des Lebendigen"[43] im matriarchalen Bewußtsein anzuprangern. Die Unabhängigkeit der Frau vom Mann ist für ihn ein Hauptanklagepunkt, den er gegen das Matriarchat zu erheben hat. In dem Versuch,

„die Macht des Weiblichen wiederherzustellen, erscheint der negative Machtwille des Matriarchats in seiner Unbezogenheit auf den Partner".[44]

Neumann schließt offensichtlich von der Unbezogenheit des Mannes zur Frau in der Patriarchatsbeziehung auf seitenverkehrte Verhältnisse im Matriarchat – was einer unzulässigen Projektion entspricht. Der negative Machtwille des Mannes im Patriarchat wird Neumann nicht bewußt.

Noch weniger berücksichtigt er, daß die ,negative Macht der Mütter' überhaupt erst unter Patriarchatsbedingungen durch die Absperrung der Frauen von der Welt entsteht. Eine Frau, der jede Selbstverwirklichung gesellschaftlich verweigert wird, klammert sich selbstverständlich an den Sohn, der stellvertretend für sie ,es zu etwas bringen' soll. Im Patriarchat erlebt die Frau die Welt ausschließlich durch den Mann hindurch. Und je weniger der Ehepartner für seine Frau zum Tor zur Welt wird, um so mehr wird die Mutter es sich vom Sohn wünschen. Dabei wird sie kaum realisieren, daß die Unbezogenheit des Sohnes auf seine künftige Partnerin um so zwangsläufiger vorprogrammiert wird, je mehr er ihren Wünschen entgegenkommt. Ihre dunkle, *patriarchale* Muttermacht gleicht einem Krebsgeschwür, das so oder so zum Tode führen muß. Ohne ‚Behandlung' wuchert die Mutter-Sohn-Beziehung zur lebenslänglichen Bindung aus. Die seelische Unselbständigkeit der Mutter macht auch den Sohn zum seelischen Krüppel. Kommt es zur ‚Behandlung' – zum therapeutischen Prozeß – wird meist nur der Sohn ‚geheilt'. Er muß die Ablösung von der Mutter lernen. Und diese seelische Abnabelung von der Mutter geschieht nun tatsächlich durch ‚Muttermord'. Männer, die neurotisch an ihre Mutter gebunden sind, träumen fast zwangsläufig vom Begräbnis ihrer Mutter, an deren Tod sie in beängstigender Weise schuld sind. Oder sie töten die Mutter eigenhändig im Traum. Dieser ‚Muttermord' ist aber nichts ‚Archetypisches', sondern Reaktion auf die neurotisierenden Bedingungen der patriarchalen Gesellschaftspraxis. Da die Mutter selten mitbehandelt wird, empfindet sie die Ablösung des Sohnes als gegen sich selbst gerichtet und vereinsamt tödlich.

Vorbeugen wäre hier besser als heilen, was aber eine veränderte Gesellschaftspraxis und die Überwindung der patriarchalen Wertbegriffe voraussetzte. Wo die Überschätzung des Männlichen überwunden, die weibliche Eigenkraft gestärkt und den Frauen eine persönliche Selbstverwirklichung möglich ist, haben sie es nicht nötig, ihren Wert durch den Sohn bestätigen zu lassen.

Wenn die Analytische Psychologie ihr Konzept der ‚Archetypen des kollektiven Bewußtseins' vorlegt, stützt sie sich ausschließlich auf Denkmodelle des patriarchalen Bewußtseins: auf den Sagenbestand des klassischen griechischen Altertums, auf die Erlösungsideen der klassischen und christlichen Gnosis; sie beruft sich auf die Mystik der mittelalterlichen Kabbala, auf die Vorstellungen der Alchemie, auf das Heldenepos der mittelalterlichen Dichtung und die volkstümlichen Überlieferungen, welche die Romantik gesammelt und als Märchen neu formuliert hat. Alle diese Literaturgattungen spiegeln, solange wir sie unhinterfragt stehen lassen, die abgespaltene, unbehauste, heimatlos gewordene Welt des patriarchalen Bewußtseins.

Unter den Voraussetzungen des patriarchalen Bewußtseins

fühlen sich die Menschen ständig bedroht aus irgendeinem Erdenwinkel, den sie nicht kennen, von einer Dunkelseite, die sie nicht beherrschen. In einer Seelenschicht, die ihnen unbewußt ist, lauert das Überschwemmende und Überwältigende, das Verschlingende und Tötende, das sich in der Projektion auf das Weibliche ein Ventil sucht. Der patriarchale Mythos ersinnt den Tartaros, den untersten Kreis der Hölle, der zum Strafort wird, an den der olympische Zeus seine Feinde verbannt. Aus dem Chaos geboren, von einem Feuerstrom und unüberwindlichen Mauern umschlossen, wird dieser ‚tiefste Teil der Unterwelt' zum Wohnort der Erinnyen, die einst gewagt haben, den Muttermord mit Wahnsinn, Ruhelosigkeit und Tod zu bestrafen.

In der gesamten patriarchalen Kultur wird das Weibliche dem Dunkel, der Erde und der Materie gleichgesetzt. Immer wieder hindert das Weib den Höhenflug des Mannes und zieht ihn unter die Oberfläche des Lebens, lenkt ihn ab von seinem Tagesbewußtsein und seinem ‚Sachverstand'. In unauslotbarer Tiefe lauert die verlockende Liebe des jungen Weibes. ‚Schauerlich webt und wirkt die Alte in den Abgründen unabwendbares Schicksal und ewigen Tod'. C. G. Jung hat alle diese freundlich verlockenden und bedrohlich schreckenden Bilder ‚Archetypen' der menschlichen Seele genannt. Sie sind aber – wie bei kritischer Betrachtung leicht einsichtig ist – nicht urbildlich, sondern vielmehr typisch für den Umgang des patriarchalen Bewußtseins mit dem Weiblichen.

Ausgehend „von der praktischen Arbeit des Psychotherapeuten am Seelenhintergrund des modernen Menschen"[45] deutet die Analytische Psychologie Mythen und Märchen im Sinne der psychischen Befindlichkeit des modernen Menschen. Eine Flut psychologischer Interpretationen von Werken der Kunst und Literatur überschwemmt den Büchermarkt, um die Existenz der ‚Archetypen' zu bestätigen. Selbstverständlich bietet die Welt der Bilder und Symbole in ihrer Vielschichtigkeit und Vieldeutigkeit der Phantasie unerschöpfliche Möglichkeiten der Projektion. Nahezu alles läßt sich dort hineingeheimnissen. Das macht verständlich, daß sich die Psychoanalyse Freuds mit dem gleichen Erfolg der Mythen- und Märchendeutung bemächtigen konnte wie die ihr zuwiderlaufende Analytische Psychologie der Jung'schen Schule. Erich Neumann nennt den Mythos

> „eine Quelle echter Erfahrung vom Wesen des Weiblichen und nicht nur den Manifestationsort von Projektionen des Männli-

chen auf das Weibliche."[46]

Aber die antike Mythenredaktion ist nichts anderes als das Ergebnis der Projektionen männlicher Wünsche und Ängste, die der Mann mit dem Weiblichen verbindet. Die klassischen Sagendichter suchten Vergewaltigung und Muttermord zu rechtfertigen, indem sie die Frau zur Trägerin alles Bösen machten. Psychologisch betrachtet sind alle patriarchalen Großreligionen angetreten, die Gewalt des Mannes gegenüber der Frau ideologisch zu untermauern. Wer die Macht hat, kann seine Projektionen als ‚Realität' behaupten.

Genau in dem historischen Augenblick, als die Überzeugungskraft der Religionen nachließ, trat die moderne Psychologie auf den Plan, um die Rechtfertigung der Patriarchatskultur zu übernehmen. Die Analytische Psychologie ersetzt das gegen die Göttin gerichtete theologische Dogma durch das psychologische Dogma vom „Muttermord als weltschöpferischer Befreiungstat des Logos".[47] Zwar befürwortet Erich Neumann die Integration des weiblichen ‚schöpferischen Unbewußten' in die bestehende Kultur, aber die Existenz einer selbst-bewußten matriarchalen Geistkultur wird in seinem Werk systematisch ausgeblendet und verdrängt. Denn unter der Schwelle des Bewußtseins lauert die Angst, daß Vergewaltigung und Muttermord, mit denen sich die patriarchale Gesellschaft installiert hat, nicht ungerächt bleiben könnten. Nicht umsonst ist es nahezu ein Sakrileg, den Holocaust an Frauen zur Sprache zu bringen, den Massenmord, dem neun Millionen ‚Hexen' zum Opfer gefallen sind. Kein patriarchales Denkmodell stellt die Frage, womit Männer eigentlich den Anspruch begründen, Frauen das Recht auf Weltdeutung zu verweigern und ihnen in dieser Welt eine Schattenexistenz auf der Rückseite der männlichen Geistkultur zuzumuten.

Die Furchtbare Mutter ist *das* zentrale Thema in Neumanns Werk. Die Textstellen zu diesem Thema überwiegen rein quantitativ alle übrigen Äußerungen zu den „Phänomenen der weiblichen Gestaltungen des Unbewußten" (Untertitel des Buches „Die Große Mutter"). Sie fallen qualitativ durch ihre emotional geladene Sprache auf, die fast wie Beschwörung anmutet, diese Furchtbare Mutter als Realität zu begreifen.

Es wird die Aufgabe dieser Arbeit sein aufzuzeigen, daß die Analytische Psychologie, die angetreten ist, im therapeutischen Prozeß die Rücknahme von Projektionen zu ermöglichen, gerade an diesem zentralen Problem versagt. Die Angst vor dem Weiblichen, vor der ‚Mutter' Natur und vor der individuellen Frau verhindert den so notwendigen Machtverzicht des Mannes, ohne den ein Überleben der Menschheit nicht denkbar ist. Denn Machtdemonstration ist die fast zwanghafte Reaktion jeder Psyche auf Angst, wenn ihre Situation nicht dermaßen hoffnungslos ist, daß sie den Totstellreflex als letzten Ausweg erzwingt. Die Angst verhindert eine echte Begegnung zwischen Frau und Mann, zwischen Menschen überhaupt und zwischen Mensch und Natur. Die Projektionen der Angst haben nicht nur eine Abwertung des Weiblichen in unserer Gesellschaft, sondern auch der matriarchalen Kulturen als Ganzes zur Folge. Und so verhindern sie die Rückbesinnung auf Werte des matriarchalen Bewußtseins und machen die notwendige Veränderung der Gesellschaft von vornherein unmöglich.

Die wundersame Verwandlung des Mannes zur jungfräulichen Mutter

Sie, die der Mythos preist: „Sie entstand, als noch nichts geboren war", die Urgöttin des Anfangs – sie bedurfte des Mannes nicht, um zu gebären. Aus eigener Kraft schuf sie den Kosmos. Sie, die das erste Antlitz erleuchtete, war die Mutter der Sonne, des Mondes und der Sterne. Sie brachte die Erde hervor und die unendlichen Meere. Sie ließ die Brunnen lebendigen Wassers quellen. Sie setzte die Hügel und die hohen Berge an ihren Platz, die ziehenden Wolken am Himmel schuf sie. Kein Gott hob je ihr Gewand auf.[1] Sie war die Mutter des Gottes. „Die ganze Erde liegt unter ihr, und alle Dinge sind in ihren Armen beschlossen", überliefert ein Pyramidenspruch.[2] Sie war die parthenogene Göttin, die Mutter alles Lebendigen. Sie war die Mutter der Tiere und Menschen. Sie brachte die Nahrung hervor, die Früchte der Bäume, die Pflanzen des Ackers. Die matriarchale Glaubensüberzeugung sah in ihr die Herrin, die alles Leben gab, erhielt und ernährte. Alte Mythen wußten zu erzählen, daß der Regen aus den himmlischen Brüsten der Göttin quoll, daß der Fluß Fruchtwasser war, das dem Leib der Göttin entströmte bei jeder Geburt.

Die parthenogene Urgöttin des Anfangs ist universell, die Mythen der amerikanischen Ureinwohner wissen genauso von ihr zu erzählen wie die Überlieferungen fernöstlicher Dynastien. So wird zum Beispiel berichtet, daß die „Chou-Dynastie eine Ahnmutter verehrte, die mit niemandem gepaart war".[3] Überall wurde die Eine Große Göttin verehrt, obwohl man sie unter zahllosen Namen anrief. Als Neith wurde sie im unterägyptischen Städtchen Sais verehrt. Vielleicht war On, die altägyptische Wüstenstadt im Nordosten von Kairo – jener Kultort, den die Griechen später Heliopolis nannten – die ursprüngliche Heimat der Nut. Die kanaanäische Jungfraugöttin hieß Anat.

Es wird kaum beachtet, daß die Namen dieser Göttinnen über den gleichen Konsonantenstamm verfügen. Sie heißen alle ‚N.t.'[4], was in den altorientalischen Sprachen ‚Himmel' bedeutet.[5] Aber auch Göttinnen wie die ägyptische Hathor oder die hebräische

Lea[6] verkörperten im Symbol der Himmelskuh die kosmische Dimension der hervorbringenden Kraft des Großen Weiblichen. Anfangs sind alle diese Himmelsherrinnen eng mit ihrem Kultort verbunden. Jeder Stamm verehrt seine eigene Kultheroin als Mutter seines Häuptlings oder Königs, als die Schöpferin des Ursprungs. Manche von ihnen verkümmern im Verlauf der religionsgeschichtlichen Entwicklung zu Randfiguren wie die Jungfraugöttin Eva vom Heiligen Hain auf dem Berg Zion in Jerusalem oder wie Debora, die hebräische Neith, die Kultheroin des Stammes Ephraim.[7] Andere verkommen zu Hexen und Wüstengespenstern wie die sumerische Göttin Lilith. Aber sie alle folgen anfangs der gleichen Vorstellung, daß die schöpferische Himmelskönigin die kosmische Dimension der irdischen Königin, diese aber die Inkarnation der Großen Göttin sei.

Schöpfungsgeschehen und Weltdeutung können sich die Menschen zu allen Zeiten nur in Analogien anschaulich machen. Darin hat sich bis heute nichts geändert. Auch das physikalische Weltbild bleibt ‚Bild'. Seine räumlichen und zeitlichen Ausdehnungen sind unserer Vorstellungskraft entzogen. „Der Durchmesser unserer Milchstraße ist dreißig Trillionen mal größer als die oberste Grenze unserer räumlichen Vorstellungskraft."[8] „Das Alter des Universums ist hundert Millionen mal größer als die oberste Grenze unserer zeitlichen Vorstellungskraft"[9], – falls wir über das Alter des Universums je endgültige Aussagen machen können. Nicht anders geht es uns mit dem unvorstellbar Kleinen. Wir müssen die räumlichen Verhältnisse im Atom 30 Billionen mal vergrößern, um sie uns faßbar zu machen. „Die Zeitdauer, die nukleare Ereignisse benötigen, sind 10 Quadrillionen mal kleiner als die unterste Grenze unserer zeitlichen Vorstellungskraft."[10] Es gehört zu den Grundbedingungen unserer Existenz, daß wir uns nur durch Analogien das Unfaßbare faßbar machen können – nur ändert sich die Symbolsprache gemäß dem kulturellen Hintergrund.

Wir haben keinerlei Grund, mythologische Symbole, durch die Welt-Anschauung erst möglich geworden ist, als primitiv abzutun. Solange Zeugung durch den Mann gesellschaftlich ohne Bedeutung war, entsprach die ‚Jungfrauengeburt' der allgemeinen Auffassung. Analog wurde die Eine kosmische Herrin des Anfangs verehrt. Für Griechenland überliefert Hesiod die ‚Basileia' (wörtlich Königin, G. W.), die die Mutter des Helios und der Selene war.[11]

Welche verlorengegangene Mythengeschichte mag sich dahinter verbergen, daß von Gaja, die die Erde selbst ist, berichtet wird, sie habe den Himmel geschaffen?

„Gaia schuf zuerst den sternigen Himmel
unverrückbar für immer als Sitz der ewigen Götter,
sie schuf auch die hohen Gebirge,
der Göttinnen holde Behausung.
Ohne beglückende Liebe gebar sie die Nymphen,
die Schluchten und Klüfte der Berge bewohnen,
gebar auch das Meer und die brausende Brandung."[12]

Das Werk ihrer Schöpfung ist so umfassend wie das vergleichbarer kosmischer Göttinnen auch. Trotzdem soll sie den Himmel als Wohnsitz nur für die Götter geschaffen, die Berge dagegen den Göttinnen reserviert haben. Sollte die patriarchale Mythenredaktion hier einige Korrekturen angebracht haben?

Auch hinter Eurynome verbirgt sich eine Ursprungsgöttin in ihrer umfassenden Gestalt. Ihr Name ‚weite Herrschaft' weist sie aus als Herrin des Himmels und der Erde.[13] Als Homer sie uns vorstellt, ist sie schon dem Ophion, dem spielerischen Nordwind, in Liebe verbunden. Eurynome, die nackt dem Chaos entsteigt, wird vom Nordwind umworben, als sie auf den Wellen tanzt. Sie greift nach dem Wind und reibt ihn zwischen ihren Händen. Da entsteht aus dem Winde Ophion, die große Schlange, schlingt sich um ihre Glieder und paart sich mit ihr. So wird Eurynome vom Nordwind schwanger.[14] Kaum hat sich die Jungfraugöttin dem Männlichen verbunden, behauptet Ophion von sich, daß *er* die Welt geschaffen habe. Darüber war Eurynome unwillig – und mit Recht, hatte sie doch den Ophion gerade erst zwischen ihren Händen entstehen lassen. In ihrem Zorn trat sie mit der Ferse auf Ophions Kopf, schlug ihm dabei die Zähne aus und verbannte den also Mißhandelten unter die Erde.[15]

Sanfter ging Hathor, die oberägyptische Himmelsherrin, mit dem Gott Atum um, der sich anmaßte, Vater von neun Gottheiten sein zu wollen, um sie in Heliopolis zu einer Götterfamilie zusammenzuschließen. Nur die Einigung der Gaue zu einer politischen Verwaltungseinheit kann der Grund dafür gewesen sein, daß sich die heliopolitanische Theologie derart umfangreicher Spekulationen bediente. Die Verehrung der Gaugötter konnte aber nicht vernachlässigt werden, was darauf schließen läßt, daß die politische Einigung gewaltfrei erfolgt sein wird. Moderne Ägyptologen führen die Verbindung der Gaue auf Heiraten zurück.

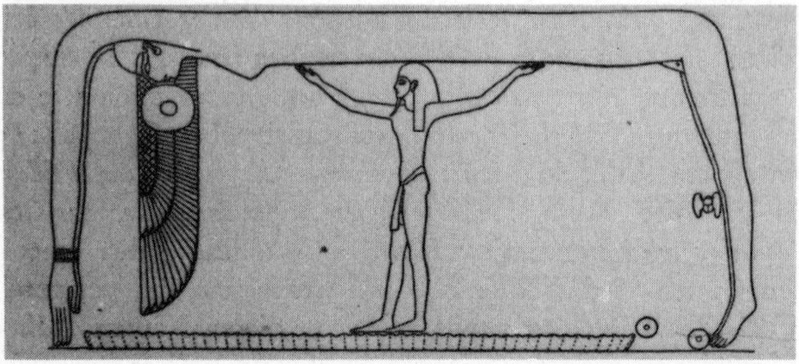

Abb. 2

Ein Pyramidentext überliefert den Mythos von Atum, dem Göttervater. Der Gott borgt sein theologisches Konzept bei der jungfräulichen Schöpfergöttin. Er, der All-Eine, gebiert die Ursprungsgötter in jungfräulicher Männlichkeit, die des Weibes nicht bedarf:

„Atum, der zum Selbstbefriediger geworden ist in Heliopolis,
er nahm seinen Phallus in die Faust und erzeugete Lust.
Ein Geschwisterpaar war erzeugt, Shu und Tefnut."[16]

Atum schluckt seinen Samen und gebiert aus seinem Mund: „Ich ergoß aus meinem eigenen Munde. Ich spie aus als Shu und spuckte aus als Tefnut."[17] Spielerisch ahmt die Sprache die Spucklaute nach und formt Namen für die Gottheiten daraus: ‚Shu' und ‚Tefnut'.

Der Mythos spinnt diese göttliche Urzeugungsgeschichte weiter aus: Shu und Tefnut zeugen Nut, die Himmelsherrin, und Geb, den Erdengott. Diese wieder werden die Eltern von Isis und Osiris, dem berühmten ägyptischen Götterpaar, die noch im Mutterleib Horus, ihren Sohn, zeugen. Aber auch mit Nephtis und Seth geht Nut schwanger.

Aus dem heliopolitanischen Mythos wurde Weltliteratur, besonders seit Plutarch (45 – 125 n. Chr.) die Texte gesammelt und ins Griechische übertragen hat. Die abendländische patriarchale Weltdeutung hat voller Überzeugung auf diesen frühen Mythos eines uranfänglichen männlichen Schöpfergottes verwiesen. Konnte sie doch ihr Selbstverständnis in vorzeitlicher ägyptischer Mythologie verankern und spekulativ auf einen patriarchalen Urmonotheismus schließen. Dabei übersah man geflissentlich, wie wenig sich die heliopolitanische Theologie durchgesetzt hat. Isis wurde nirgends als ‚Tochter der Nut' verehrt. Niemals wurde die Himmelsherrin Nut ernstlich als ‚Enkelin' des Atum akzeptiert. Noch im Neuen Reich (1552 – 1070 v. Chr.) bis in die ägyptische Spätzeit galt Atum als Chepre – als der Mistkäfer, der als Morgensonne an den Schenkeln der Nut erschien (Abb. 2). Nach altägyptischer Vorstellung war Nut die Mutter. Entgegen aller aufgesetzten theologischen Spekulation erhielt sich die Gewißheit, daß nicht Nut von Atum abstammt, sondern Atum aus der Nut hervorgegangen ist. Sein chthonischer Charakter blieb erhalten: Er war der Urhügel, der aus dem Ozean auftauchte.[18] Wenn die Überschwemmung des Nils abfloß, war Atum-Chepre, der Urhügel, der aus den Fluten aufstieg, das Signal für die Landwirtschaft: Die Zeit der Aussaat stand unmittelbar bevor.

Gegen den Anspruch Atums, alleinzeugender Urgott zu sein, wendet sich die matriarchale Opposition: Hathor, die schöpferische Himmelsgöttin des Anfangs, rückt noch in vorgeschichtlicher Zeit die absurde Schöpfungsgeschichte von Heliopolis zurecht. Allerdings nimmt Atums Geschichte ein glimpflicheres Ende als der Aufruhr des griechischen Ophion. Keine erboste Göttin zertritt Atum wütend den Kopf. Liebevoll und an die natürlichen Gesetzesmäßigkeiten anknüpfend, weist die Große ägyptische Göttin den perversen Selbstzeugungsmythos wieder zurück.

Hathor, von der es in einem Sargspruch heißt, daß sie „den Himmel leitet und die Erde regiert"[19], wird zur ‚Gotteshand'. Weit über 2000 Jahre, von der vorgeschichtlichen Frühzeit bis in die Glaubenswelt des Neuen Reiches, hat sich die Symbolik von Hathor als der ‚Hand des zeugenden Gottes' erhalten. Ein Pyramidenspruch lautet: „Der Schurz des Königs ist Hathor"[20] und ein vorgeschichtliches Zeugnis, die sogenannte Narmer-Palette (um 3000 v. Chr.), stellt den König in seinem Kultschurz dar, der um und um mit Hathorenköpfen bestickt ist (Abb. 3). Gewänder spielen eine bedeutende, symbolische Rolle im Ritual des Hathorkultes.[21] Eindeutiger kann die Zurückweisung gar nicht ausgedrückt werden, die das Männliche in seiner Absicht, sich absolut zu setzen, im Alten Ägypten erfuhr. Für den modernen Forscher allerdings wirkt die Vorstellung, daß – pars pro toto – die ‚Gotteshand' symbolisch die umfassende Kraft der Himmelsgöttin bedeuten soll, eher obszön: „Wenn der Schurz, der die Lenden des Königs bekleidet, mit Hathor verglichen wird, so liegt dem gewiß der obszöne Gedanke zugrunde, daß Hathor in ihrer Rolle als Hand des Atum seine Selbstbegattung vollzog."[22] „Eine ähnliche Tracht trägt König Skorpion, ein Vorgänger König Narmers", ... und „um dieselbe Tracht scheint es sich auch bei einem in Saqqara aufgetauchten Torso des Königs Djoser zu handeln. So liegt die enge Verbindung zwischen dem Hathorenkopfmotiv und dem Festgewand des Königs nahe."[23] Während der Herakleopolitenzeit (2190 – 2040 v. Chr.), der Regierungszeit einer oberägyptischen Dynastie, wurden ‚Atum und seine Hand' als Götterpaar auf Särgen dargestellt.[24]

Im Neuen Reich begegnen wir schließlich der Dogmatisierung dieser Glaubensvorstellung und der Institutionalisierung der Kö-

Abb. 3

nigin als Inkarnation der Himmelsherrin. Sie gilt als das ,Weib Gottes', und unter ihren Titeln ist einer der wichtigsten der Titel ,Gotteshand', eine Vorstellung, die auf den vorgeschichtlichen Hathorkult von Heliopolis zurückgeht.[25] Mut, die Große Göttin des oberägyptischen Kultes im Neuen Reich, wird verehrt als ,Gotteshand, die die Neunheit gebar', das heißt, *sie,* die Göttin, ist nun zur Mutter jener neunköpfigen Götterfamilie geworden, deren jungfräuliche Mutter einst Atum hatte sein wollen.

Der kultische Stierschwanz ergänzt die Ausstattung des Königs. Unter dem Symbol des Stieres verkörpert der ägyptische König die Idee der ewigen Wiedergeburt; er ist der ,Stier seiner Mutter'[26], der mit seiner zeugenden Kraft der Großen Göttin zugeordnete Mann. Diese Funktion behält auch Atum[27]; auch er wird als ,Stier' gepriesen und behält alle Eigenschaften des Sohngeliebten der Großen Göttin. Von daher gesehen mutet der Pyramidentext, der uns Atum als den ,Selbstbefriediger' überliefert, wie das Zeugnis einer pubertären Trotzreaktion an, die der Knabe gegenüber der Großen Göttin hat, so daß er sich auf sich selbst zurückzieht. Aber nur für kurze Zeit; denn Hathor legt ihm seinen Kultschurz wieder an und bindet ihn ein in die große kosmische Ordnung der matriarchalen Welt.

Die Urzeugung durch den Gott faßt Neumann als Fortschritt auf gegenüber der Vorstellung von einem „Urmütterlichen aus der Tiefe, ... wo das Ich sich aufgelöst hat und kein Bewußtsein von ihm vorhanden ist".[28]

> Die heliopolitanische Theologie, „wo Zeuger und Empfangender eins sind", ist der „deutlichste Ausdruck für diese Schwierigkeit, den schöpferischen Beginn im Symbol zu fassen... Das Auszudrückende war von Anfang an nicht sexuell gemeint, sondern symbolisch, aber gerade die Anstrengung, mit der hier eine frühe Menschheit nach Worten ringt, zeigt, um was es ihr geht."[29]

Der Weg des patriarchalen Bewußtseins geht konsequenterweise weg vom Bild. Da das Symbol des jungfräulich gebärenden Vaters allzu paradox ist und jeder Glaubwürdigkeit entbehrt, tendiert die patriarchale Theologie zur Spiritualisierung.

> „Diese Spiritualisierung", bemerkt Neumann, „ist identisch mit der Bemühung, das Wesen des Schöpferischen, das am Anfang steht, zu fassen... Und schließlich kommt es zu der abstraktesten, der spirituellsten Symbolik, in der die Gottheit ,Lufthauch des Lebens' ist."[30]

Sollte Neumann entgangen sein, daß der ‚Lufthauch des Lebens', die hebräische ‚ruach' oder die griechische ‚anima', in der Vorstellung archaischer Kulturen weiblich gewesen ist und daß sich der weibliche Charakter dieser Begriffe bis heute erhalten hat? Sollte Neumann nicht gewußt haben, daß ursprünglich nur die ägyptische *Göttin* das Anch-Zeichen für Lebensatem in ihren Händen hält? Er hat es genau gewußt und verschleiert das matriarchale Weltbild mit dem vagen Hinweis, daß „in der *Gottheit* Lufthauch des Lebens" sei. Die Analytische Psychologie verstellt den Blick auf eine Weltanschauung, die allen Ursprung, Schöpfung und Leben, Atem und Geist mit der kosmischen weiblichen Kraft verbunden hat. Patriarchale Forscher scheinen sich darin einig zu sein, überall dort den Begriff ‚Göttin' durch ‚Gottheit' zu ersetzen, wo es darum geht, die Erinnerung an das matriarchale Bewußtsein zu verdrängen.

Eine radikale Veränderung des bestehenden Weltbildes strebte Pharao Echnaton um die Mitte des 14. vorchristlichen Jahrhunderts an. Er wollte Aton, den Sonnengott, der im Mittleren Reich (etwa 2000 – 1600) zuerst erwähnt worden ist, zum zentralen Hauptgott erklären. Die Forschung hat diesen Pharao für den Begründer monotheistischer Glaubensvorstellungen gehalten, und aus diesem Grund ist er weit über den engeren Kreis der Ägyptologen hinaus bekannt und berühmt geworden. Diejenigen Forscher, die geneigt sind, Echnaton eine derartige Sonderstellung unter den Pharaonen einzuräumen, verschleiern, daß auch Echnaton die Urgottheit seines Aton durch Identifikation mit der Großen Göttin durchzusetzen suchte.

Echnaton verstand sich selbst als Inkarnation des Sonnengottes. Er pries Aton mit den Worten: „Siehe, ich bin dein Sohn, der dir wohlgefällig ist" – eine Formulierung, die sich in frappierender Ähnlichkeit im Neuen Testament als Anruf des Vatergottes durch Christus wiederfindet.[31] Aber diese Anrufung ist gerade *kein* Beweis für patriarchale Glaubensvorstellungen; denn die Idee der Identität zwischen ‚Gott' und dem Kultträger auf dem Thron ist ursprünglich matriarchal – nur hatte der matriarchale Gott keine kosmische Dimension, es war vielmehr der Stammesvater, das uranfängliche Mannesgeschöpf, dessen Unsterblichkeit durch die Wiedergeburt im Sohne gesichert war. „Ich und der Vater sind eines", sagt der matriarchale Fürst, wenn er sich in die unendliche Kette seiner Vorfahren einreiht.

Die Schöpfungsvorstellung in Ägypten ist unlösbar mit der

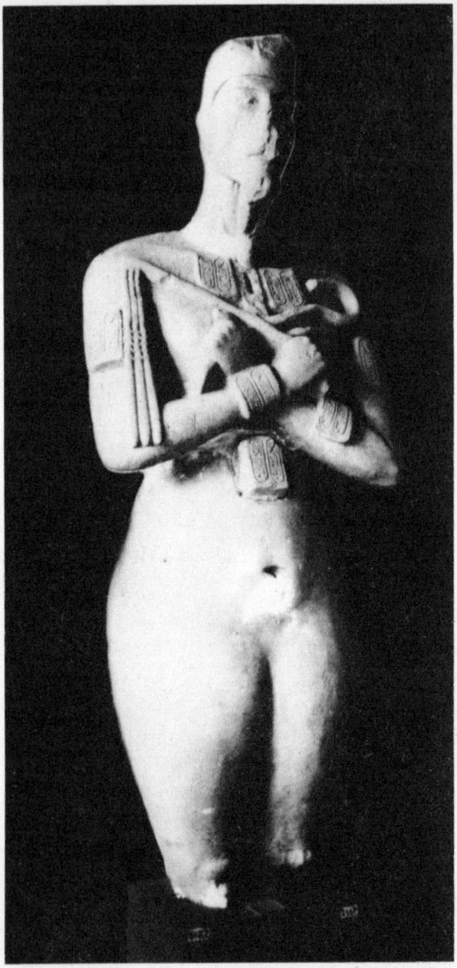

Abb. 4

Göttin verbunden. Als Echnaton schöpferische Potenz für sich und seinen Gott beanspruchte, ließ er sich als Frau darstellen mit weiblichen Brüsten, breitem gebärfähigem Becken, einem dezent die Schwangerschaft andeutenden Leib, starken Oberschenkeln und weiblichem Genitale (Abb. 4). Echnaton knüpfte den Urgott-Anspruch seines Gottes an die Weltschöpfungsphantasien der vorgeschichtlichen heliopolitanischen Theologie an. Wie einst Atum in der ägyptischen Frühzeit, so sollte auch Aton die Sonne verkörpern, die sich selbst gebiert.

> „Ein Gott, der keine anderen Götter neben sich oder über sich duldet, rückt sich zwangsläufig an den Uranfang der Schöpfung. Er proklamiert den Anspruch, der Urgott schlechthin zu sein."[32]

Mit der kultischen Anrufung: „Aton gebiert, ohne geboren zu sein", tritt Echnatons Urgott in die Sphäre weiblicher schöpferischer Kraft ein.

Patriarchales Denken wehrt sich gegen die Tatsache, daß die Urgott-Theologie nur durch die Identifikation des Männlichen mit der weiblichen Gebärkraft durchgesetzt werden konnte. Die Ägyptologen bezeichnen Echnaton deshalb als ‚androgyn':

> „Sein Leib wird damit zugleich zum Mutterschoß, und eben darin bezeugt er seine Schöpfermacht, die die Kräfte beider Geschlechter in sich vereinigt. Er ist Vater und Mutter."[33]

Der Augenschein spricht entschieden gegen diese Männerlogik. Von einem Mann ist bei der künstlerischen Gestaltung der Kolossalstatue Echnatons in Karnak nicht viel übrig geblieben.

Die Idee der androgynen Ursprungsgottheiten wird durch das theoretische Modell der Analytischen Psychologie gestützt. Erich Neumann betrachtet die matriarchale Göttin des Anfangs als ungeschieden doppelgeschlechtlich und nennt sie den ‚matriarchalen Uroboros'. Er erläutert:

> „Diese gegensatzenthaltende ist als mann-weiblich der große Hermaphrodit, das uranfängliche Schöpferische."[34]

Wie sollen wir uns den Mutterleib, der das Ungeborene umschließt, mann-weiblich vorstellen? Den gebärenden Vatergott nennt Neumann den ‚patriarchalen Uroboros', den er ebenfalls androgyn sieht.

Jungfrauengeburt ist parthenogen – also ohne Zutun des Mannes – gedacht worden. Der patriarchale Vatergott aber beginnt seine Laufbahn mit der Usurpation des Mutterbildes und geht völlig im Weiblichen auf. Er ist nicht androgyn – doppelgeschlechtlich – sondern eindeutig weiblich. Die Verschmelzung von Hermes und Aphrodite zu einem doppelgeschlechtlichen Wesen – dem ‚Hermaphroditen' – gehört einem relativ späten Stadium der Mythenbildung an. Man muß beides – die Vorstellung des Mutterleibes ebenso wie die ältesten Schöpfungsmythen – völlig sinnentstellen, wenn man in ihnen ein ungeschieden Mann-Weibliches entdecken will. Neumann schränkt ein:

> „Dabei ist es unwichtig, ob es sich um eine Selbstdarstellung dieser psychischen Stufe handelt..., oder ob ein späteres Ich dieses sein Vor-Stadium als Vergangenheit beschreibt."[35]

Mit anderen Worten: Es kommt ihm überhaupt nicht darauf an, matriarchales Bewußtsein zu erfassen, sondern einzig darauf zu beschreiben, wie der moderne patriarchale Mensch seine Vergangenheit sieht.

Kritisch eingestellte Wissenschaftler zweifeln daran, daß frühe Kulturen androgyne Götter verehrt hätten:

> „Wahrscheinlich ist diesen Gottheiten die Androgynie erst sekundär zugesprochen worden, denn die Vorstellung einer Gottheit, die Mann und Frau in einer Person ist, scheint als Ergebnis spekulativen Denkens offenbar jünger zu sein."[36]

Der gleiche Autor ersetzt die Idee des androgyn gebärenden Vatergottes durch die Vorstellung vom ‚geschlechtslosen Gott'. Echnaton habe sich ‚geschlechtslos' darstellen lassen wollen, und damit habe er seinen Gott in eine Urzeit versetzt,

> „da es noch keine Geschlechtsteile gab und somit eine Zeugung dieses Urgottes durch eine etwa vor ihm anzusetzende Gottheit unmöglich war".[37]

Dem Vorschlag, den weiblichen Echnaton ‚geschlechtslos' zu nennen, sind andere Ägyptologen gefolgt. Die ‚geschlechtslose Gottheit' ist – um die Verwirrung vollständig zu machen – gleichzeitig androgyn. Das Standbild des Echnaton wird von den Autoren mit den folgenden Worten beschrieben: „Echnaton, geschlechtslos, Vater und Mutter zugleich."[38] Sie haben unkritisch übernommen, was Autoritäten von Vätern und Patriarchen vor ihnen gedacht und gesagt haben. Soll es eine Menschheit gegeben haben, die eine Göttin für ‚geschlechtslos' gehalten hat? Wie soll das zu verstehen sein? Als ‚archetypisches Stadium der Bewußtseinsentwicklung', als Infantilismus – als Steckenbleiben im sprachlosen Erstaunen eines dreijährigen Knaben, der angesichts seiner kleinen Schwester glaubt, da habe ‚man was abgeschnitten' – oder als typisch männlich-autistisches Denken, das seine Erfahrung nur vom eigenen Körper ableitet?

Viele bezweifeln, daß sich Echnaton nur aus Glaubenseifer gegen Amun, den thebanischen Hochgott, gewendet habe, als er Aton zum ägyptischen Alleingott proklamierte. Denn der Pharao suchte die Macht der Amun-Priester zu brechen und verlegte deshalb seinen Königssitz vom oberägyptischen Theben nach Amarna. Seine Kulturrevolution währte kaum zwanzig Jahre (von ca. 1368 bis 1351 v. Chr.).

> „Das Ende des Königs ist ins Dunkel gehüllt; sein Name ist in den offiziellen Listen der Pharaonen nicht aufgeführt; Amun, der König der Götter, triumphierte schließlich über den ‚Frevler von Amarna'."[39]

Jener König, den die patriarchale Geschichtswissenschaft gern als einen ihrer Großen hochlobt, wurde im Bewußtsein seines eigenen Volkes als Ketzer verdammt. Sein Nachfolger, Tut-anch-Amun, brachte die lebendige Vielfalt der ägyptischen Götterwelt wieder zu Ehren und setzte die unterdrückten Kulte in ihre Rechte ein. Er feierte die Heilige Hochzeit anläßlich einer kultischen Nilreise und brachte den matriarchalen Glauben wieder zur Geltung.

Die kosmische Herrin, die Leben gibt von Wiedergeburt zu Wiedergeburt, nährt und erhält ihre Geschöpfe auch an Leib und Seele. Aus ihren Brüsten fließt göttliche Milch. Leben, Heil und die Kraft der Göttin wird den Menschenkindern zuteil, wenn sie die heilige Nahrung empfangen. Hymnen an die stillende Gottesmutter preisen die göttlichen Segenskräfte, die der königlichen Priesterin oder dem Priester aus ihrer Brust zufließen. Kein kosmisches Symbol ist so häufig dargestellt worden wie die Göttin, die die irdischen Kultträger teilhaben läßt an ihrer umfassenden Kraft. Isis stillt nicht nur den Horusknaben, sondern zugleich ‚ihren Sohn', den Kultkönig, den ‚Horus auf dem Thron'. Das Sohnverhältnis des Königs zur Göttin wird erst bestätigt, wenn er an den Brüsten der Göttin gesogen und mit ihrer göttlichen Milch Weisheit und Geist ‚getrunken' hat. Die priesterliche Königin erhält die Würde der Göttinnen-Tochter, sie tritt in die Gestalt der Göttin ein, wenn sie an den Brüsten der Himmelskönigin saugt. So wird die biblische Rebekka zur Kultpriesterin, weil sie an den Brüsten der Debora saugt, die – wie schon erwähnt – eine hebräische Verkörperung der ägyptischen Neith gewesen ist.[40] Das matriarchale Symbol transponiert eine menschliche Grunderfahrung – die lebenerhaltende

Abb. 5

Bedeutung der Muttermilch – in die kosmische Dimension: Die Menschen haben teil am kosmischen Kraftstrom, wenn sie ‚an den Brüsten der Göttin saugen'.

Milch, die aus dem Euter heiliger Kühe stammt, wird den Toten als Opferspeise dargebracht. Man reicht sie in Krügen, die der Opfernde vor der Gottheit oder vor dem Toten ausleert. Symbolisch empfängt der Tote die heilige Milch, als sei sie aus den Brüsten der ewigen Göttin gequollen. Göttliche Milch ist das Medium, durch das die wiederbelebende Kraft in den Leib des Toten fließt. „Nimm die Brust deiner Mutter Isis!" heißt es in einem Pyramidenspruch, der sich an den Verstorbenen richtet.[41] An den Osirisgräbern durfte die heilige Milch niemals zu Ende gehen, und selbst die Bäume in heiligen Hainen wurden mit heiliger Milch begossen, meist mit der Milch weißer Kühe.

Die Bedeutung des lebenspendenden Wassers unterscheidet sich oft kaum von der kultischen Symbolik der heiligen Milch. Besonders das Nilwasser, dem Ägypten seine Fruchtbarkeit verdankt, wird auch als heiliges Wasser verehrt, das aus den Brüsten der Göttin quillt.

Es kann nicht ausbleiben, daß der Gott, der sich die hervorbringende Gebärkraft der Ursprungsgöttin angeeignet hat, nun auch zum Nahrungsspender zu werden trachtet und sich mit der ‚stillenden Gottesmutter' identifiziert. Die Fruchtbarkeit spendende Kraft des Nilwassers wird durch Nilgötter mit tief herabhängenden Brüsten symbolisiert. Die Pharaonen bemühen sich darum, die lebenspendenden und schöpferischen Qualitäten der Göttin auf sich zu vereinen und lassen sich als Nilgötter mit weiblichen Brüsten verehren[42] (Abb. 5).

Zu einem paradoxen Gedankengebäude spinnt Clemens von Alexandria (um 200 n. Chr.) das Symbol vom ‚stillenden Gottesvater' aus. Die Weisheitsgöttin des Ursprungs – als biblische Weisheit zur Tochter und zur allegorischen Braut des Gottes abgesunken – ist in der theologischen Spekulation des Clemens von Alexandria mit Gott so völlig verschmolzen, daß dieser Gott ‚Bräutigam und Braut' in einer Person ist. Dabei ist die ‚Braut' ein Körperteil des Gottes geworden, und zwar seine die Geist-Nahrung, den Logos spendende Brust. Clemens besingt in einem Hymnus den Logos Christus, der als ‚heilige Milch' aus den Brautbrüsten des Gottes kommt.

„Himmlische Milch, die aus süßen Brüsten der Braut,
den Liebesgaben deiner Weisheit entquillt,

nehmen wir Unmündigen
mit kindlichem Mund als Nahrung zu uns
aus deiner Mutterbrust den Logos.
Mit des Geistes Tau lassen wir uns erfüllen."[43]

Hand in Hand mit der Wandlung des Gottesbildes änderte sich die Gesellschaftspraxis. Das Prestige der Frau in matriarchalen Gesellschaften war mitbestimmt von der Bedeutung der Frauenarbeit bei der Produktion der Grundnahrungsmittel. Da die Nahrungsbeschaffung allgemein und besonders der Ackerbau kultischen Charakter hatten, ging das Ansehen der Frau über die profane Bedeutung der ‚Ernährerin der Familie' weit hinaus. Seit der Mann das Besitzrecht an Grund und Boden für sich beanspruchte, war die Voraussetzung dafür geschaffen, daß er auch zum ‚Ernährer' wurde, wobei allerdings die matriarchale kultische Seins-Macht zu patriarchaler, am Besitz orientierter Machthaberei degenerierte. In matriarchalen Gesellschaften gab es kein Eigentumsrecht am Land. Ackerbau und Vorratshaltung, die weise Verteilung der Vorräte geschahen im Dienst an der Göttin. Dankbar empfingen die Menschen ihre Gaben, und das Tischgebet, das die abendländische Menschheit für eine christliche Sitte hält, geht auf ein uraltes matriarchales Ritual zurück. Zwar wissen manche, daß das Gebet „Komm, Herr Jesus, sei unser Gast und segne, was du uns bescheret hast" das älteste Gebet der Christenheit ist –, daß es aber auf matriarchale Kult- und Gesellschaftspraxis zurückgeht, realisieren die wenigsten. Es läßt sich leicht einsehen, daß es in den Zusammenhang der Ackerbaukulturen gehört und wenig mit dem spirituellen Geistvater im Himmel zu tun hat.

‚*Der* Ernährer der Familie' ist im Laufe der abendländischen Bewußtseinsentwicklung zu einem so geläufigen Begriff geworden, daß niemandem mehr die Vereinnahmung des matriarchalen Symbols auffällt, das auf profaner Ebene die Paradoxie des ‚stillenden Gottesvaters' wiederholt.

Im matriarchalen Bewußtsein war die kosmische Ordnung unlösbar ins praktische Leben verwoben, und die ‚Milch aus den Brüsten der Göttin' umfaßte alle Gaben, die den Menschen zuteil wurden, geistige und materielle. Im patriarchalen Bewußtsein ist die materielle Erlebnisqualität von der geistigen getrennt. Ganz und gar spiritualisiert ist die Idee vom ‚stillenden Vater' im Symbol der ‚alma mater'. Die Universität ist zur ‚nährenden

Mutter‘ geworden, an der Versammlungen von Vätern und Patriarchen ihren Söhnen geistige Nahrung zukommen lassen. Das ursprüngliche Symbol ist vollständig in der patriarchalen Metapher untergegangen.

Ein Weltbild, das das Weibliche vollständig eliminiert hat und in Gott den gebärenden und stillenden Vater sieht, muß zwangsläufig auch die männliche Psyche zum Maßstab für das menschliche Erleben und Empfinden machen. Der Mann vermag nicht wirklich nachzuerleben, was die Frau beim Stillen empfindet. Er hat keinen unmittelbaren Zugang zu den Gefühlen, die mit dem Ausfließen der Milch verbunden sind. Da er auch nicht neugierig darauf ist zu erfahren, was eine Frau erlebt, liegt es nahe, daß er seine eigenen Körperwahrnehmungen auf die Frau projiziert. Eine Psychologie, die dem patriarchalen Bewußtsein auf der Spur ist, muß zwangsläufig entdecken, daß die weibliche Brust phallischen Charakter hat. Selbstverständlich kann der Mann die Empfindungen besser nachvollziehen, die mit dem Ausfließen der Samenflüssigkeit verbunden sind; daß aber die weibliche Brust zum Phallus-Symbol wird – wer hätte das gedacht?

Erich Neumann erklärt:

> „Brust und Milchstrom sind zeugende Elemente, die deswegen auch phallisch auftreten können, weil die Milch symbolisch als Befruchtendes verstanden wird. Die Milchgeberin Mutter, deren häufigstes Symbol die Kuh ist, ist zeugend-schöpferisch und kann deswegen sogar väterlichen Charakter haben. Das dazugehörige Kind ist dann als befruchtetes aufnehmend-weiblich, unabhängig vom Geschlecht.“[44]

Nach der „Symbolik der Schöpfungsmythologie“, behauptet Neumann, sei

> „alles, was aus dem Körper austritt, schöpferisch: Nicht nur der Same, sondern auch der Urin und der Speichel, der Schweiß ebenso wie der Kot und der Atem, und das Wort ebenso wie der Flatus (Blähung) sind schöpfungsträchtig. Aus all diesem entsteht Welt, all dies Nachaußentreten ist ‚Geburt‘.“[45]

Das ist nicht wahr. Mag der Mann „all dies Nachaußentreten“ als Zeugung empfinden, so ist Zeugung noch immer nicht gleichbedeutend mit Geburt.

In matriarchalen Gesellschaften hatte die Darstellung der Frau in Gebärhaltung kultischen Charakter. Solche Bilder gehören zum Frühesten, was uns als kulturelles Erbe überliefert ist

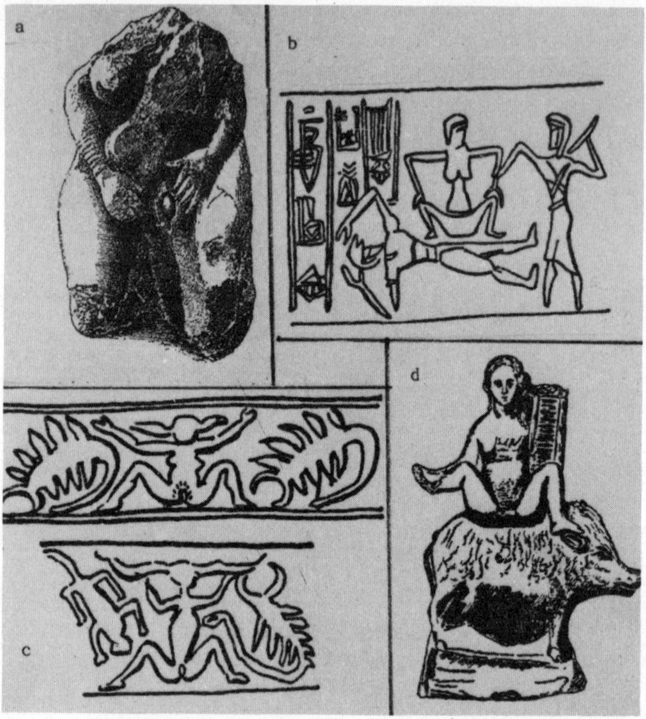

Abb. 6

(Abb. 6). Die Geburt eines Kindes ist von öffentlichem Interesse, die königliche Geburt ein kultischer Akt. Feierlich wird die Königin zum Geburtshaus, das seitlich dem Tempel vorgebaut ist, geleitet. Ägyptische Wandgemälde in Luxor und Der-el-bahri zeigen die Königin, von Göttinnen und Göttern umgeben, bei der Geburt ihres Kindes.

Für die Durchsetzung der patriarchalen Gottesvorstellung mit einem gebärenden Schöpfergott am Ursprung der Zeiten wirkt sich die öffentlich begangene Geburt störend aus. Zwar läßt sich die Geburt durch die Frau nicht abschaffen, aber das Interesse der Öffentlichkeit wird vom weiblichen Gebärvorgang abgelenkt. Wie durch eine stillschweigende Übereinkunft ist die Darstellung der Geburt in der abendländischen Kultur nach und nach negativ tabuisiert worden. Die junge Mutter, in matriarchalen Gesellschaften tabu wegen der Heiligkeit der Geburt, gilt in patriarchalen Religionen als ‚unrein' wegen ihrer Geburtsblutungen. Erich Neumann erkennt nun gar in der

> „Bauch- und Schoßpartie das Un-Menschliche und Unheimliche, die radikale Autonomie des Bauches gegenüber den ‚höheren Zentren' von Herz, Brust und Kopf."[46]

Neumann beschreibt an dieser Stelle eine Baubo, deren Gestalt *nur aus Kopf und Beinen* besteht, wobei gerade der Kopf deutlich betont ist. Die ‚radikale Autonomie des Bauches' ist interpretierende Phantasie. Ein Bauch ist nicht vorhanden. Die Spaltung in ‚höhere Zentren', in denen die Mann-Menschlichkeit angesiedelt ist, gegenüber dem unteren Bereich ‚Bauch und Schoß', der – dem Weiblichen zugeordnet – das ‚Un-Menschliche' repräsentiert, ist nicht ‚archetypisch', sondern patriarchal.

Urbildcharakter hat das Geburtsgeschehen. Es gehört zu den Grunderfahrungen des Menschseins. An die Geburt knüpfen sich die Symbole, die der matriarchalen Menschheit zur Weltdeutung dienten. Mit jeder Geburt begegnen die Menschen einem Numen, das als mysterium tremendum schauervoll und angsteinflößend empfunden wird. Matriarchale Gesellschaften wußten diesem Numen zu entsprechen. Geburt wurde als kultisches Geschehen öffentlich gefeiert. Im Ritual wurde die Angst aufgefangen, die in der Begegnung mit dem Unbegreiflichen, mit dem Wunder der Schöpfung, entsteht.

Der Mann aber begegnet in jeder Geburt dem sichtbaren Beweis, daß der schöpferische Akt nicht männlich, sondern weiblich ist. Jede Geburt führt ihm ein fundamentales Geschehen vor

Augen, das er letztlich nicht nachvollziehen kann, wenn er es auch zu kontrollieren und zu beherrschen versucht.

Die Angst vor dem numinosen Charakter der Geburt hat in der patriarchalen Gesellschaft keinen sakralen Raum mehr, in dem sie aufgefangen werden würde. Geburtsgeschehen ist von der gesellschaftlichen Öffentlichkeit ins Abseits des Privaten verdrängt. Dort hat sich die Angst verselbständigt und entlädt sich in irrationalen Projektionen. Herausgelöst aus der Verbindung mit der schöpferischen Göttin werden die Menschen in die Un-Geborgenheit geworfen.

> „Der Bezirk, der zu den Urmysterien des Weiblichen gehört, ist tabu und für Männer gefährlich.“[47]

Geburt wird im patriarchalen Bewußtsein zum Un-Heimlichen und schließlich – in letzter Konsequenz – gegenüber den ‚höheren Zentren‘ des Bewußtseins zum Un-Menschlichen. Menschlich – das heißt männlich – bleibt allein die Geistgeburt, die der Mann leisten kann: die Schöpfung aus dem Logos, die äußerste Spiritualisierung des Geburtsgeschehens.

MA-GIE – MA-triarchale Ener-GIE

Das elementarste Symbol matriarchaler Energie ist das leuchtende Rot. Rot bedeutet Wärme und strömende Lebenskraft. Rot geht die Sonne unter am westlichen Horizont. Am Morgen färbt sich der Osthimmel rot, wenn sie wiedergeboren wird. Rot ist das Blut, der Saft des pulsierenden Lebens. Rot ist Lebensenergie. Rot ist die Kultfarbe der orientalischen Göttinnen. Ihre Priesterinnen tragen Purpurgewänder.

Rot ist die Farbe aller Früchte, die der Göttin heilig sind, der rotbäckige Apfel, der Granatapfel, die Tomate und die kleinen roten Früchte der Mandragora. Den Most von Granatäpfeln mischt die Priesterin mit dem berauschenden Saft der Mandragora zum kultischen Liebestrank für sich und ihren Geliebten, wenn sie ihn zur Heiligen Hochzeit empfängt. Rot wird zum Sinnbild für das höchste Lebensgefühl, die äußerste Spannung der Seele, wenn die Menschen in der Ekstase aus sich heraustreten und das Wesen der Göttin annehmen.

Göttinnenkraft wirkt in der kultischen Wandlung. Matriarchale Energie schafft Veränderungen: Verschmelzung, Trennung, Tod und neues Leben. MA-Gie, MA-triarchale Ener-GIE strahlt überall leuchtend rot: Rot ist die Liebe, diese alles umgreifende kosmische Kraft, an der Frauen und Männer teilhaben dürfen. Rot ist der Zorn, die Empörung, die Wut, die die Menschen voneinander trennt. Wer sich aggressiv gegen andere abgrenzt, sieht ‚rot'. Rot ist die Kraft, die ebenso notwendig ist, um einen Zustand zu verändern, wie dazu, ihn aufrechtzuerhalten.

Rot ist bis in unsere Zeit hinein die Farbe der Gerichtsbarkeit. Doch nicht etwa deshalb, weil im Mittelalter fast jedes Vergehen blutig bestraft worden ist. Kalte, harte und nüchterne patriarchale Gesetzgebung läßt keine Empfindung von ‚rot' entstehen. Wo dagegen – wie in matriarchalen Gesellschaften – das Richtige zwischen gleichberechtigten Menschen in einem Beziehungs-Kraftfeld gegenseitiger Rücksichtnahme und Anerkennung von Fall zu Fall neu gefunden werden muß, regeln Liebe und Aggression das Zusammenleben. Rot ist die energiegeladene Spannung, durch die soziale Ordnung spontan entsteht. Wie alle selbstregulierenden Systeme stehen matriarchale Gesellschaften unter der Gegensatzspannung polarer Kräfte, deren natürliche Ausgewogenheit und Gleichwertigkeit das Zusammenleben reguliert. Es bedarf keiner Gesetzgebung, keiner aufgezwungenen Ordnung. Innerhalb des Kraftfeldes polarer Strebungen entsteht eine sensible anarchische Ordnung, die sich von selbst versteht. Die matriarchale Gesellschaftsordnung – wir können sie als ‚innewohnendes Regulanz', als ‚systemimmanente Steuerung' oder einfach als ‚natürliche Ordnung' bezeichnen – ist rot; denn sie ist *gebündelte Energie.*

Rot ist der Tod, das Wandlungsmysterium der Großen Göttin. Mit rotem Ocker bemalten archaische Menschen ihre Toten für ihren Weg durch die Unterwelt. In manchen Gräbern sind bis zu 10 kg Ocker gefunden worden.[1] Schon 100 000 Jahre vor unserer Zeitrechnung zeigen in der Höhle von „La Ferrassie... ältere und jüngere Schichten die Färbung durch roten Ocker".[2] Die rote Erde zur Bestattung der Toten war das älteste Material, das systematisch abgebaut worden ist. Ockerbergwerke gehören zu den ältesten Förderungsanlagen, die von Menschenhand in die Erde getrieben worden sind. Die Bergleute, die in einem Ockerbergwerk in der Nähe des heutigen Ortes Lovas am Plattensee nach roter Erde gruben, haben die gewaltigen Mengen Farbstoff, die hier gewonnen wurden, mit Sicherheit im Tauschhandel in weite Gebiete verbracht. Wiedergeburtshoffnung drückte sich in der roten Farbe aus, mit der die Toten bestattet wurden, und diese Vorstellung lebte bis in die Neuzeit fort. Noch in der Renaissance wurden die Toten in Florenz in rote Mäntel eingehüllt beerdigt. Als der Leichnam des schwedischen Königs Gustav-Adolf II. nach der Schlacht von Lützen nach Schweden heimgeholt wurde, waren die Schiffe der schwedischen Flotte mit roten Fahnen drapiert. In der orthodoxen Christenheit hat sich die rote Priesterkleidung bei Beerdigungen sogar bis in die Gegenwart erhalten.[3]

Rot ist die Farbe der Venus von Willendorf, der Großen Göttin der Eiszeit, die vor 25 000 Jahren von einem Stamm im Donautal verehrt worden ist. Nur ihre Nachbildung aus grauem Stein wird heute im Naturhistorischen Museum in Wien ausgestellt. Das Original, das sich im Tresor befindet, ist rot bemalt.[4] Die Göttin hat keine Beine. Wahrscheinlich wurde sie in den Boden gesteckt, sei es, daß man sie gleich einem Altarbild aufrichtete, sei es auch, daß sie als Spenderin von Blut und Milch symbolisch den Boden befruchten sollte. Ihre Hände sind mit einer Geste auf die Brüste gelegt, wie es stillende Mütter tun, um den Milchstrom zu verstärken. Die Milchspende galt von jeher dem Blut verwandt, und noch heute nennen manche Völker die Muttermilch ‚Brustblut'.[5]

Matriarchales Bewußtsein kennt nur eine positive Symbolik des Blutes. Für unseren Sprachraum läßt sich das etymologisch nachweisen: Das deutsche Wort ‚Blut' hat sich aus der germanischen Sprachwurzel ‚blo' entwickelt, und nur positive Begriffe aus dem Umfeld schöpferischer Lebenskraft, wie ‚blühen', ‚Blust', ‚Blatt' und ‚Blüte' stehen etymologisch mit ‚blo' im Zusammenhang.[6]

Die gebündelte matriarchale Wandlungsenergie offenbart sich im Mysterium des Blutes. Bei jeder Geburt bringt die Frau die natürliche Blutgabe dar, um neuem Leben ins Dasein zu verhelfen. Neumann sagt:

> „Die Wandlungsmysterien des Weiblichen sind zunächst Blut-Wandlungsmysterien, die das Weibliche zur Erfahrung der eigenen Schöpferischkeit führen, und von denen das Männliche numinos beeindruckt wird."[7]

Initiationsriten gab es ursprünglich nur für Mädchen; denn für den Knaben trat die Reifezeit weniger deutlich ins Bewußtsein. Die Einweihung ins Mysterium der Göttin, deren Töchter auf magische Weise Leben aus sich erschaffen konnten, war ein Privileg der Frauengruppe.[8] Neumann bemerkt, wenn man für Knaben nach Gründen suche,

> „welche Anlaß zu einer Pubertätseinweihung, zu Geheimriten und zur Abgeschlossenheit bilden könnten oder besser müßten, dann findet man in der normalen männlichen Entwicklung nichts dergleichen, während das geheimnisvolle Eintreten der Menstruation ebenso wie das der Schwangerschaft und das überaus gefährliche Ereignis der Geburt geradezu eine psychologische Nötigung dafür darstellen, daß die unerfahrene Frau von denen, welche um diese Dinge wissen, eingeweiht wird. Die monatliche ‚Absonderung' in dem geschlossenen, tabuierten weiblichen Sakralbezirk ist nur die sinngemäße Fortsetzung der an diesem Ort mit der ersten Menstruation erfolgenden Initiation. Am gleichen Ort, der das natürliche, soziale und psychologische Zentrum der Frauengruppe ist, in dem die alten, erfahrenen Frauen herrschen, erfolgt die Geburt."[9]

Briffault hat nachgewiesen, daß in der Vorstellung primitiver Völker ein Kind sich aus dem Blut der Mutter aufbaue.[10] Mit ihrem Blut verwaltet die Frau schöpferische Kraft, über die kein Mann verfügt.

Matriarchale „MA-GIE ist Wachstumsenergie für die Erde, für Menschen, Pflanzen und Tiere. Mit ihrem Blut verströmt die Frau erneuernde Lebenskraft bei jeder Geburt, nicht nur für ihr Kind, sondern auch für sich selbst; denn sie ist neu, verwandelt nach jeder Geburt. Ledig ihrer Last fühlt sie sich wieder als Mädchen. Nicht nur die Göttin verjüngt sich nach jeder Geburt und wird wieder Jungfrau. Auch die Seele einer Frau empfindet sich nach jeder Geburt und bei jeder Liebe wieder neu: „Vor jeder Liebe ist sie Mädchen, nach jeder Liebe ist sie Mutter", sagt eine abessinische Fürstin.[11]

Ebenso wie das Geburtsblut galt dem matriarchalen Bewußtsein das Menstrualblut als heilig. Die ‚Göttin Anat vergoß ihr Menstruationsblut eimerweise' wie der phönizische Mythos erzählt. Der ursprünglichen Auffassung nach gab die Göttin ihr Blut zum Segen des Landes. Sie verkörperte die transpersonale Idee einer natürlichen Ordnung, der die Frauen entsprachen, wenn sie ihr Menstrualblut in ritueller Zurückgezogenheit darbrachten. An jedem Mondwechsel verjüngt eine Frau sich selbst durch die Menstruation.

Nichts hat die männliche Psyche zu allen Zeiten derart irritiert, verunsichert und gleichzeitig fasziniert wie die magische Kraft des Frauenblutes. Die menstruierende Frau ist für den Mann das Unbegreifliche, das so völlig unverständlich Andere. Jedes Tabu geht auf Menstruationstabus zurück, mit denen sich ursprünglich die Frauen von den Männern abgegrenzt haben.[12] An der praktischen Erfahrung der Frauen, die wissen, daß Menstrualblut der beste ‚Dünger', die unverzichtbare Kraft zur Erneuerung und Verjüngung des Bodens ist, haben Männer keinen Anteil.

Wenn wir nach den Gründen fragen, die Männer veranlaßt haben, die weiblichen Blut-Mysterien zu okkupieren, so bietet allein die Psychologie der Macht Erklärungen an. Männer konnten die selbstverständliche Seins-Macht der Frauen nicht ertragen und erzwangen die Herrschaft über den Kult. Briffault, der hierüber ausführlich berichtet, schildert, daß die Ureinwohner Feuerlands, als sie die Frauenkulte revoltierten, alle erwachsenen Frauen umbrachten und nur unwissende und uneingeweihte, kleine Mädchen leben ließen.[13]

Auch in Kulturen, die den Anschein erwecken, als hätten die Männer zunächst nur die *Teilhabe* am Kult erstrebt, geht es überall um die rücksichtslose Durchsetzung männlicher Alleinherrschaft auf Kosten der gesellschaftlichen Stellung der Frau. Das positive Blut-Tabu, das die kultische Abgeschiedenheit der Frauen gebot, wird durch patriarchale Definitionsmacht mit einem negativen Tabu belegt. Nicht mehr die Frauen ziehen sich kultisch zurück, sondern Männern behaupten, daß menstruierende Frauen Krankheit und Unglück über die Sippe bringen. Das Weibliche wird entwertet und erniedrigt. Dieses erniedrigte Weibliche ist ‚unrein' während der Menstruation und ‚unrein' nach jeder Geburt. Die patriarchale Psyche wittert im Menstrual- und Geburtsblut eine dämonische Macht, die nicht nur Leben aufbauen, sondern auch töten kann.

Der patriarchale Einfluß auf die Mythenredaktion wird deutlich, wo erzählt wird, daß die Göttin nicht mehr das eigene, sondern das Blut der Feinde vergießt. So erzählt der phönizische Mythos, Anat habe die Feinde ihres Bruder-Geliebten Ba'al getötet. Fürchterlich nimmt sie Rache. Wie alle Göttinnen, die ihre Integrität verlieren und aggressive Charakterzüge abspalten, richtet sich Anats Angriffswut im Dienst des Gottes gegen seine Widersacher. Damit wird sie zur patriarchalen Kriegsgöttin. Und obwohl sich ihr Zorn ‚nur' gegen die Feinde richtet, verbreitet das Bild der Göttin, die bis zu den Knien im Blut der Getöteten watet, auch für das eigene Volk Grauen und Schrecken.

Von Hathor, die im Blut der Menschenkinder watet, überliefert der ägyptische Mythos eine parallele Geschichte. Der widersprüchliche Text, der noch dazu bruchstückhaft und in flüchtiger, fehlerhafter Redaktion erhalten ist, gibt allerlei Rätsel auf. Daß er in abweichenden Erzählformen inschriftlich an den Wänden der Grabkammern zweier Pharaonen erhalten ist, verwirrt die Geschichte noch mehr. Eine Aufzeichnung findet sich an der Grabkammer Sethos I., der um 1290 v. Chr. starb, die andere im Grab Ramses III., dessen Tod auf etwa 1153 v. Chr. angesetzt wird. Und dies ist die Legende von Hathor, die im patriarchalen Mythos nicht mehr der Himmel selbst ist, sondern Dienerin und Gehilfin des Sonnengottes Re[14]:

Als es noch keinen Streit unter den Menschen gab, da ging Re als Sonne majestätisch am Himmel auf und trat die Königsherrschaft an über Götter und Menschen. Doch als seine Majestät alt geworden war, da ersannen die Menschen feindliche Reden gegen ihn. In seinem Zorn berief Re eine Götterversammlung ein. Alle Götter, die einst bei Re gewesen waren, als sich sein Leib noch im Urwasser befand, trafen ein. Sie verneigten sich vor Re und legten die Stirn auf den Erdboden vor seiner Majestät. „Rede zu uns, damit wir hören!" Da antwortete Re: „Seht die Menschen, die aus meinem Auge entstanden sind; sie haben Pläne gegen mich ersonnen. Sagt mir, was ihr dagegen tätet. Seht, ich möchte es vermeiden, sie zu töten, bis ich euren Rat gehört habe." Da faßte der Rat der Götter diese Entscheidung: „Laß dein Auge hingehen und die Empörer mit Unheil schlagen. Das Auge gehe hin und bleibe nicht an deiner Stirn. Es steige hinab als Hathor." Die streitbare Hathor stieg hinab auf die Erde und tötete die ungehorsamen Menschen und kehrte zurück zu Re, nachdem sie die Menschen in der Wüste geschlachtet hatte. Re empfing sie: „Willkommen in Frieden, o Hathor! Du hast getan, wozu ich dich ausgesandt hatte." Doch nun reute den Gott das Vernichtungswerk, und während Hathor sich anschickte, im Blut der Menschen zu waten, dachte sich Re eine List aus. Er sandte eilige Boten nach Elephantine, um große Mengen Mandragorafrüchte (djdj) herbeizuschaffen. Die ließ er auspressen von einem Gott in Heliopolis. Sklavinnen brauten aus Gerste Bier und gossen den Saft der Mandragorafrüchte in dieses Getränk, daß es wie Menschenblut aussah, und füllten das Bier in 7000 Krüge. Und Re ließ die Krüge ausleeren an dem Ort, den Hathor gewählt hatte, um den Menschen aufzulauern, wenn sie den Fluß heraufziehen würden. Die Äcker wurden vier Spannen hoch mit dem roten Bier bedeckt nach dem Willen der Majestät des Gottes Re. Und Hathor ging am Morgen hinaus und spiegelte sich in diesem See, und ihr Antlitz sah schön darin aus. Sie trank von dem Bier, und es schmeckte ihr gut. Sie wurde trunken und erkannte die Menschen nicht mehr. Da befahl der Gott Re: „Man braue diesen Rauschtrank für die Göttin zu den Festen der Jahreszeiten!" So entstand die Sitte, den Mandragoratrunk zu brauen an den Jahreszeitenfesten der Göttin.

Re aber zog sich an den Himmel zurück und sagte: „Ich habe die Menschen schlachten wollen, so daß sie nicht mehr sind; aber mein Arm hat sie nicht erreicht. Ich werde nicht mehr zur Erde zurückkehren, bis meine Zeit gekommen ist." Und die Leute erblickten ihn auf dem Rücken der Kuh, auf dem Rücken der Himmelskuh, die ihn emportrug.

Am Schluß der Erzählung setzt sich die ursprüngliche matriarchale Auffassung durch, wonach Hathor, die Himmelskuh, den Sonnengott emporträgt. Wie im phönizischen Mythos tötet Hathor im Auftrag des Gottes. Der dämonische, blutrünstige Charakter der Göttin, für die der Gott einen Rauschtrank ‚erfindet', der seit altersher von den Priesterinnen zu den matriarchalen Jahreszeitenfesten gebraut wurde, ist irrational und unverständlich. Auch die Aussagen über den Charakter des Re sind höchst widersprüchlich. Der Mythos stellt den Sonnengott als unumschränkten Herrscher dar, der Göttern und Menschen befiehlt. Trotzdem bleibt unklar, ob der Gott die Menschen schließlich doch verschonen wollte, oder ob sein Arm nicht soweit reichte, sie zu töten.

Obwohl Hathor im Auftrag des Gottes tötet, gelingt es dem patriarchalen Mythos, die ‚menstruierende Göttin' zu dämonisieren. Damit wird ihre magische Macht fragwürdig, und die Voraussetzung für die Männer, sich die Blut-Macht der Frauen anzueignen, ist geschaffen. Um der Göttin die matriarchale Energie ihres Blutes zu rauben, schaffen sich Männer Rituale, bei denen Männer- statt Frauenblut für die Wiedergeburt vergossen wird. Nicht mehr das Menstrualblut der Göttin tränkt die Erde, sondern das Opferblut des Gottes. Der Mann aber kann Blut nicht als natürliches Geschenk darbringen wie eine Frau. Seine Blut-Rituale sind Opfer, die Gewalttat und Mord nötig machen. Neumann sieht durchaus den Unterschied zwischen männlichem Opferritual und dem Blutritual der Frauen, wenn er sagt:

„So, wie die hierarchische Ordnung des Körpers Unterordnung der einzelnen Organsysteme und auch Opfer ihrer Selbständigkeit zugunsten der großen Zusammenhänge auferlegt, so zwingt die Große Göttin allgemein zum Opfer. Opfer bedeutet hier aber sinnvolle Abgabe zugunsten eines größeren Zusammenhanges, welcher das Ganze des Lebens und damit auch des menschlichen Daseins umfaßt."[15]

Aber Neumann schafft zugleich die Basis für Mißdeutungen und Fehlinterpretation, weil er vom patriarchalen hierarchischen Denken ausgeht und die Mysterien der Frauen ‚erzwungene Opfer' nennt. Damit ist für die patriarchale Psyche zugleich die sinnwidrige Verknüpfung möglich, die Frau – oder die Göttin –

als Verursacherin des blutigen Männer-Kultes mit seinen sinnlosen Opfern anzuklagen:

„Weil die entscheidenden Lebenspunkte des Weiblichen, Menstruation, Defloration, Empfängnis und Geburt mit der Opferung des Blutes aufs innigste verbunden sind, sorgt die weibliche Gottheit als Garant des Lebens dafür, daß mit Hilfe des blutigen Opfers die Fruchtbarkeit des zu jagenden Wildes ebenso wie die der Frauen und Felder, das Aufsteigen der Sonne ebenso wie der Erfolg des Kriegszuges gesichert wird. Aber so wie das Weibliche seiner Natur nach selber zum Opfer bereit ist, drängt es auch das Männliche zum Opfer. Während es einerseits die Entwicklung der männlichen Aggression – zum Beispiel beim Krieger – provoziert, zwingt es das Männliche andererseits wieder zum Opfer."[16]

Männer projizieren die patriarchale Psyche auf die Frau, wenn sie Menstruation und Geburt als ‚weibliche Blutopfer' auffassen. Ein auf Verstümmelung und Mord beruhendes Opfer widerspricht zutiefst dem matriarchalen Weltbild, das dem Erosprinzip folgt und das Leben schützt und heiligt.

Neumann sagt, daß sich der Mann „über die Symbolik des Opfers mit dem Weiblichen identifiziert" [17] Der Mann stellt – so Neumann – „eine Identität zwischen dem Herausschneiden seines Herzens und der Geburt"[18] her. Die perverse Unnatur einer solchen ‚männlichen Geburt' spricht für sich selbst. Der Mann mißversteht die komplexe Bedeutung der weiblichen Mysterien des Blutes und der Wiedergeburt. Auf entsetzlich buchstäbliche Weise opfert er Blut, um in den Besitz von MA-GIE, von matriarchaler Energie, der schöpferischen Kraft des Weiblichen zu kommen. Mit dieser Entwicklung vergeht sich der Mann gegen den Sinn des Daseins. Er verstümmelt und tötet, was ihm geschenkt wurde – sein Leben. Deshalb wird die matriarchale Kultmacht, die er gewaltsam usurpiert hat, für ihn zur fürchterlichsten Bedrohung. Auf der Rückseite seiner Machtaneignung lauert die Angst. Die Prozesse, mit denen der Mann sich der jungfräulichen Mutter' anzuverwandeln suchte, fallen der Verdrängung anheim. Die Angst aber, die mit seinem Kultopfer verbunden ist, projiziert er auf die Frau, die zur ‚Furchtbaren Mutter' wird. Auf irrationale Weise gilt für die patriarchale Psyche die Gleichung, daß die Frau, weil sie die magische Blut-Macht hat, schuld daran sei, daß der Mann blutige Opfer bringen muß, um in den Besitz dieser magischen Macht zu gelangen. Dämonisch, ungeheuerlich und blutfordernd steht die ihrer Macht beraubte Große Göttin vor seiner Seele und verlangt Männeropfer, eine Spukgestalt des männlichen Unbewußten, die das Leben ihres Sohnes will, die ihn verschlingt und auffrißt. Mag sie auch Leben gebären, sie weiht es doch nur zum Tode und immer wieder zum Tode. Den Mann aber „bedroht sie als Ungeheuer und Drachen".[19] Der patriarchale Held muß sich – so Neumann – auf den Kampf mit dem Mutter-Drachen einlassen; denn

> „Alle gefährlichen Affekte, Triebe und Unheilskonstellationen des Unbewußten, deren Dynamik das Ich überwältigt, sind seine Ausgeburten."[20]

Die Aneignung der weiblichen Kultmacht ist *die* eigentliche Erbsünde des patriarchalen Mannes, die Schuld, die – zutiefst verdrängt – sich dennoch dynamisch dem Bewußtsein aufnötigt, das sie rational zu erklären sucht. Unabweisbar wird diese Schuld, die der Sühne bedarf, vom Männlichen erlebt. Wo vom matriarchalen Bewußtsein Erneuerung und Wiedergeburt als natürlicher Lebensrhythmus erfahren wurde, wittert das patriarchale Bewußtsein ‚Störungen', die der Mann durch blutige Opfer ausgleichen muß. Konsequenterweise ‚büßt' der Kultträger mit seinem blutigen Opfertod überall für Schuld, für Verletzungen, die der ‚Göttin' zugefügt worden sind. Stellvertretend für seinen Stamm vollzieht er bei der Zurichtung des Ackers den ersten Spatenstich. Für die Verletzung der Erde muß er sterben. Wenn der Acker Frucht getragen hat, wird mit einem Teil der Ernte, die der Göttin dargebracht wird, der Kultkönig geopfert. Das Darbringen des Getreides an die Göttin – einst weise geplant zur Vorratshaltung und Einsparung des Saatgutes – wird zum ‚Opfer'. Dem hohepriesterlichen König obliegt im Kult die Initiation der Mädchen, die jedem anderen Mitglied des Stammes tabu sind. Auch dafür, für die Verletzung der Jungfrauen muß er mit seinem Leben büßen.

Die Verschiebung der Angst vor dem selbstgeschaffenen Opferkult auf die Große Göttin, die das Blutopfer angeblich fordert, vermischt sich im Mythos in eigenartiger Weise mit dem überlieferten Wissen von matriarchaler Blut-Macht:

In Griechenland, wo Dionysos einst mit der Basilinna, der Großen Himmelskönigin, die Heilige Hochzeit, das hohe Mysterium matriarchaler Liebesenergie, gefeiert hat[21], erzählt man sich von Hera die grausam entstellte Sage, daß Dionysos auf ihren Befehl von den Titanen zerstückelt worden sei. Ein Granatbaum entsprang der Stelle, wohin sein Blut getropft war. Die Göttin Rhea sammelte die verstreuten Körperteile des Dionysos ein und fügte sie wieder zusammen.[22]

Im matriarchalen Mythos war es das Geburtsblut seiner Mutter, das zusammen mit dem Mutterkuchen als Dünger an der Pflanzstätte des Granatapfelbaumes vergraben wurde, unter dem heiligen Baum, dessen Früchte im matriarchalen Kult von tiefer symbolischer Bedeutung sind. Statt dessen ist es nun sein – des Gottes – Blut, das vergossen wird zur Versöhnung der Erde.

Wer die patriarchale Mythenredaktion nach Belegen für mordende Frauen absucht, wird sie finden. Da morden die lemnischen Frauen ihre treulosen Ehemänner; die Danaiden töten die ihnen aufgezwungenen Partner in der Hochzeitsnacht. Bachofen schließt daraus:

> „Wer Männermord in das Gebiet der Dichtung verweist, verkennt den Charakter des in seinem Blutdurste unersättlichen Weibes, schlägt den Einfluß, welchen Besitz und Übung der Herrschaft auf Steigerung ihrer natürlichen Leidenschaft ausübt, nicht richtig an und entzieht der Geschichte des Menschengeschlechts die Erinnerung einer Prüfung, die gebildeteren, aber auch schwächlicheren Zeiten und zahmern Geschlechtern als einfältiges Gerede erscheinen mag und dennoch unleugbar unter die Zahl der wirklichen Ereignisse gehört. Blut und Mord knüpft sich an die Gynaikokratie der alten Zeit."[23]

Bachofen rechtfertigt die „dauernde und vollkommene Besiegung des Mutterprinzips... die entschiedene Überwindung des Weibes", mit der angeblich „unkontrollierbaren, zerstörerisch aggressiven Veranlagung des Weibes"[24], und Neumann folgt „Bachofen, dessen mythendurchschauendes Auge... die Zusammenhänge erkannte".[25] Männer stimmen derartigen Mytheninterpretationen bereitwillig zu, denn für das patriarchale Bewußtsein hat die Projektion der Mordschuld auf das Weibliche entlastende Funktion.

Die Geschichte und selbst der Mythos lassen jedoch eindeutig erkennen, daß der Blutkult Männersache gewesen ist. Der Nachfolger tötete den regierenden König und verschaffte sich das Anrecht auf den Thron durch Gewalt. Ödipus tötet im Mythos seinen Vater Laios, und der Hergang der Auseinandersetzung zwischen ‚Vater und Sohn' gleicht den kultischen Wagenkämpfen, die im Altertum zwischen Männern ausgetragen worden sind.

Seit diese mörderischen Kampfspiele der Männer die kultische Nachfolge bestimmen, wird der königlichen Kultpriesterin mehr und mehr die Entscheidungsvollmacht über die Wahl des Thronfolgers entzogen. Die Blutrituale der Männer begründen in jeder Hinsicht patriarchale Macht. Brutal räumt der Mann seinen Widersacher aus dem Weg, und gleichzeitig zerstört er das kultische Recht der Frauen. Der Kult wird schließlich nur noch dazu mißbraucht, den Usurpator mit magischer Macht auszustatten.

Neumann interpretiert diesen Entwicklungsprozeß als Kampf des männlichen Lichtprinzips gegen das weibliche Dunkel, als Widerspruch zwischen einem Bewußtsein, das anders als männlich gar nicht existieren könne, und einem Unbewußten, das ‚archetypisch' weiblich sei.

> „Daß alle Lichthelden unter der wiedergebärenden Macht des Großen und Furchtbaren Weiblichen stehen, konstelliert den Konflikt zwischen der im Hintergrund lauernden Welt der furchtbaren Mutter und der patriarchalen Bewußtseinshaltung."[26]

Im Laufe der Entwicklung baute der Kultkönig seine Macht aus, und der Stellvertreter des Gottes delegierte das Blut-Opfer an einen Jüngling oder an ein Tier. Später wurde das Opfer nur noch symbolisch dargebracht, und schließlich – im Kult des Dionysos – trat Wein an die Stelle des Blutes. Das Gespür für matriarchale Magie lebte im Verborgenen weiter, und die Griechen glaubten zu jener Zeit noch „an die Fähigkeit der Frauen, in diesen Tagen (der Menstruation) unabhängig von den Männern die Fruchtbarkeit der Erde zu fördern".[27]

‚Erlösung' erhofft sich das patriarchale Bewußtsein durch die völlige Überwindung der Göttin und ihrer natürlichen Ordnung, durch den Sieg des Geistes über die magische Macht des Blutes. Die ‚patriarchale Geistkultur' muß sich notwendig vom Stofflichen abspalten, wenn sie den selbstgeschaffenen ‚Terror des Blutes' überwinden will.

Die letzte Station auf dem Wege zum Sieg des Patriarchats ist der Muttermord, die endgültige Abschaffung der Großen Göttin. Der Mann verbindet sich kultisch dem Vatergott und legitimiert durch seine ‚Gottesebenbildlichkeit' patriarchale Männermacht auf Erden.

> „Der Höhepunkt dieser Entwicklung manifestiert sich in der Sakralformel ‚Ich und der Vater sind eins', in der das Indivi-

duum sich von der Herrschaft des Großen Weiblichen befreit hat."[28]

Bezeichnend für diese ‚Befreiung' ist die veränderte Einstellung zum Wein, dem symbolischen Opferblut Christi, von dem kein Tropfen auf die Erde fallen darf.

Ethnologische Studien geben interessante Einblicke in die Mentalität von Männern, die sich von der magischen Blut-Macht der Frauen zu emanzipieren suchen, indem sie die menstruierende Frau mit dem Stigma der Unberührbarkeit behaften.[29] Männerängste produzieren irrationale Phantasien: Würde der Mann mit Menstrualblut in Berührung gebracht, so würde er kraftlos und alt.

„Die Frau darf während dieser Zeit für den Mann nicht kochen. Sie darf den Hund nicht füttern, da er sonst auf der Schweinejagd getötet würde. Männer nehmen kein Feuer vom Herd einer menstruierenden Frau, und sie vermeiden es sogar, auf ihre Fußspuren zu treten. Die Gegenwart einer menstruierenden Frau bei der Herstellung eines neuen Kanus oder eines Armschmuckes würde einen zerstörerischen Einfluß auf die Arbeit ausüben." Badete eine menstruierende Frau im Meer, so wäre ein vernichtender Sturm die Folge. „Im Hochland von Neuguinea existieren besondere Hütten, in die sich Frauen während der Menstruation zurückziehen."[30]

Männer in Melanesien glauben, daß ein Kind aus einer Mischung des männlichen Samens mit dem Menstruationsblut der Frau entstünde. Sie gehen dabei von der Erfahrung aus, daß die Menstruation der Frau aussetzt, wenn sie schwanger wird. Eine menstruierende Frau gilt deshalb als mörderisch. Sie tötet die Hälfte eines Kindes in ihrem Leib.[31]

Die Erinnerung an matriarchale Lebensweisheit ist dennoch nicht völlig verloren gegangen. Ich habe zehn Jahre lang in einem einsamen, kleinen Dorf im Schwarzwald gelebt. Dort stand auf dem Nachbarhof eine gewaltige, den Gebäudekomplex überragende Esche. Als ich eines Tages den alten Bauern fragte, wie alt dieser herrliche Baum sei, antwortete er: „Der Baum ist 92 Jahre alt, genauso alt wie ich. Es ist mein Lebensbaum. Nach meiner Geburt wurde die Nachgeburt meiner Mutter in der Erde vergraben und mein Baum darauf gepflanzt. Über der Nachgeburt der Mütter wachsen die Bäume besonders hoch." Irgendwo ist immer noch das Wissen lebendig vom Mysterium matriarchaler Energie. Der ‚Mutterkuchen', die Nachgeburt, und das Geburtsblut gehören der Erde, bedeuten Fruchtbarkeit und kostbare Nahrung für den Boden. Über der in die Erde vergrabenen Nachgeburt wird der Baum gepflanzt, der mit dem Leben des Neugeborenen in geheimnisvoller Verbindung steht: Baum und Mensch sind identisch. Psychologische Tests benutzen diese tiefenseelische ‚Erfahrung' und lassen von Versuchspersonen Bäume malen. Dabei geht die Psychologie davon aus, daß die Patienten sich selbst im Baum darstellen: ihre Wurzellosigkeit oder ihr Verwurzeltsein in der Welt, ihr himmelandrängendes Aufwärtsstreben oder ihr schicksalhaftes Gebeugtsein.

Auch aus etymologischen Zusammenhängen läßt sich das unvergängliche Wissen um matriarchale Energie ablesen. Aus MAGIE, aus matriarchaler Energie, wird ‚Zauber'. Das deutsche Wort ‚Zauber' geht zurück auf das altenglische ‚teafor' gleich ‚rote Farbe'. Darin drückt sich die ursprüngliche Energiequalität aus, das verborgene matriarchale Wandlungsmysterium. ‚Zauber' und ‚teafor' hängen mit dem altisländischen ‚taufr' gleich ‚Taufe' zusammen. Taufe ist Wiedergeburt, und Wiedergeburt ist das Blutmysterium, das die Mütter verwalten. So wird es verständlich, daß der Held des germanischen Mythos im Blut badet, um des Mysteriums teilhaftig zu werden. Siegfried ist durch die Taufe im ‚Drachenblut' unverwundbar geworden. Hat er in dem Untier den ‚Mutterdrachen' getötet, das bedrohlich Weibliche, dessen magische Kraft er sich anverwandelt? Nach der Bluttaufe versteht er die Sprache der Vögel, und er zieht in die Welt, um eine unbesiegbare Frau zu demütigen.

Blut bleibt der ‚ganz besond're Saft', von dessen magischer Kraft die patriarchale Menschheit nicht loskommt. Männer schließen ‚Blutsbrüderschaft'. Andere verschreiben ihre Seele dem Teufel und unterzeichnen den Pakt mit ihrem Blut: „Meine Seele sollst du haben, schrieb ich hin mit eig'nem Blut", sagt der ‚Schatzgräber' in Goethes Gedicht.

Männer glaubten noch vor wenigen Jahrhunderten, wenn sie das Blut eines Helden tränken, ginge dessen Kraft in sie über: Als der tapfere Herzog von Montmorenci im Jahre 1632 in Toulon hingerichtet wurde, tranken seine Soldaten das Blut des Toten, als würden sie seine Tapferkeit wie eine Nahrung zu sich nehmen können.

Aufschlußreich sind auch moderne psychologische Tests mit schwarz-weißen, schwarz-roten und bunten Klecksbildern, die sogenannte Rorschach-Tafel-Diagnostik. Nachdem sie die schwarz-weiße Tafel leicht gedeutet haben, stutzen viele Versuchspersonen vor der roten Farbe, die für sie unerwartet auf der nächstfolgenden Tafel erscheint. Sie erweisen sich als unfähig, in dem roten Farbklecks eine Form zu erkennen, sondern deuten nur die Farbe. Wenn sie nicht spontan äußern, daß ihnen die Kleckse wie Blut erscheinen, tritt diese Assoziation auf Befragen hervor; und oft wird dann explizit Menstrualblut genannt. Das häufige Phänomen des sogenannten ‚Blutschocks' beweist, wie sehr auch moderne Menschen durch die Blutsymbolik beunruhigt sind.

Die Farbensymbolik geht der Gestalt, dem Bild und dem Wort als Ausdrucksmittel voraus. In ihr wurzelt die elementarste Erfahrung der Menschheit.

Heute ist wissenschaftlich erforscht, daß rotes Licht die Tätigkeit des sympathischen Nervensystems anregt. Wir können die energetische Wirkung der roten Farbe auch physiologisch nachweisen und begründen. Daher ist es verständlich, daß auch im patriarchalen Bewußtsein die rote Farbe zentrale Energie symbolisiert. Alle Erscheinungen, die einst im Zusammenhang mit matriarchaler Energie rot empfunden wurden, erlebt noch die moderne Menschheit als rot. Nur der Tod hat in den meisten abendländischen Kulturen die Symbolfarbe gewechselt. Schwarz wie der Tod ist die Endgültigkeit, das Nichts, die völlige Abwesenheit von Energie. Zum Wandlungsmysterium des Todes hat die moderne Psyche keinen Zugang mehr.

Patriarchale Gesellschaften verbannen Frauen aus dem Reich der flammenden, der feurigen und roten Energien, durch die einst weibliche Wandlungsmysterien bewegt worden sind. Frauen müssen ihre Leidenschaftsnatur unter einem Laken scheuer Keuschheit verbergen. Natürliche Durchsetzungsfähigkeit wird ihnen als Laster angerechnet. Manche patriarchalen Gesellschaften gehen so weit, daß den Zeugenaussagen von Frauen keine oder nur geringfügige Beweiskraft zugebilligt wird. Und sollten Frauen sich gar von der gesellschaftsverändernden Wucht einer Revolution das Heil erwarten..., ‚da werden Weiber zu Hyänen und treiben mit Entsetzen Scherz'.

Im Bewußtsein der modernen abendländischen Menschheit werden die ‚roten Energien' durch Männer verwaltet. Männer marschieren unter roten Fahnen und fordern aggressiv Veränderung – Revolution. Rot, die Farbe der anarchischen Kraft, durch deren Spannung soziale Ordnung von selbst entstand, ist auch die Farbe der Gesetzeskraft, die patriarchale Gesellschaften zur Aufrechterhaltung staatlicher Ordnung einsetzen. Der purpurne Herrschermantel kleidet Kaiser und Könige. Landschaftsnamen beweisen den Zusammenhang zwischen roter Farbe und Rechtsfindung. Die ‚Rotberge', ‚Rothügel' und ‚Rotgärten' waren einst Gerichtsstätten. Sie haben vielleicht schon – bevor sie im Mittelalter zu Richtplätzen patriarchaler Herrscherwillkür verkamen – matriarchalen Stämmen zu Versammlungen gedient, bei denen gemeinsam und unter wesentlicher Mitwirkung der Frauen weise das Richtige gefunden wurde. Rot ist noch immer die Farbe der Gerichtsgebäude. Sie gilt als Symbolfarbe für die juristische Fakultät. Rot sind die Talare der höchsten Richter.

Sollte es nicht möglich sein, daß die moderne Menschheit die geistige Kraft der MA-GIE – der innewohnenden, matriarchalen, selbststeuernden Energie – wiederbelebt und in die Gegenwart transponiert?

Abb. 7 Gefäßgöttin – Troja, VI. Schicht, 2300 – 1900 v. Chr., aus einer stadtartigen Siedlung, in der sich kein Hinweis auf einen Herrschersitz fand. Einen Mauerring scheint die Siedlung nicht besessen zu haben.

Die Gefäßgöttin

Kunstvoll gestaltete Gefäße aus der Zeit der Großen Weisheitsgöttinnen sprechen im Symbol zu uns. So fanden sich zum Beispiel in Troja, noch unterhalb der Schicht der sogenannten ‚Homerischen Burgen', phantasiereich gestaltete altertümliche Gefäße (Abb. 7).[1] Die Krüge und Urnen ahmen Frauenfiguren nach und sind gleichzeitig funktionsgerecht für den praktischen Gebrauch gearbeitet.

Das Gefäß stellt die Göttin selbst dar. Sie selbst ist Vase und Urne, Schüssel und Schale, sakraler Behälter für ihre Frucht, für Getreide, Öl oder Wein, für alles, was die Erde hervorgebracht hat. Und wie matriarchale Kulturen nicht trennen zwischen Kult und Lebenspraxis, so gestaltet matriarchale bildende Kunst einen Gebrauchsgegenstand, der gleichzeitig Kultobjekt ist: den Behälter für menschliche Nahrung.

Neumann leitet die Betrachtung der Gefäßkeramik mit einem Zitat aus einer archäologischen Dokumentation ein:

> „Das Gefäß... ist ein altes, sehr bezeichnendes Attribut der Frau... Es ist eines der primären Arbeitsgeräte der Wasser holenden, Früchte einsammelnden, kochenden Hausgenossin des Mannes, deshalb dann Symbol der weiblichen Gottheit."[2]

Der Betrachter geht von der Arbeit aus, die eine Frau *für den Mann* zu erbringen hat; denn das Gefäß ist – dem patriarchalen Verständnis gemäß – zunächst einmal ‚Arbeitsgerät' für die ‚Hausgenossin' des Mannes. Als ‚Hausgenossin' steht die Frau dem Haustier nahe. Vergleichbar wird im zehnten Gebot das *Eigentum* des Mannes geschützt mit den Worten: „Du sollst nicht begehren deines Nächsten Weib, Knecht, Magd, Vieh oder alles, was sein ist." Die Funktion der Frau wird vom patriarchalen Denken auf die Bedürfnisse des Mannes reduziert. „Deshalb", weil sie das Gefäß benutzt, um *ihn* zu versorgen, wird es „dann" – sekundär – „ein Symbol der weiblichen Gottheit". Aus patriarchaler Sicht verkommen die Werke archaischer Frauenkunst zu Dokumenten einer primitiven Menschheitsstufe. Sie dienen der männlichen Weltdeutung zum Beweis für die ‚Bestimmung der Frau', Dienerin des Mannes zu sein.

Wir wissen heute von den matriarchalen Eheformen, die gar kein ständiges Beieinander von Frau und Mann gekannt haben, so daß von einer ‚Hausgenossin des Mannes' keine Rede sein konnte. Die Frau war unabhängig und frei. *Ihr* gehörten Haus, Acker und Vieh, nicht des Mannes ‚Schwiegervater', wie alttestamentliche Texte suggerieren wollen. Oft war der Mann monatelang mit Herden unterwegs und kam nur zu Besuch zu seiner Frau.

Nicht weil die Frau den Mann bekochte, wurde das Gefäß zum Symbol der Göttin, sondern weil Vorratshaltung ein wesentliches Element der kultischen Praxis war. Ein Teil der Ernte wurde in den Tempel gebracht als Hingabe und symbolisches Geschenk an die allmächtige Herrin. Die Vorräte im kultischen Tonkrug gehörten der priesterlichen Königin. Die ältesten Schriftzeugnisse der Menschheit sind Vorratslisten der Priesterköniginnen, Dokumente über Verteilung der Vorräte anläßlich kultischer Feste oder zu Notzeiten. Sie liefern dem Forscher keine Geschichtsdaten; es sei denn, daß hier und dort der Name einer Königin oder eines Königs erwähnt wird, eine Jahreszahl über die Dauer der ‚Regierung'. Dann kann eines von vielen tausend Tontäfelchen matriarchaler Magazinverwaltung für würdig befunden werden, einen Mosaikstein zu liefern für das ‚Geschichtsbild' der Menschheit. Die übrigen werden in den Kellern der Museen gelagert...

Ein Mann gräbt in Troja ein Gefäß aus, das weiblichen Körperformen nachgebildet ist. Er mißversteht die Symbolik. Ihn mutet es unheimlich an:

> „Das Gefäß wird als dämonische Gestalt gebildet, unter deren Schutz man den Inhalt des Gefäßes und das Heil des Besitzers stellt. Wer aber sollte diese dämonische Gestalt sein, als die göttliche Stadtherrin, die Berggöttin selbst."[3]

In matriarchalen Gesellschaften wurde Magazinverwaltung offensichtlich sehr ernst genommen, und vielleicht warnen die großen Augen der Gefäßgöttin den Unbefugten, dem kein Zugriff zu den Tempelgütern erlaubt ist. Die Göttin scheint Grenzen zu setzen, Abwehr zu signalisieren. Die Große Göttin als planende, vorausschauende Schutzmacht wird vom männlichen Bewußtsein dämonisiert. Darin finden sich moderne Wissenschaftler in bester Übereinstimmung mit Generationen von Religionsstiftern, Kirchenvätern, Autoritäten und Patriarchen. Der Wissenschaftler brauchte – im Jahre 1925, als er seine Ansichten äußerte – keine Rücksicht darauf zu nehmen, daß Frauen, die sich ihrer Geschichte bewußt werden, einen anderen Zugang zu der Großen Göttin haben würden; denn sie, die seine Darstellung hätten zurückweisen können, hatten keinen Einfluß auf die wissenschaftliche Lehrmeinung. Schriftfunde gab es längst, die Schlüsse auf die matriarchale Gesellschaftspraxis zuließen. Das hinderte aber viele Wissenschaftler nicht, ihr Selbstverständnis von der Welt in die Vergangenheit zu projizieren.

Frauen haben ihre Körper als Gefäß empfunden, als Sinnbild des lebentragenden, lebenerhaltenden und nahrunggebenden Großen Weiblichen. Vorratshaltung ist zugleich Opferkult: Ein Anteil der Ernte wird der Großen Göttin dargebracht. Im Tempel werden reichliche Mengen an Nahrung gespeichert, genug, um das Überleben der Gruppe während der Dürrezeit zu sichern, während der ‚Unterweltfahrt des Vegetationsgottes'.

Vergleichbar dem shen-Ring, der das kosmische ‚Gefäß' symbolisierte, das – als Himmel und Erde – die geschafffene Welt umschloß, so nahm im kultischen Vorratsgefäß der Mikrokosmos Gestalt an: Die Gefäßgöttin barg das Gewordene, das Erntegut, die Früchte der Vegetation.

Die Große Göttin, die weise ist im Geben und Nehmen, sinnvoll im Gewähren und Versagen, wurde von der Patriarchatspsyche aufgespalten in die Gute Mutter, die gleich einem nie versiegenden Gefäß ihren Reichtum verströmt, und in die Furchtbare Mutter, die sich verweigert, Wünsche versagt und Grenzen setzt. Die Analytische Psychologie sieht im ‚Gefäß' das archetypische Symbol für die Gute Mutter, den Uterus, der stets bereit ist, männlichen Samen zu empfangen. Jung sagt, die Leere sei

> „ein großes weibliches Geheimnis. Sie ist das dem Manne Urfremde, das Hohle, das abgrundtief andere, das Yin. Die mitleiderregende Erbärmlichkeit dieser Nullität (ich rede hier als Mann) ist leider – möchte ich fast sagen – das machtvolle Mysterium der Unfaßbarkeit des Weiblichen."[4]

Trotzdem geht die Patriarchatspsyche von der Erwartung aus, daß diese ‚Leere' einen unerschöpflichen Reichtum berge, der sich aus unversiegbarer Quelle ohne Unterlaß erneuere: das Versprechen unermüdlicher Reproduktion. Dieser unerhörte Anspruch an die Frau und an die Natur ist repräsentativ für den Umgang des patriarchalen Bewußtseins mit dem Weiblichen. ‚Gut' ist die Große Mutter, solange sie gibt und sich verausgabt, aus verschwenderischer Fülle sich verströmt, ohne je zu versiegen. Sie darf nichts zurückfordern, nichts für sich verlangen, keine eigenen Ansprüche stellen. Die patriarchale Psyche betrachtet das Gefäß als Sinnbild eines Weiblichen, das aus seinem Innern unaufhörlich nur nach außen tritt:

> „Der deutlichste Ausdruck dieses Nach-außen-Gebens sind die Brüste, die das Weibliche als Nährendes bestimmen.“[5]

Unkritisch argumentiert Neumann mit der Biologie der Frau, um ‚das Weib auf seine Bestimmung' festzulegen, ohne die psychischen Unterdrückungsmechanismen zu hinterfragen, die Frauenschicksal vom Körper abhängig machen, um Männerschicksal um so rückhaltloser vom Körper zu befreien. Die Ausbeutung der Frau hat in dieser patriarchalen Erwartungshaltung ihren Ursprung. Mit derselben Erwartung begegnet der patriarchale Mensch der Natur. Er fragt nicht nach seiner Schuldigkeit, sondern erwartet, daß die Natur sich ohne Unterlaß regeneriert.

Unerschöpflich verausgabend sieht Neumann auch die geistige Kraft der Guten Mutter. Die übergreifende, sinnvoll-weise Potenz der matriarchalen Göttin verkommt zu sentimental gütiger Mütterlichkeit, die ständig schlichtet und ausgleicht, die verschenkt, ohne zurückzufordern, die verschwenderisch liebt, immer abrufbar und eingreifbereit zur Verfügung steht, um mit ihrer Beziehungsfähigkeit zu heilen, was durch die Unbezogenheit des männlichen Logos in Scherben gebrochen ist.[6] Auch in seinem geistigen Aspekt bleibt das Weibliche für das patriarchale Bewußtsein die unversiegbare Quelle. Ohne Zutun des Menschen greift die mütterliche Weisheit ein, in liebender Bezogenheit ist sie

> „als geistige Macht liebend und rettend, ihr strömendes Herz ist Weisheit und Nahrung zugleich“.[7]

Für eine Welt, die ihre Probleme in letzter Instanz durch Gewalt, Krieg und Zerstörung regelt, muß die Vorstellung einer allzeit rettenden, liebenden mütterlichen Weisheit tröstend sein. Mit einem unerhörten und irrationalen Anspruch fordert die patriarchale Psyche von weiblicher Weisheit das allzeit Heilende, Regenerierende und Ausgleichende. Ungestraft können Männer zerstören und töten, wenn ‚Das Weibliche' immer wieder aufbaut und gebiert.

Diese Gute Mutter gibt es nicht. Sie existiert nur in den Wunschträumen des patriarchalen Bewußtseins. Und für eine begrenzte Zeit mag sich der Mensch der Täuschung hingeben, daß

Natur unerschöpflich regenerationsfähig sei, daß die Frau – ,ihrer Natur nach' – zur Reproduktion und ,zur Erholung des Kriegers' da sei.

Neumann suggeriert den Frauen, daß sie sich den Aufgaben nur ja nicht entziehen mögen, die das patriarchale System der Guten Mutter zugewiesen hat. Und damit weist er den Weg in eine Sackgasse, aus der es keinen Ausweg mehr gibt. Die ,dauernd eingreifbereite Gute Mutter' geistert durch die Lesebücher der Grundschulklassen. Sie ist die Heldin von Romanen, Theaterstücken und Filmen. Sie wird in Gedichten gepriesen und von Kirchenkanzeln herab hochgelobt. Daher wird es niemanden wundern, wenn patriarchale Männer von ihren Müttern und Ehefrauen die Eigenschaften der sich verausgabenden Guten Mutter wie die Einlösung eines Versprechens erwarten. Jeder Mann setzt voraus, daß seine Frau eine kluge und weise Hausfrau sein müsse, die ,gerufen und ungerufen' zurechtrückt, was Männer in ihrer traurigen Sachlichkeit vernachlässigt und verdorben haben. Wieso muß der patriarchale Mann jetzt erst ermahnt werden, diese ,weibliche Welt der Psyche dem patriarchalen System fruchtbar einzubeziehen'? Das hat er doch schon immer getan. Er geht mit der Beziehungsfähigkeit der Frau ganz bewußt um. Aus Briefen liebender Männer vieler Jahrhunderte ließe sich das leicht nachweisen. Sich die positiven weiblichen Werte dienstbar zu machen, sie sich anzueignen, unterzuordnen, sich einzuverleiben oder für sich fruchtbar zu machen, hat die patriarchale Kultur von Anfang an verstanden. Kein Mann muß die Methoden erst erlernen, die es ihm ermöglichen, sich der positiven weiblichen Kräfte zu versichern, sich aus dem unerschöpflichen Gefäß weiblichen Reichtums zu bedienen. Und jeder Mann fordert ein solches ,Gefäß', dessen Inhalt sich unversiegbar regeneriert, für sich allein, wie die patriarchale Gesellschaft als Ganzes die ,Mutter Natur' als unendlich regenerationsfähig betrachtet und verstört aufhorcht, wenn ihre Ressourcen versiegen.

Die Gute Mutter ist nur ein abgespaltener Teil-Aspekt, unter dem männliches Bewußtsein das Weibliche betrachtet. Sie ist nicht gleichbedeutend mit matriarchaler Weisheit. Matriarchale Weisheit in ihrer Fülle und Ganzheit, die weder gut noch böse, sondern barmherzig ist im Geben und Nehmen, ist aus dem patriarchalen Bewußtsein verdrängt. *Sie* ist wirklich *unbewußt. Sie, die vor* aller Schöpfung war und aller Schöpfung als unsichtbare Ordnung innewohnt, ist niemals gänzlich erforschbar und niemals wirklich beherrschbar. Das macht sie für das patriarchale Bewußtsein unerträglich.

„Wir haben uns ein Weltbild errichtet, würdig unseres rationalen Bewußtseins, der jüngsten und größten Schöpfung des Menschen. Ein Weltall, das vernünftigen Gesetzen gehorcht, umgibt uns. Zwar kennen wir nicht alle Ursachen, aber man wird sie entdecken, sie werden vernünftigen Erwartungen entsprechen."[8]

Mit diesen Feststellungen charakterisiert C. G. Jung die Befindlichkeit des abendländischen Menschen in einer Welt, die dem Gipfel des naturwissenschaftlich-technischen Zeitalters entgegenstrebt. Vor diesem Selbstbewußtsein zählt nur die Vernunft, das Berechenbare. Natur als übergeordnete Seins-Macht ist diesem Denken fremd und zuwider. Patriarchale Wissenschaft und Forschung dringt unbeirrt in immer neue Räume ein. Der Luftraum ist erobert, selbst in den Weltraum vorzudringen, schickt der Mensch sich an. Und wie alle Räume Binnenräume sind und der ‚großen Leere' gleichen, dem Hohlen und dem Gefäß, von dem der Mann durch seine Sexualität Besitz ergreift, das nur er füllen darf, in das er seinen Samen wirft zu unendlicher Vervielfältigung, so ist auch des patriarchalen Mannes Herrschaftsanspruch über den Lebensraum – über Erde, Luft und Weltraum – zutiefst mit männlicher Sexualität verbrüdert.

Wie selbstverständlich im männlichen Denken Sexualität und Herrschaftsbewußtsein miteinander verknüpft sind, entlarven jene Sprachmuster, die eindeutig männliches Sexualverhalten auf den Umgang mit der Natur anwenden. Gilt es doch als besondere Leistung, ‚jungfräuliche' Natur zu besiegen, einen Berg als erster zu ‚besteigen', den ‚Widerstand' unwegsamer Wüste zu brechen, in Wildnis und Dschungel ‚einzudringen', die ‚Wildheit und Leidenschaftsnatur' der Meere zu besiegen. Und wem solch ein Erfolg beschieden war, der steht im Mittelpunkt des Interesses, ist der Titelheld der meistgelesenen Wissenschaftsberichte und Romane, der beliebtesten Filme und Fernsehsendungen. Jede größere Bergbesteigung bringt dem Menschen einen doppelten Sieg über die Natur ein: Er überwindet die Wildheit und Unwirtlichkeit des Hochgebirges und ergreift Besitz von der jungfräulichen Landschaft. Gleichzeitig besiegt er den eigenen Körper, der schon wegen seiner dem Geist widerstrebenden Physis das ‚andere' und deshalb das ‚Weibliche' ist.

Wie gegen den Körper, so richtet sich der Kampf des patriarchalen Bewußtseins gegen das natürliche Überwältigtsein der Seele. Die äußerste Beherrschung des Gefühls bestimmt das Erziehungsideal patriarchaler Gesellschaftsnormen. Und je vollständiger die Verdrängung der Gefühlswelt aus der männlichen Psyche ‚geglückt' ist, um so unabweisbarer gebärdet sich der Anspruch an ‚Das Weibliche'. Aus nie versiegenden Brunnen sollen Frauen diese versachlichte, verarmte und kranke Welt der patriarchalen Psyche immer wieder heilen.

Gegenüber der matriarchalen Weisheit, die als natürliche Lebensordnung höher ist als alle Vernunft, ist jeder patriarchale Herrschaftsanspruch ein Sakrileg. Die matriarchale Weisheit tritt selbst, fordernd und Grenzen setzend, wieder ins Bewußtsein. Sie hat niemals versprochen, ins Unendliche expandierende männliche Macht durch immer mehr weibliche Güte und ‚liebende Bezogenheit' wieder aufzufangen. Sie tritt wieder ins menschliche Bewußtsein, verschlüsselt wie einst im Symbol. Nicht als Himmel, Hütte, Haus oder Höhle schafft sie sich im modernen Bewußtsein Raum. Sie erscheint – unserem sachlich begrifflichen Denken angepaßt – als Abstraktum. Plötzlich steht sie wieder vor aller Augen, ist in aller Munde: Jeder spricht von der ‚Umwelt'. Und – erstaunlich genug – begreifen wir unter Umwelt ein uns Umhüllendes, uns im Großen wie im Kleinen Umgreifendes. ‚Umwelt' ist aber auch als Mikrokosmos erlebbar im sozialen Umfeld und in der intimsten Beziehung.

Was archaische Menschen als kosmisch-irdische Herrin erlebten und im matriarchalen Urbild der ‚Gefäßgöttin' ausdrückten, wird uns als ‚Umwelt' bewußt. Sie ist die matriarchale Weisheit, damals wie heute. Sie fordert „Die Rückkehr zum menschlichen Maß"[9] und die Zurücknahme des patriarchalen Machtanspruchs über die Natur.

Nachthimmelgöttin und Mondmythologie

Wo immer der Mythos die Erinnerung an die kosmische Himmelskönigin bewahrt hat, deutet Erich Neumann sie als ‚Nachthimmelgöttin', die das kollektive Unbewußte repräsentiere, die intra-uterine Menschheitsphase, „in der die Seele ihren vorweltlichen Charakter hat, die Zeit vor der Geburt des Ich, des unbewußten Geborgenseins, das Schwimmen im Teich der Ungeborenen"[1] – vorhistorisches Dasein, wo die Zeitdimension in Ewigkeit zerrinnt. Dem Dunkel des kosmischen Schoßes entringt sich die Menschheit in ‚dumpfer Geburt', der ‚Allmutter Natur' ausgeliefert.

> „Die Welt wird erfahren als Umschließendes, in dem der Mensch nur hin und wieder und nur momentweise sich als sich selbst erfährt. So wie das kindliche Ich, diese Phase nacherlebend, schwach entwickelt, leicht ermüdbar, nur in einzelnen Augenblicken inselhaft aus dem Dämmer des Unbewußten auftaucht und wieder in es zurücksinkt, so erfährt auch der Frühmensch die Welt. Klein, schwach und viel schlafend, d. h. meist unbewußt, schwimmt er im Instinktiven wie das Tier. Geborgen, getragen und gehalten von der großen Mutter Natur, die ihn wiegt und der er ausgeliefert ist im Guten wie im Bösen. Nichts ist er selbst, alles ist Welt. Sie ist bergend und nährend, er, der Mensch, nur selten schon wollend oder tuend. Nichts-Tun, träge im Unbewußten, in der unerschöpflichen Dämmerwelt da-sein, in der die große Nährerin ihm im mühelosen, freien Zuströmen alles gibt, was er braucht, das ist der ‚selige' Zustand der Frühzeit."[2]

Ebenso wie dieser ‚Frühmensch der Überfallswillkür und Unberechenbarkeit der Natur ausgesetzt ist', so wird der Mann geängstigt durch die Begegnung mit der individuellen Frau:

> „Die wild-emotionale Leidenschaftsnatur des Weiblichen ist in seiner Losgelassenheit für den Mann und das Bewußtsein furchtbar. Die Gefahrenseite weiblicher Ungehemmtheit ist in der Frühzeit noch lebendige Erfahrung. Als Angst ruht sie, der Entwicklungsgeschichte jedes Jünglings zugeordnet, in

jeder männlichen Tiefe."[3]

Ausschließlich aus der Entwicklung des *männlichen* Kindes, aus der Knaben- und Jünglingspsychologie und vom Seelenhintergrund des modernen *Mannes* leitet Neumann die Bewußtseinsentwicklung der Menschheit ab. Alle patriarchalen Schöpfungsvorstellungen gehen von dieser einseitigen Weltdeutung aus. Für ein männliches Bewußtsein, das sich mit Licht, Sonne und Geist identifiziert, verkommt das ‚andere', das Weibliche, zum Dunkel, zum Nachthimmel und zum Ort des Unbewußten; und die männliche Welt-Anschauung projiziert alle Lebensängste auf das Weibliche und sieht im Ursprungsland der Menschheit ein dunkles Weltenchaos, das bekämpft, und siegreich überwunden werden muß. Ob es ‚aus dem Schoß der Erde ans Licht drängt' oder vom Himmel herabkommt, immer ist der Herkunftsort des Lebens die ‚Ursprungsdunkelheit'. Am Anfang patriarchaler Schöpfungsmythen steht die große Leere, die Finsternis und Öde, aus der das Licht hervorbricht. Am Anfang war das Chaos, dem ein patriarchaler Vatergott seine Ordnung aufzwingt. Auf derartige, dem abendländischen Bewußtsein geläufige Vorstellung, greift Erich Neumann zurück, wenn er sagt:

„Die Göttin des Anfangs ist die Große Göttin der Nacht", wobei er allerdings einräumen muß, daß sie „selten direkt als solche verehrt wird."[4]

Mit anderen Worten: Nur aus patriarchaler Weltsicht – handle es sich nun um theologische oder psychologische Spekulation – ist die Große Göttin des Anfangs eine ‚Göttin der Nacht'. Erst in den Kunstwerken der Patriarchatskultur – als rückwärts gerichtete Projektion – taucht eine Göttin der Nacht auf, wie zum Beispiel in Mozarts ‚Zauberflöte'. In den Symbolen, die sich matriarchales Bewußtsein zu seiner Weltdeutung geschaffen hat, repräsentiert die Himmelsherrin die umfassende kosmische Idee weiblicher schöpferischer Kraft und niemals allein den Nachthimmel. So erscheinen Tag und Nacht ungetrennt, schaffen sich Ausdruck im Zeichen des shen-Rings, der den gesamten Kreislauf symbolisiert. Noch heute zählen wir die Stunden des ‚Tages' als *Einheit* von 24 Stunden.

Die Nacht ist für matriarchale Menschen kein Gleichnis für ‚das Unbewußte', kein Symbol schauerlich dunkler Existenzängste eines noch unentwickelten Ichs. Bevor die Menschen das Nachtdunkel durch Kerzen, Fackeln und Öllämpchen erhellten, besaßen sie die Fähigkeit, im Finstern zu sehen, wofür die Höhlenkultur der Menschheit Zeugnis ablegt. Weshalb hätten sie also Angst vor dem Dunklen haben sollen? In der Nacht erst wird der Kosmos in seiner vollkommenen Schönheit sichtbar. Erst jetzt beginnen die Stunden der Himmelsbeobachtung, der Gestirnsberechnungen und der Zwiesprache mit der Herrin der Welt. In der Nacht wird die Einheit von Mensch und Kosmos bewußter erfahren als am Tag. Daß es Frauen waren, die den Lauf der Sterne berechneten, darüber belehrt uns die Kenntnis des altägyptischen Pyramidenbaus. Liegt doch die Kammer der Königin im Zentrum dieser Sakralbauten, die nicht nur monumentale Grabmale für den ägyptischen König, sondern ebenso Sternwarten zur Gewinnung wissenschaftlicher Daten gewesen sind.[5] Warum sollte die Kammer, von der aus alle Beobachtungen durchgeführt wurden, ‚die Kammer der Königin' genannt worden sein? Doch wohl, weil es die Königin war, die dort mathematische und astronomische Daten ermittelt hat. Die Nacht ist nicht Symbol des Unbewußten. Im Gegenteil: Besonders die Nacht ist eine Zeit des sensiblen und geschärften Bewußtseins.

Tatsächlich gibt es keine mythologische Idee, die den Nachthimmel weiblich, den Tageshimmel dagegen männlich gedeutet hätte. Sonne und Mond wechseln im Lauf der kulturellen Entwicklung ihr Geschlecht. Und sogar der Venusstern ist in der Vorstellung orientalischer Mythen männlich. Salomo, der Friedenskönig, ist sein bekanntester Vertreter. Er ist der slm, der Salem, den die Sonnengöttin geboren hat, und Jeru-Salem ist seine heilige Stadt. Auch der Name seines unglücklichen Bruders Absalom, der vergeblich nach der Königskrone griff, verfügt über den gleichen Konsonantenstamm.[6] Der *ganze* Himmel wird von den matriarchalen Religionen weiblich aufgefaßt. Mit dem Siegeszug der patriarchalen Großreligionen wechselt er sein Geschlecht und wird eindeutig männlich. Der Himmel ist unteilbar.

In seiner umfassenden Arbeit über ‚Die Große Mutter' erwähnt Erich Neumann beispielsweise die ägyptische Himmelsgöttin Hathor nur in den Kapiteln zum negativen Charakter des Großen Weiblichen, im Zusammenhang mit Dunkelheit und der Symbolik des ‚Westtores', in dem die Sonne zu ihrer Nachtmeerfahrt verschwindet.

> „Mit der todkranken, alt gewordenen Sonne fährt die Sonnenbarke in den Westberg hinab, der im Zeichen des Nachtmeeres und der westlichen Hathor, der nächtlichen Todesmutter steht."[7]

Neumann stellt den Mythos auf den Kopf. Denn in der ägyptischen Religion war Hathor den Sterbenden ein Trost. Führte sie doch die Sonne auf der Nachtmeerfahrt einer neuen Geburt entgegen, ein sichtbares Zeichen der Wiedergeburt auch für die Menschen. Neumann legt den Akzent auf die *Todesgöttin*, und es entsteht der Eindruck, als sei Hathor an dem todkranken Zustand der Sonne schuld.

„Grauenhaft sinnvoll", sieht er Hathor, die „gleichzeitig Kriegs- und Todesgöttin ist und der Menschheit Verderben bringt", einer Göttin in Tiergestalt, der Ta-Urt, verbunden. Diese Göttin, deren dreifache Tiergestalt sich mit dem Menschlichen paart, nennt Neumann

> „das schwangere Tierungeheuer, das Nilpferd und Krokodil, Löwin und Weib zugleich ist".[8]

Wie der ägyptische Sphinx verkörpert ihre Erscheinung das dreigeteilte Jahr. Die drei Tiere, Nilpferd, Krokodil und Löwe sind Sinnbilder der Jahreszeiten, ähnlich wie wir es heute noch aus den Tiersymbolen der Astrologie kennen. Ta-Urt in ihrer dreifachen Gestalt ist ebenso Kalendersymbol wie sie Ausdruck einer kosmischen Idee ist: der dreifaltigen Göttin, die Werden, Fülle und Vergehen verkörpert. Daher hat diese heute wenig bekannte Göttin den Namen ‚Die Große'. Wo die Angst der männlichen Psyche vor dem ‚Großen Weiblichen' auf den Herkunftsort der Menschheit, auf die hervorbringende schöpferische Himmelsherrin projiziert ist, verkommen alle diese Großen Göttinnen zu ‚furchtbaren' Erscheinungen. Solange sie nicht ‚in ihre Aspekte auseinandergetreten sind', überwiegt ihre Schreckensseite, und Erich Neumann sieht in ihnen allen unterschiedslos die Furchtbare Mutter verkörpert:

> „... die furchtbare Toeris wie die furchtbare Hathor, Isis, Neith usw."[9] Hathor kann „den Schoß des Lebendigen verschließen, und alles Leben steht still". Als furchtbare Göttin ist sie „die Herrin des Westtores, des Todes und des verschlingenden Eingangs in die Unterwelt. Tor, Tür, Schlund, Kluft, Abgrund sind die weiblichen Erd-Schoß-Symbole, die als numinose Orte den Weg ins mythische Dunkel der Unterwelt bezeichnen."[10]

Alle Bilder, die männliche Ängste im Lauf der Zeit auf das Weibliche projiziert haben, ringen in Neumanns Worten nach Ausdruck, rühren die emotionale Schicht an und *erzeugen* erst, unheimlich und drohend, das Gefühls-Chaos, das zwischen Erdloch und Frauenschoß nicht mehr zu unterscheiden weiß.

Für Neumanns Deutung der Hathor als ‚Kriegs- und Todesgöttin', ‚die der Menschheit Verderben', bringe, gibt es keinen religionsgeschichtlichen Anhaltspunkt. Nur im patriarchalen Mythos, ihrer umfassenden Kraft beraubt, reduziert auf das ‚Sonnenauge', auf die ‚Tochter des Re', zeigt sie – wie erwähnt – aggressive Züge. Erst die patriarchalen Mythendichter haben sich ‚Kriegsgöttinnen' erdacht und sie mit grausamen Charakterzügen ausgestattet. Die Projektion männlicher Ängste auf das Weibliche spricht aus Neumanns Mytheninterpretation:

> „Dieses furchtbare Weib, welches das Leben und alles Lebendige der Erde gebiert, ist zugleich auch die alles wieder Fressende und in sich Einschlingende, die ihre Opfer jagt und mit Schlinge und Netz einfängt. Krankheit, Hunger und Not, vor allem der Krieg sind ihre Gehilfen."[11]

Schriftsteller und Dichter scheinen miteinander um das schwülstige Vokabular zu wetteifern, mit dem sie die ‚dunkle Erfahrung mit dem Weiblichen' mit dem Bösen schlechthin, lautmalerisch und phantasiereich beschreiben. Sie entäußern sich ihrer Angst vor Leid, Tod und Untergang und werfen alle Schrecken ihrer unbehausten Seele auf das Weibliche. Die Dynamik dieser Angst erzeugt immer wieder die gleichen Bilder und schleudert sie in Träumen und wilden Phantasien ins Bewußtsein. Der Therapeut begegnet ihnen bei seiner Arbeit am Seelenunfrieden des abendländischen Menschen und nennt sie ‚Archetypen'. In diesen Seelenbildern entäußert sich die Angst des patriarchalen Bewußtseins vor der weiblichen Stärke. Ihre Hervorbringung wirkt pseudotherapeutisch; denn sie verschafft der Angst nur ein Ventil. Projiziert auf die Gestalt der ‚furchtbaren Todesmutter' bleibt die irrationale Angst des Mannes vor dem Weiblichen – sei es als Frau oder als Natur – unbewußt. Die projizierten Bilder befreien die Seele von der Notwendigkeit, ihre Angst zu verarbeiten.

Wenn wir auf der Suche nach den wirklichen Urbildern der Menschheit sind, führt uns die Analytische Psychologie nur in die Irre. In der ägyptischen Mythologie begegnet uns Hathor als die Große Liebende, die Geborgenheit, Heil und Wiedergeburt verheißt. Ihre Heimat ist im Süden zu suchen. Sie war die ‚Herrscherin von Nubien'. Dazu rief man sie an als ‚Herrin von Punt', einem sagenhaften Land im Süden Ägyptens, in das noch die Königin Hatschepsut zu Ehren der Hathor ihre Priesterschaft mit großem Gefolge zu einer Wallfahrt entsandte. Bei der ,Vereinigung beider Länder', dem Zusammenschluß zwischen Ober- und Unterägypten, übernahm Hathor weithin Charaktereigenschaften der Himmelsgöttin Nut. Beide – Hathor und Nut – sind ja nicht eigentlich Göttinnen *des* Himmels, sie wohnen nicht im Himmel. Sie sind der Himmel selbst. ,Hat-Hor' bedeutet ,Haus des Horus'. Die Hathor ist die Wohnstatt, das Himmelsgewölbe, an dem der Horusfalke seine Sonnenbahn zieht. Als kosmische Göttin deckt sie im alten Ägypten alle Lebensbereiche ab. Sie steht den Frauen bei der Geburt bei, sie ist die

> „Liebesgöttin, die heitere Göttin der Frauen, die sie zärtlich das Gold nennen. So dienen ihr denn die Frauen und feiern sie mit Tanz, Gesang, dem Klappern ihrer Sistren, dem Rasseln ihrer Halsketten und dem Trommeln ihrer Handpauken."[12]

Im oberägyptischen Dendera feierte man ihr zu Ehren das ,Fest der Trunkenheit der Herrin von Dendera'. Spiel, Tanz und rauschende Feste gehörten zu ihrem Kult. Hathor ist die Herrin der Sykomore, eines heiligen Baumes, dessen Krone die Menschen wie der Himmel überwölbt und schützt.

Alle diese inschriftlich bezeugten Bilder der kosmischen Göttin widersprechen der einseitigen Sicht der Analytischen Psychologie, die nur den Charakter der Nachthimmelgöttin und Todesmutter im Bilde der Großen Göttin erkennen will. Neumann berücksichtigt noch nicht einmal die Tatsache, daß Hathor noch zur Zeit der Begegnung der ägyptischen Kultur mit Griechenland so unverfälscht den Charakter der Großen Liebenden trug, daß sie mit Aphrodite synkretistisch verschmolz.

Der ägyptische Mythos, der den positiven Charakter der Göttin voll erhalten hat, erzählt:

> Da die Sonne des Abends in den Mund der Hathor eingeht, wie sie andernorts von der Nut verschluckt wird, „gilt sie auch als eine Göttin des Westens, die an der Bergwand steht und die Sonne und die Toten in die Unterwelt einläßt".[13]

Mancherorts verglich man auch steil abfallende Bergwände im Westen mit den ,Kuhhörnern' der Göttin und glaubte, daß sich die Sonne zwischen diesen Hörnern niederließ, um von der Göttin zur Ruhe getragen zu werden. So verehrte man Hathor, die der Himmel selbst ist, des Abends als ,Herrin des Westberges'. Sie ist dort tatsächlich auch die Herrin der Toten. Es besteht aber ein erheblicher Unterschied zwischen dem Begriff ,Todesgöttin', wie Neumann ihn gebraucht, und dem Begriff der ‚Totengöttin' im Alten Ägypten. Bei Neumann wird Hathor zur furchtbaren Herrscherin des endgültigen Todes, aus dem es keine Wiederkehr gibt. Die Ägypter verehrten in Hathor die gütige Göttin, die die Verstorbenen durch das Totenreich hindurchführt, die „ihm Hilfe für seinen Eingang in das Lichtland des Himmels versprochen hat". Die Ägypter setzten ihre „Hoffnung auf die Göttin, die die sinkende Sonne in sich aufnimmt und damit auch im Dunkel der Nacht Licht und Wärme verheißt". „Im Gefolge der Hathor zu sein", ist des Menschen Verlangen; denn Hathor „breitet Wärme um ihn, als ob er auf Erden wäre".

> Sie „vertreibt wie jedes Feuer die Mächte des Bösen. So sehr rückt die Göttin ins Zentrum der Jenseitserwartung, daß sie sich allmählich geradezu neben Osiris schiebt und die Frauen der griechisch-römischen Zeit sich unmittelbar Hathor nennen."

Inschriftliche Zeugnisse sagen über die Göttin aus: „Hathor ist die Mutter der Sonne. Die Sonne reift im Schoße der Hathor heran." Sie ist ‚Himmelsherrin', ‚Genossin des Atum', ‚Trägerin der Sonnenscheibe, die auf dem Gehörn der Hathor ist'. Manche Bilder zeichnen eine Figur des jungen Sonnengottes in die Hathorsonnenscheibe hinein und deuten auf eine Sage, nach der Hathor das junge Sonnenkind auf ihren Kuhhörnern zum Himmel hob.[14] Neumann verfälscht den Charakter der Hathor grundlegend und geht so weit zu behaupten, im Bewußtsein des Frühmenschen sei das ‚Furchtbare Weibliche' eine Realität gewesen, die erst durch das männliche Prinzip des Guten verdrängt worden sei:

> „Im Laufe der späteren Entwicklung zu den patriarchalen Werten, zur Herrschaft der männlichen Licht- und Sonnengötter, wurde das Negativ-Große Weibliche verdrängt und ist nur noch als Inhalt der Vorzeit oder des Unbewußten nachzuweisen."[15]

Diese Behauptung stellt den tatsächlichen Verlauf der patriarchalen Bewußtseinsentwicklung auf den Kopf; denn dieses ‚negativ Weibliche' wurde nicht *verdrängt*, sondern im Gegenteil auf der Rückseite der ‚Entwicklung zu patriarchalen Werten' erst *produziert.* Es entstand in den Hirnen patriarchaler Mythendichter, deren Texte voller Polemik gegen die Große Göttin sind. Ohne an dieser Stelle nochmals Beweise dafür liefern zu müssen, stelle ich fest, daß mit der Durchsetzung der männlichen Licht- und Sonnengötter die Große Göttin entthront oder ihre umfassende Kraft in Teil-Aspekte zerlegt worden ist. Die patriarchale Weltdeutung hat im Laufe der Jahrtausende die umfassende Idee der kosmischen Himmelsherrin verfremdet, entstellt und uminterpretiert. Ihre schöpferischen Kräfte mußte die Göttin an den monotheistischen Vatergott abtreten.

Da seit mehr als einem Jahrhundert die matriarchalen Kulturen wieder ins Blickfeld rücken, reicht die Überzeugungskraft der Religionen nicht mehr aus, um das patriarchale Bewußtsein zu stabilisieren. Hier kommt der modernen Kulturpsychologie die Rolle einer Ersatzreligion zu mit der Aufgabe, durch tiefenpsychologische Deutung dem wiederentdeckten Mythos und dem einheitlichen, integrierenden Bewußtsein der Matriarchate jene Qualität des Unbewußten anzugeheimnissen, die eine Wiedergeburt der Göttin, eine Neuorientierung am matriarchalen Bewußtsein als Regression auf eine ‚psychologisch längst überwundene Stufe' suggerieren soll. Mit den ‚Archetypen' der modernen pseudoreligiösen psychologischen Weltdeutung werden die wirklichen *Urbilder* der Menschheit, die ganzheitlichen Symbole des matriarchalen Bewußtseins, systematisch in den Bewußtseinsschatten verdrängt.

Auch Isis, obwohl der Mythos sie als treue und liebende Gattin des Osiris überliefert, entkommt in Neumanns Buch „Die Große Mutter" nicht der Kommentierung als ‚Furchtbare Todesmutter'.[16] Isis gleicht der Hathor in vielen Zügen. Beide Göttinnen werden als ‚Mutter des Horus' verehrt. Beider kosmische Dimension ist unzweifelhaft. Beide sind hilfreiche Trösterinnen und Führerinnen durch das Reich der Toten. Neumann entstellt Isis zur Feindin des Mannes: ‚Furchtbar entmannt Isis ihre Priester'. Der geschorene Kopf ihrer Mysten ist

> „der Totenschädel, nicht nur als Symbol des Todes, sondern auch der Nachtsonne... Die Zusammengehörigkeit von Tod, Glatze, Opfer und Kastration ist für die Geweihten der Großen Mutter, von den kahlköpfig rasierten Isispriestern bis zur Tonsur der katholischen Mönche, charakteristisch."[17]

Zwar haben sich katholische Mönche wohl kaum der Großen Mutter geweiht, aber an anderer Stelle bringt Neumann diese symbolische Handlung auf einen gemeinsamen Nenner:

> „Immer ist das Haaropfer verschiedenster Gottesauffassung und Religion verbunden mit Sexualverzicht und Zölibat, d. h. mit einer symbolischen Selbstkastration."[18]

Zu viele Kultebenen sind hier miteinander vermischt. Ursprünglich wurde der Kult ausschließlich von Priesterinnen versehen, und Männer konnten an der heiligen Handlung nur teilnehmen, wenn sie Frauenkleider anzogen. Zum Liebesangebot der Göttin paßt es kaum, daß sie ihren Priestern die Kastration ‚abverlangt' hätte, und es gibt keine inschriftliche Bekundung einer solchen Forderung. Da es aber erwiesen ist, daß Männer alle Anstrengungen unternommen haben, um sich mit Frauen zu identifizieren, liegt es nahe, daß Männer sich kastriert haben, um der Frau zu gleichen. Erst patriarchales Bewußtsein spaltet die Sexualität aus dem ganzheitlichen Liebe-Erleben ab und fordert ihren Verzicht im Dienst des Vatergottes. Im Isiskult dagegen war die Liebe das zentrale Mysterium. Das ist bis in die nachchristliche Zeit belegt, als der Isiskult sich über den ganzen Mittelmeerraum ausbreitete, und der römische Dichter Apuleius ihr geweihter Priester war. Zwar forderte die Göttin in den frühen nachchristlichen Jahrhunderten ihren Priestern Gehorsam, frommen Dienst und Zurückgezogenheit ab, und außerhalb des Tempeldienstes lebten die Priester enthaltsam. Doch im Kult der Heiligen Hochzeit diente der Priester der Göttin durch die Hingabe an die Priesterin. Lassen wir das Gebet des Apuleius auf uns wirken:

„Du Heilige, du ewige Schützerin der Menschen,
die du freigebig für sie sorgst
und ihnen mütterliche Zärtlichkeit gewährst,
wenn sie im Unglück sind.
Kein Tag vergeht, ja kein Augenblick,
wo du nicht Wohltaten spendest,
wo du nicht die Menschen schützest zu Wasser und zu Lande.
Wo du nicht denen, die durch die Stürme
des Lebens verschlagen sind,
deine rettende Hand reichst.
Du besänftigst die Stürme des Schicksals,
du hältst die Bewegungen der Gestirne in deiner Hand.
Dich verehren die Himmlischen,
dir dienen die Bewohner der Unterwelt.
Du drehst den Erdkreis, erleuchtest die Sonne,
regierst das Weltall und trittst auf den Tartaros.
Dir antworten die Gestirne,
zu dir kehren die Zeiten zurück.
Dich haben die Götter gern, dir dienen die Elemente.
Durch deinen Hauch wehen die Winde, befruchten die Wolken,

sprossen die Samen und wachsen die Keime.
Vor deiner Majestät fürchten sich die Vögel, die am Himmel sind,
die wilden Tiere, die durch die Berge schweifen,
die Schlangen, die sich im Boden verstecken
und die Ungeheuer, die im Meere schwimmen.
Ich aber bin zu schwachen Geistes,
als daß ich dein Lob erzählen könnte,
und ich bin zu arm, um dir Opfer zu bringen.
Mir gebricht die reiche Fülle der Rede,
um das auszusprechen, was ich von deiner Majestät fühle.
Einen tausendfachen Mund
und tausend Zungen müßte ich dazu haben."[19]

Es bedarf wohl keines besonderen Kommentars, um deutlich zu machen, daß Apuleius, der berühmte römische Priester der Isis, seine Göttin weder als Nachthimmelgöttin noch als furchtbare Mutter erlebt hat.

Wahrscheinlich ist das im 12. unterägyptischen Gau gelegene Iseum – Isidis oppidum – die Heimat der Isis gewesen, ihr Kultzentrum in einer Zeit, als die Stämme noch unverbunden im fruchtbaren Nilland lebten. Für einen kleinen Stamm ist sie die ‚Große Herrscherin', die Verkörperung des Alls, nicht, weil sie die ganze Welt beherrscht, sondern weil das Stammesgebiet als ganze Welt gilt. Zu Anfang des vierten vorchristlichen Jahrtausends kommt der Isis-Stamm mit den Leuten von Busiris im 9. unterägyptischen Gau in Berührung. In Busiris – das heißt ‚Haus des Osiris' – dürfte der altägyptische Mythos entstanden sein, der aus dem Kult der beiden Gottheiten, den Ritualen von Tod und Wiedergeburt, jene ergreifende Liebesgeschichte erdacht hat, die Isis und Osiris zu einem unsterblichen Paar verflochten haben. Horus, ihren Sohn, hatte Isis aus Iseum mitgebracht.

Es gehört zum einheitlichen Bild der Großen Göttin mit dem Einen Sohn, daß eine der ältesten Vorstellungen des Alten Ägypten Sonne und Mond als identisch ansieht. Es gibt nur den Einen Sohn, den starken Stier seiner himmlischen Mutter, der in seinen Erscheinungen als Tages- und ‚Nachtsonne' über den Himmel wandert. Osiris vor allem ist Mondgott, aber auch die ‚Sonne der Nacht'. Der Skarabäus, der die Sonnenbarke vor sich herschiebt, geleitet auf der Nachtmeerfahrt auch das mit dem Mond beladene Schiff über den Himmel.[20] Es ist wenig bekannt, daß der Pharao nicht nur als Inkarnation des Sonnengottes verehrt worden ist, sondern auch in seiner Eigenschaft als der Mondsohn der Himmelskönigin. Noch Tut-anch-Amun wird unter dieser Doppelsymbolik verstanden. Bekannt ist das Mondpektoral – ein kostbarer Brustschmuck für besondere kultische Anlässe – den dieser König getragen hat.[21] Ein Skarabäus aus grünlichem Chalcedon schiebt die Mondbarke vor sich her, die das linke Auge, das Mondauge, die schlichte Mondsichel und den Dunkelmond trägt.

Der Mond war der ‚Stier seiner Mutter' und symbolisierte den zeugenden Impuls als Äquivalent zur schöpferischen hervorbringenden Kraft des Großen Weiblichen. Stier, Sinnbild des Geschöpflichen, Kind, das aus der Himmelsgöttin geboren wird, heranreift, mit seiner Großen Mutter sich in Liebe vereint, altert und stirbt, um von ihr wiedergeboren zu werden – das ist der Mond in Ägypten.

> „Mond, wachsend in seiner Gestalt, da er ein Kind ist, der kochende Stier auf der Höhe seiner Kraft, der kastrierte Stier, da ihm Verfinsterung wird. In zunehmender Gestalt bringt er Licht, reizt zur Begattung die Männer und macht empfangen die Weiber; er läßt gedeihen das Ei im Leibe und bläst an die Nasenlöcher mit Odem."[22]

Nicht nur die Frau ist durch ihren monatlichen Zyklus sinnfällig mit dem Mond verbunden, auch der matriarchale Mann, dessen Gefühle noch nicht verkrüppelt sind, ist emotional vom Mond ansprechbar. Eine Hymne an den Mondgott in Ur preist den Vollmond als starken Stier:

> „Kräftiger Jungstier mit dicken Hörnern,
> vollkommen an Gliedmaßen mit lazurfarbenem Barte,
> voller Kraft und Üppigkeit,
> Frucht, aus sich selbst erzeugt,
> von hohem Wuchs, herrlich anzuschaun,
> an dessen Üppigkeit man sich nicht satt sehen kann."[23]

Die Identifikation des Mondes mit dem Männlichen ist in den frühen Mythologien des Vorderen Orient die Regel und nicht die Ausnahme. Ihm gegenüber nimmt das Weibliche da und dort Sonnencharakter an, wie im phönizischen Ras-Schamrah-Mythos.[24] Die Große Göttin des Ursprungs hat kosmische Dimension. Sie ist keine Todesgöttin, sondern sie *beherrscht* den Tod. Der Mond ist ihr Geschöpf genauso wie die Sonne. Keine Ursprungsgöttin des Vorderen Orient ist mit dem Mond identisch.

Das Alte Testament ist ein Sammelbecken altorientalischer

Mondgötter, die alle längst vergessen wären, wären sie nicht als ‚Stammesväter' und ‚heilige Männer' in den Kanon der Bibel eingegangen. Tarah, der Vater Abrahams, war ebenso ein Mondgott wie Laban, der ‚Vater' der biblischen Urmütter Rahel und Lea. Der Name ‚Laban' bedeutet ‚der Weiße', und als der ‚weiße Mondgott' ist Laban im ugaritischen Mythos belegt. El, der mit Jahwe synkretistisch verschmolzen wurde, vereinte sich als der lunare Stier auf der Weide mit Ascherat, der Sonnengöttin, oder er liebte die Göttin in den Horizonten, ging in sie ein zur Neumondzeit bis zu seiner Auflösung und Unsichtbarkeit. Dann feierte alles Volk die Vereinigung der Gottheiten mit dem heiligen Sabbat. Der Tag wurde zum ‚tabu'; keine Arbeit durfte angerührt werden.[25] Die alttestamentlichen Urgötter, Jahwe nicht ausgenommen, sind alle Mondgötter gewesen. Noch in der Vorstellung der abendländischen Kunst gehen sie weißgewandet einher, weißhaarig und mit wallendem langem Bart. Auch Moses wird in allen künstlerischen Darstellungen solcherart als Mondpriester dargestellt. Nur machen wir uns nicht bewußt, daß seine weiß dahinfließende Erscheinung das Abbild des Mondes ist, der seine Bahn über den nächtlichen Himmel zieht.

Auch in der kretisch-minoischen Mythologie wird der Mond männlich aufgefaßt. Aus der Tiefe des Meeres steigt der weiße Mondstier empor, an den der Minos sein Gebet richtet.

> „Wir haben uns den kretischen Stier als Mondstier zu denken; übereinstimmend mit seiner Lichtnatur wird er schneeweiß geschildert"[26],

sagt Bachofen. Mit der Wanderung der kretisch-minoischen Kultur nach Griechenland werden die Mondgötter auch auf dem Balkan heimisch. Bachofen erwähnt genügend Beispiele dafür.[27] Seiner Ansicht nach vertritt immer die Sonne das herrschende Prinzip, der Mond hingegen das abhängige und unterworfene. So ließe sich allein aus der Gestirnssymbolik auf die gesellschaftlichen Herrschaftsverhältnisse schließen:

> „So durchaus gesetzmäßig ist der Zusammenhang, daß aus dem Vorherrschen des einen oder des andern der großen Weltkörper in dem Kulte auf die Gestaltung des Geschlechtsverhältnisses im Leben geschlossen und in einem der bedeutendsten Sitze des Monddienstes die männliche oder die weibliche Benennung des Nachtgestirns als Ausdruck der Herrschaft des Mannes oder jener der Frau aufgefaßt werden kann."[28]

Dazu sagt Erich Neumann:

„Obwohl der frühen matriarchalen Stufe häufig ein männlicher, der späteren patriarchalen ein weiblicher Mond zuzuordnen ist, wäre die Behauptung, die männliche Symbolik des Mondes werde später von einer weiblichen abgelöst, eine zu große Vereinfachung."[29]

Bachofens vereinfachtes System läßt sich vor allem auf die ägyptische Mythologie nicht anwenden, wo Sonne *und* Mond männlich gewesen sind. Überall, wo die gesamte geschaffene Welt männlich aufgefaßt worden ist, das schöpferische Prinzip dagegen weiblich, sollten folgerichtig beide – Sonne und Mond – männlich sein. Im prähellenischen Griechenland begegnet uns jedoch Basileia, die Himmelskönigin, als Mutter des männlichen Sonnengottes Helios und der weiblichen Mondgöttin Selene. In Homers Überarbeitung ist eine kuhäugige Göttin die Mutter der beiden.

„An diesem frühen griechischen Mythos ist die Unterordnung der Sonne unter den Mond interessant"[30], –

ein Beweis, daß die Sonne keineswegs seit Anbeginn das herrschende Geschlecht repräsentiert. Die Basileia verschmilzt später mit Rhea zu Rhea-Basileia, die auch bei Bachofen erwähnt wird.[31] Hera und Demeter gehen ebenfalls synkretistische Verbindungen mit der Basileia ein.[32] Wer allzu voreilig generalisiert, verstrickt sich leicht in Widersprüche. Isis, die durch die Begegnung mit der griechischen Welt zur Mondgöttin wird, verkörperte zuvor nicht die Sonne, sondern die umfassende Kraft. Mit der Wandlung der Isis zur Mondsichelmadonna ging eine Einschränkung ihres Wesens einher.

Als Herodot, der griechische Schriftsteller, um die Mitte des 5. Jahrhunderts v. Chr. Ägypten besuchte, verwechselte er die ägyptische Isis mit der griechischen Mondgöttin Selene. In den Reiseberichten Herodots erschien Isis zum ersten Mal als ‚Mondgöttin' – lediglich ein Mißverständnis, die Fehlinterpretation eines Reiseschriftstellers. Herodot vermittelte seinem griechischen Heimatland das Bild einer Göttin, die er unzulässig an die Vorstellung der griechischen Götterwelt angepaßt hatte. Dabei wäre es auch geblieben, wenn Ägypten nicht 332 v. Chr. ein Teil des griechischen Großreiches geworden wäre. Nach dem Tode Alexanders des Großen übernahmen die makedonischen Ptolemäer die Herrschaft über Ägypten. Zwar hat selten ein Land seine Kultur trotz wechselnder Fremdherrschaft so relativ ungestört erhalten wie Ägypten, aber Isis wanderte nun nach Griechenland und eroberte den gesamten Mittelmeerraum. Die Übersetzung des Mythos von Isis und Osiris durch Plutarch um 100 n. Chr. trug das Ihre dazu bei, daß Isis in Griechenland endgültig zur ‚Mondin' wurde. Denn Plutarch hielt sich an die Auffassung Herodots und stellte Isis der Selene gleich. Für die Griechen bestand kein Anlaß, an der Identität der Isis mit Selene zu zweifeln. Ist es doch um vieles einfacher, eine fremde Kultur mit den eigenen, vertrauten Vorstellungen zu verbinden, als sich in fremde Welten hineinzudenken. Dazu hatte im Bewußtsein der Griechen neben dem olympischen Zeus eine kosmische Isis keinen Platz. So wurde Isis zur Mondgöttin und zum Inbegriff dessen, was patriarchales Bewußtsein mit ‚Weiblichkeit' identifiziert. Isis besaß nun ausschließlich den Charakter der treu liebenden Gattin und Mutter, Qualitäten, die sie im Alten Ägypten neben ihrer umgreifend schöpferischen Kraft zwar auch besessen hatte; jetzt aber wurde sie auf die Ehefrau- und Mutterfunktionen reduziert. Das war der Anfang vom Ende der matriarchalen Religionen im abendländischen Kulturraum. Zwar breitete sich der Kult der Isis gerade jetzt im ganzen Mittelmeerraum aus; aber – auf die Mondin reduziert – gehörte ihr nur der ‚halbe Himmel', während der Sonnengott Apoll den Siegeszug des patriarchalen Lichtprinzips antrat. Die Römer brachten den Kult der Göttin sogar bis ins nördliche Europa. Um 200 n. Chr. genießt Isis am Rhein kultische Verehrung.

> „Kleine Bronzefiguren der ägyptischen Götter sind wiederholt auf rheinischem Boden gefunden worden. Den merkwürdigsten Beleg aber hat uns doch die St. Ursulakirche in Köln bewahrt, eine kleine Statue der unbesiegten Isis, die im Mittelalter zu einem ihrer Säulenkapitelle verarbeitet war. Und wenn sich unweit dieser Kirche das Grab eines Ägypters, des Horus, des Sohnes des Pabek, gefunden hat, so fragt man sich unwillkürlich, ob dieser Mann mit ägyptischem Namen, der vom Nil zum Rhein verschlagen ist, nicht etwa ein Priester der ägyptischen Göttin gewesen ist. Der Isisglaube hat überall in Europa geherrscht, und bis zum Ende des zweiten Jahrhunderts ist seine Macht noch immer im Wachsen gewesen... Noch im vierten Jahrhundert begegnen wir einem Alemannenfürsten Mederich, der aus Eifer für den Serapis (der mit dem Apis-Stier identische Osiris) seinen Sohn Serapion nannte."[33]

Isis scheint die Wandlung zur Mondgöttin nicht überall unzweideutig vollzogen zu haben. Im Römisch-Germanischen Museum in Köln – wo jetzt auch die erwähnte Isis-Statue aus St. Ursula zu besichtigen ist – befindet sich ein erst in jüngster Zeit ausgegrabener Sockel eines Isis-Standbildes, der die Gestalt eines Stieres hat. Eine Mondsichel ist in seine Flanken eingeritzt. Die Göttin in Begleitung des Apis-Stieres verkörpert noch immer die kosmische Isis mit ihrem Mond-Sohn-Geliebten in Gestalt eines Stieres. Vergleichbare Kultbilder sind in Ägypten häufig anzutreffen, und Bachofen meint dazu:

> „Nicht ohne Bedeutung ist die Stellung des Mondzeichens auf dem Leibe des Tieres. Durch den Leib wird die stoffliche, rein physische Seite der Existenz hervorgehoben, und eben diese ist es, welche der Mond begründet und fördert"[34],

– eine Interpretation, die patriarchales, dualistisches Denken in die Ebene des matriarchalen Bewußtseins transponiert. Die Trennung des stofflichen Prinzips von der kosmischen Kraft wird durch die matriarchale Kultpraxis eindeutig widerlegt.

Der Isis-Kult gelangte schließlich bis nach England.[35] Aber in der Abgrenzung gegen das apollinische Sonnenprinzip verlagerte sich der Charakter der Göttin immer eindeutiger auf das Wesen der Mondin. Durch den Herrschaftsanspruch des biblischen Vatergottes wurde die kosmische Idee weiblicher schöpferischer Kraft endgültig unterworfen. In der Begegnung mit dem Christentum verschmolz Isis mit der Christusmutter Maria zur Mondsichelmadonna. Viele Züge der ägyptischen Isis flossen in die Marienverehrung ein. So entstammt der Text der Lauritanischen Litanei einer Isishymne. „Die Bezeichnung der Maria als ‚Gottesgebärerin' – Theotokos – ist zuerst in Ägypten geprägt worden."[36] Die uralte religiöse Vorstellung der Ägypter von der stillenden Himmelsgöttin, die ihren Kindern mit der göttlichen Milch die Weisheit der Welt einflößt, verkümmerte zum Bild der stillenden Gottesmutter, der ‚Madonna lactans', die ihrem Kind nur noch irdische Nahrung zu geben hat.

Das Christentum breitete sich neben den Volksreligionen aus. Noch zwang es niemanden zur Entscheidung. Zwischen 200 und 400 n. Chr. fanden sich christliche und ‚heidnische' Symbole als Grabbeigaben zuweilen in der gleichen Grabstätte. Die Angleichung der Darstellung der Isis und der Maria ging so weit, daß viele vermutlich gar nicht wußten, ob sie die mütterliche Isis mit dem Horusknaben oder die Jungfrau Maria mit dem Jesuskind anbeteten.

Selbst dem Bewußtsein moderner Frauen ist die kosmische Weisheitsgöttin verlorengegangen und hinter das Bild der Mondgöttin zurückgetreten. Eine Mondgöttin hat sich vor allem im griechischen Mythos herausgebildet, der dem abendländischen patriarchalen Bewußtsein besonders nahe steht.

In ihrem Buch „Mond Mond" führt uns Anne Kent Rush den unerschöpflichen Reichtum weiblicher Symbolik und die unzähligen Ursprungsgöttinnen der Menschheit vor Augen. Zwar erwähnt sie, „daß die Mondgöttin ziemlich spät in der Mythologie erschien und daß ihr ein männlicher Mondgott vorausging"[37]; aber sie beschreibt alle Weisheitsgöttinnen, alle Himmelsherrinnen, diese Schöpferinnen der Welt und Ursprungsmütter der Menschheit als ‚Mondgöttinnen'. Sogar Hathor, die im ägyptischen Mythos unzweideutig die Große Herrin des Himmels und die Mutter der Sonne ist, erscheint bei ihr als ‚Mondin'.[38] Dagegen sagt Heide Göttner-Abendroth: „Sinnigerweise trägt Hathor zwischen ihren Kuhhörnern die Sonnenscheibe, das Zeichen ihres Lieblings"[39], des Sonnengottes Hor/Horus. Es ist absolut falsch, Hathor mit dem Mond zu identifizieren. Alle inschriftlichen Texte bezeugen eindeutig, daß die Scheibe zwischen den Kuhhörnern der Hathor, die Sonne symbolisiert. Die Hörner der Göttin sind keine Mondhörner. Wer genau hinschaut, wird entdecken, daß die Mondhörner in der ägyptischen Symbolik eine unverwechselbare Form haben. Sie sind eindeutig der Mondsichel nachgeahmt und zieren den männlichen Mondgott, während die Kuhhörner der Hathor nach außen gebogen sind.

Auch sprachliche Zusammenhänge erlauben den Einblick in den kulturgeschichtlichen Wandel vom matriarchalen zum patriarchalen Bewußtsein.

Erich Neumann weist darauf hin, daß die Sprachforschung versuche, die Wurzeln von ‚Mond' und ‚Geist' voneinander zu trennen. Tatsächlich geht die Mond-Wurzel ‚men', zu der Monat gleich mensis gehört, auf die Sanskritwurzel mas zurück, während die Wurzel ‚menos', zu der lateinisch ‚mens' und englisch ‚mind' gehören, von der Sanskritwurzel manas abgeleitet ist. Neumann sieht es als begründet an, daß beide Wurzeln zusammengehören und schließt auf eine

> „archetypische Wurzel der Bedeutungen", den „Mond-Geist, der sich in allen diesen sprachlichen Verzweigungen ausdrückt und sich uns so in seiner Wesenheit und Urbedeutung offenbart."[40]

Aller Geist wird durch diese Interpretation von Anfang an durch das männliche Prinzip vertreten. Zwar tritt der Geist noch nicht in der Klarheit des Sonnenbewußtseins in Erscheinung, sondern mehr als

> „Einfall, einer ursprünglichen Geisttätigkeit des Unbewußten", die „wahrscheinlich die ursprüngliche Form des Auftauchens des Geistes im Menschen überhaupt" sei.[41]

Neumann nennt diesen Mond-Geist den patriarchalen Uroboros. Wo Begriffe, die von der patriarchalen Wissenschaft getrennt betrachtet werden, ihren ursprünglichen Bedeutungszusammenhang wiedergewinnen, sollte das matriarchale Bewußtsein zutreffendere Erklärungen anbieten.

Zwei Priesterkönige des Altertums tragen bedeutungsvolle Namen, die mit der Geist-Wurzel ‚menos' scheinbar zusammenhängen, der ägyptische Menes und der kretische Minos. Das dazugehörige Verb bedeutet aber ‚bleiben'. Menes/Minos hat mit ‚Geist' noch nicht unmittelbar zu tun. Beide Könige sind Inkarnationen des Mondgottes, sie verkörpern den Mond in seinem Kommen und Gehen, den durch alle Verwandlungen und Tode hindurch ewig Bleibenden. ‚Geist/menos' und ‚Mond/men' treten sinngemäß zusammen zu dem Prinzip des ‚Sohnes' der Großen Göttin.

In dem ursprünglichen Begriff für die Große Göttin, die als Weisheitsgöttin am Anfang der Schöpfung steht, haben nun aber auch Geist und Mond ihre gemeinsame Sprachwurzel.[42] Es ist die Sanskrit-Wurzel mati-h, von der beide Wörter abstammen. Der Begriff ‚mati-h' verfügt über den gleichen Konsonantenstamm wie die Wurzel ‚M.t.', von der die matriarchalen Ursprungsgöttinnen ihre Namen herleiten. Die Weisheit gleich ‚M.t.' begegnet uns im griechischen Mythos als Metis, die die Göttin der Weisheit war, in Unterägypten als Ma'at, die Herrscherin über die Weltordnung. In Oberägypten ist Mut die „Mutter der Mütter, die gebar, ohne daß sie geboren wurde".[43]

mati-h
M.t.
Metis – Ma'at – Mut
das schöpferische Göttinnenprinzip
Weisheit,
Klugheit,
Weltenplan
Gedanke
Absicht
das innewohnende Ordnungsprinzip

Menes – Minos
das Sohn-Prinzip des Geschaffenen
bleiben

manas	mas
menos mens	mensis men
Geist Sinn	Monat Mond
denken, beabsichtigen	Maß
meditieren	messen
im Sinn haben	
träumen	

Die Göttinnen der Weisheit, der Weltordnung und der klugen Lebensregeln stehen religionsgeschichtlich genauso am Anfang, wie mati-h die am weitesten zurückreichende Sprachwurzel ist. Durch ‚M.t.' gleich ‚mati-h' wird letztlich die geistige Kraft repräsentiert, die allein Schöpfungsgeschehen in Gang gesetzt hat und die geschaffene Welt im Innersten zusammenhält. In dem übergreifenden Sanskritwort ‚mati-h' bildet die personifizierte Allmutter/Urgöttin mit der abstrakten Idee weltschöpferischer Weisheit eine noch ungespaltene Einheit. Die Metis ist von Nordafrika nach Griechenland gekommen, wo sie vom ‚Göttervater' Zeus kurzerhand aufgefressen wurde, womit die Weisheit zur Eigenschaft des Gottes geworden war. Genauso wird die alttestamentliche Weisheit als ‚Tochter des Gottes' aufgefaßt. Doch ihre ursprüngliche souveräne Selbständigkeit spricht noch aus den Bibeltexten, wenn die Weisheit von sich sagt:

„Ich schwebte über der ganzen Erde wie die Wolken. Ich wandelte allein allenthalben, so weit der Himmel ist und so tief der Abgrund ist, allenthalben im Meer und allenthalben auf Erden... Vor der Welt, von Anfang bin ich geschaffen und werde bleiben ewiglich."[44]

Männlichem Forschergeist erscheinen die Dinge nur dann hinreichend erklärt, wenn sie analysiert und aufgespalten sind. Daher zerlegt die ägyptologische Wissenschaft die Ma'at in ein abstraktes ‚Prinzip' einerseits, das sie – um den Begriff ‚Weisheit' ausdrücklich zu vermeiden – mit dem ungeschickten Begriff ‚Richtigkeit' wiedergibt. Andererseits ist die Ma'at eine Göttin, die ‚Tochter des Re', womit ihre durch patriarchale theologische Spekulation entstandene Stellung festgeschrieben wird.

Diesem patriarchalen zerlegenden Bewußtsein entspricht es, den Mond, das ursprüngliche Symbol matriarchaler Männlichkeit, von seiner Mutter, der Weisheit, zu trennen. Ihre gemeinsame Sprachwurzel mati-h zeigt aber, daß im matriarchalen Bewußtsein die Dichotomie zwischen dem männlichen und dem weiblichen Prinzip nicht existiert hat. Der Mond, Sohn-Geliebter der Großen Göttin und ihr Geschöpf, Gehilfe ihrer Weisheit, ‚Instrument' ihrer Zeitrechnung, kosmisches Kalendersymbol, ist ein integrierender Bestandteil ihres Wesens, wie alle Schöpfung göttinnengleich ist, eingebunden in die umfassende Idee matriarchaler Eroskraft.

Erich Neumann erklärt die Mondmythologie aus seinen Erfahrungen in der therapeutischen Praxis – und das heißt immer: er projiziert das kollektive Unbewußte der modernen abendländischen Menschheit in die Vergangenheit. Den Mond, der im matriarchalen Mythos der Sohn-Geliebte der Göttin gewesen ist, faßt Erich Neumann als den ‚Vergewaltiger' der Frauen auf:

„Der Mond ist der Herr des weiblichen Lebens in seiner Eigentlichkeit, das mit dem Eintreten der Menstruation, der monatlichen Blutung, beginnt. Die Menstruation aber wird durch den Mond verursacht, der die Frau vergewaltigt und gewissermaßen ‚seelisch defloriert'... und das Mädchen wird von der Gottheit her zum Weib."[45]

Da Neumann die patriarchale Begrifflichkeit des Wortes ‚Herr' in das matriarchale Bewußtsein projiziert, kommt es zu erheblichen Fehlinterpretationen. Wenn der Mond in matriarchalen Kulttexten der ‚Herr der Frauen' heißt, wird das männliche

Prinzip angesprochen, das im Mysterium der Heiligen Hochzeit zu seiner Erfüllung kommt. Kein matriarchaler ‚Herr' hat gegenüber dem weiblichen Prinzip die aktive, beherrschende und dirigierende Funktion erfüllt, die Erich Neumann dem Mond als dem ‚Herrn der Frauen' zuschreibt.

Passiv abwartend sei die Frau auf den Impuls angewiesen, der vom Mond als ihrem Herrn ausgeht, günstige und ungünstige Zeit ansagt.

> „In verblüffender Konsequenz wird die Aktivität des Weiblichen von der des Mondes überstrahlt, denn der Mond tritt hier auf als Spinner und Weber, als der Herr des Backens, des Töpferns und der Flechterei, als Erfinder der Kleidung und des Körperschmucks und erweist sich auch hier als der Herr des weiblichen Lebens."[46]

Leider gibt Neumann keine Quelle an, aus der er das schließt.

Die patriarchale Philosophie der hierarchischen Geschlechtsordnung läßt die Vorstellung einer herrschaftsfreien Begegnung zwischen dem männlichen und dem weiblichen Prinzip nicht zu. In ihrer unbewußten Tiefenschicht – sagt Neumann – begegne jede Frau dem numinosen Mond-Gott, dem Herrn ihrer Gefühle. Er ruhe in der „Animus-Geist-Schicht, mit der das Weibliche in urtümlicher Weise verbunden" sei.

> „In ihm ist das Männliche transpersonal und numinos, es hat göttlichen, dämonischen und gottmenschlichen Charakter und stellt eine Art Natur-Geist dar, der in keiner Weise rationalisierbar und bewußtseinsnah ist, sondern in dem das Gefühlsmäßig-Emotionale, das Dämonische, Musikalisch-Wortlose und Erotische dominiert. Diese Animus-Welt findet man überall da, wo das Weibliche träumt, wünscht, phantasiert und innerlich bei sich ist."[47] „Es wäre falsch, ... diese Mond-Welt nur negativ zu sehen"[48], „weil nicht das Bewußtsein, sondern das Unbewußte schöpferisch" sei.[49]

Nicht die matriarchale Welt der Seele wird durch die Analytische Psychologie wiederbelebt, sondern ihr patriarchal pervertiertes Gegenbild. Innig umfängt Isis ihren Mond-Geliebten Osiris, ihren ‚Liebling', ihren ‚Augenstern', das ‚linke' Himmelsauge, und die Hieroglyphe für ‚Osiris' wird mit einem Auge geschrieben, das in der Isis-Hieroglyphe ruht. Bei Neumann begegnet die ‚Frau dem Mondgott', dem ‚Herrn ihrer Gefühle' – der Gott kommuniziert mit einer menschlichen Frauenseele – eine Entstellung des matriarchalen Weltbildes, die nicht gerade originär ist.

Die matriarchale Gesellschaftspraxis bietet ein anderes Bild: Frauen *und* Männer ließen sich vom Mondlicht bezaubern. Das eben war *die entscheidend andere Erlebnisweise des matriarchalen Bewußtseins, daß auch Männer an die Eros-Kräfte des Lebens angeschlossen waren.* Männer *und* Frauen beteiligten sich an den Mondritualen. Beide Geschlechter vertrauten sich der Wirkungsmacht des Vollmondes an, steigerten ihre Gefühle gemeinsam zu höchster Ekstase. Der Mond erregte nicht allein Körper und Seele. Die zerstörerische Spaltung, die den Mond und die Nacht dem Unbewußten zuordnet, Sonne und Tag dagegen dem Bewußtsein, war dem matriarchalen Empfinden fremd. Erst das patriarchale Weltbild trennt den Kopf vom Herzen, den Geist vom Gefühl und macht den Menschen durch diese willkürliche und letztlich un-menschliche Aufspaltung krank. Matriarchale Menschen ließen sich vom Mond ganzheitlich ergreifen. Am Mond erlebten die Menschen beides: exakt meßbare Daten und intuitiv erfahrbare Rhythmen. Beide Erlebnisweisen waren wichtig und ergänzten einander. Es gab keine Hierarchie zwischen logischem Denken und intuitiver Erfahrung. Das matriarchale Bewußtsein lebte im Spannungsfeld aller seiner Möglichkeiten. Es ließ die Vielfalt zu, weil die Schöpfung, das Werk der kosmischen Göttin, voller Vielfalt ist.

Mag sein, daß sich im *patriarchalen* Bewußtsein moderner Frauen ein Herrschaft beanspruchender Mond-Geist, der ‚patriarchale Uroboros' nachweisen läßt. Dieses kollektivpsychologische Sediment erreicht aber nicht die matriarchale Tiefenschicht in der Seele der Frau. Dort findet sich kein ‚die Frauen beherrschender Mondgott'. Auf der Suche nach ihrem Selbst greifen Frauen eher auf die Mondgöttinnenmythologie zurück. In *ihr* finden sie einen direkten Zugang zu den Impulsen, die von der kosmischen Weisheit der Großen Göttin herrühren. Wenn die moderne Frau darüber reflektiert, daß sie im Mondphasenrhythmus menstruiert, weiß sie sich im Einklang mit der Mond*göttin.*

Da der Geist und das Bewußtsein in der patriarchalen Wertehierarchie an oberster Stelle stehen, muß der Mann sich konsequenterweise von Gefühlen, die das Licht des Mondes in ihm auslösen könnte, distanzieren. Die patriarchale Denknorm verlangt, daß in jeder Knabenerziehung die emotionale Komponente durch systematisch einschränkende, rigide Erziehungsmethoden verdrängt werden. Folglich lagert sich die Gefühlswelt als ungelebter Anspruch in jeder männlichen Psyche an, wird zu einem unbewußten Persönlichkeitsanteil, den die Analytische Psychologie die ‚Anima des Mannes' nennt. Erst wenn die gründliche Verdrängung der ‚weiblichen Persönlichkeitsanteile' bei der Erziehung des Knaben gelungen ist, kann erwartet werden, daß er sich zu einem ‚normalen' Menschen entwickelt. Der patriarchale Mann muß dieses Erziehungsideal mit einer tiefgreifenden Verarmung seiner Beziehungsfähigkeit erkaufen. Neumann stellt fest,

> der ‚Normalmensch' müsse „seine Anpassung an das Leben der abendländischen Kultur weitgehend mit seinem Unschöpferischwerden bezahlen."[50]

Andererseits scheint Neumann den Vorteil dieser psychischen Verarmung des Mannes darin zu sehen, daß sie ihm den Kontakt mit der Frau erst *ermögliche.* Er sagt:

> „In der Normalentwicklung gerät die ‚weibliche Komponente' des Mannes weitgehend in die Verdrängung und trägt zur Konstellation der Anima bei, welche, auf die Frau projiziert, den Kontakt mit ihr ermöglicht."[51]

Es ist eine sehr fragwürdige Kontaktfähigkeit, zu deren Voraussetzung krankmachende Verdrängung und neurotische Projektionsmechanismen gehören.

Der Künstler indessen ist in der Lage, sich seiner Anima zu entäußern, er schöpft aus seinem ‚weiblichen Unbewußten', das seine Kreativität befruchtet.

> „Seine erhaltene weibliche Komponente äußert sich in seiner höhergradigen ‚Empfänglichkeit', Sensibilität und in der stärkeren Betonung des ‚matriarchalen Bewußtseins' in seinem Leben, die in den inneren ‚Gebär'- und Gestaltungsprozessen zum Ausdruck kommen, welche sein Schöpferischsein wesensmäßig bestimmen."[52]

So geschieht es, daß ein Dichter seine Angerührtheit vom Licht des vollen Mondes in wahrhaft matriarchaler Weise zum Ausdruck bringen kann, während sein Ich und sein Bewußtsein an die patriarchale Denknorm angepaßt bleiben:

> „Füllest wieder Busch und Tal
> still mit Nebelglanz,
> lösest endlich auch einmal
> meine Seele ganz."

heißt es in Goethes „Lied an den Mond". Ist aber der Künstler, der mit seiner Gestalt gewordenen ‚Anima' Frauen anspricht, in der Lage, mehr zu aktualisieren als Faszination, schöne Täuschung und liebliche Illusion? Wird der Mann, dessen ungelebtes Leben als ‚Anima' mit dem Bewußtsein einer Frau in Kontakt tritt, wirklich tiefgreifend beziehungsfähig? Die meisten Künstlerbiographien zerstören diese Hoffnung.

Wenn sich der patriarchale Mann um eine Kommunikation mit seinem Unbewußten, mit der verdrängten weiblichen Welt seiner Psyche bemüht, ist er ängstlich besorgt um seine ‚Männlichkeit', die dabei nicht aufs Spiel gesetzt werden darf. Die ‚Kommunikation mit seinem Unbewußten' erreicht nur die Schicht der patriarchalen Anima. Dort begegnet er immer wieder nur Teil-Aspekten des Weiblichen, den ‚Archetypen', die ihn faszinieren oder bedrohen. Das Urbild ganzheitlicher Weiblichkeit, die erlösende Kraft der Seele – die ich in Anlehnung an die Jung'sche Terminologie versuchsweise ‚matriarchale Anima' nennen will, bleibt im Bewußtseinsschatten. Der therapeutische Ansatz, den die Analytische Psychologie anbietet, wenn sie von einer Verbindung des männlichen Bewußtseins mit seiner Anima spricht, führt lediglich zu einer Aufwertung des patriarchalen Ich. Der patriarchale Machtanspruch jedoch wird nicht in Frage gestellt. Die Re-Integration der abgespaltenen patriarchalen Psyche in das ganzheitliche, matriarchale Bewußtsein ist dem modernen Menschen unvorstellbar.

Unter den Bedingungen der Patriarchatspsychologie ist eine echte Beziehung zwischen Mann und Frau – zwischen Menschen überhaupt, ebenso wie zwischen Mensch und Natur – unerreichbar. Denn die hierarchische Überordnung des männlichen Ich-Bewußtseins über das ‚weibliche Unbewußte' bleibt unhinterfragt bestehen. Die Aufwertung des Unbewußten erfüllt psychologisch den gleichen Zweck wie politisch gesehen das Lob für die hinter den Kriegsfronten freiwillig arbeitenden Krankenschwestern: Frauen für den Einsatz im Dienst patriarchaler Macht willfährig zu machen. Unter allen Umständen behauptet die Analytische Psychologie den Herrschaftsanspruch des Männlichen gegenüber dem Weiblichen, ob der Mondgott die Menschenfrau vergewaltigt und ihr gesamtes Leben und Tun beherrscht, oder ob der apollinische Sonnengott über die Mondgöttin dominiert. Neumann sagt:

„Die späte astronomische Erkenntnis von der Abhängigkeit des Mondes von der Sonne wird Ausdruck und Symbol des erniedrigten Mondes in der patriarchalen Welt, in welcher

Sonne und Tag ebenso wie das menschliche Bewußtsein in seiner männlichen Ausprägung die Herrschaft angetreten haben. Hier ist der Mond weiblich und die Sonne männlich, aber gleichzeitig ist dieses Männlich-Sonnenhafte das Schöpferisch-Licht-Gebende, das Weiblich-Mondhafte aber das Empfangend-Licht-Borgende und Abhängige. Auch die vielen Identifizierungen weiblicher Göttinnen mit dem Mond, zum Beispiel im Hellenismus, sind Ausdruck dieser patriarchalen Umwertung."[53]

Wenn Frauen heute die Große Göttin in Gestalt der Mondin suchen, greifen sie auf die hellenistische Mythologie zurück. Erst spät, mit der großen Dorischen Einwanderung zwischen 1100 und 900 v. Chr. lösten Mondgöttinnen die kretisch-mykenischen Mondgötter ab. Erst in der patriarchalen Überarbeitung der Mythen seit Homer wichen die ursprünglichen matriarchalen Kosmologien den Bildern von einer geteilten Welt. Unter der patriarchalen Mythenredaktion wurden ursprünglich kosmische Göttinnen wie Artemis oder Hera oder die altitalische Diana mit dem Mond in Verbindung gebracht. In der hellenistischen Zeit wurde selbst „Athena, die eulenäugige, mit dem Mond gleichgesetzt"[54]; denn mit dem Adjektiv ‚glaukos' (blau/strahlend/eulenäugig) bezeichnete man ebenso Athene wie den Mond.

Wenn auch der Apollinische Geist die umfassende kosmische Göttin auf den Mond reduziert hat, haben doch die griechischen Frauen diese Abwertung kühn ignoriert und genial kompensiert. Während in der jüdischen Mythologie die matriarchalen Elemente radikal umgedeutet und die Göttinnen brutal verfolgt und ausgerottet wurden, hatten die griechischen Frauen die Möglichkeit, alle kosmische Seins-Vollmacht der Großen Göttin auf die Mondin zu konzentrieren. Für das weibliche Bewußtsein war die Mondgöttin kaum eine ‚Erscheinungsform des erniedrigten Mondes'. Und mit dem Siegeszug der Isis durch ganz Europa erfuhr sich das Weibliche noch einmal emporgehoben und bestätigt. Trotzdem forderte das patriarchale Weltbild auch noch den letzten Tribut: Die rigorose, unumwundene Eroberung des ganzen Himmels durch den alleinherrschenden Vatergott.

„Die zweite Hälfte des Himmels, die weibliche Seite, das Yin, die Mondin"[55] wird uns heute von Männern, die sich selbst als ‚frauenfreundlich' einschätzen, gern zugebilligt. Sie gehen sogar noch weiter und erkennen an, daß von einem Systemwandel womöglich das Überleben der Menschheit abhängt.[56] Sie finden es legitim und fortschrittlich, wenn der Frau bei dieser Veränderung die ‚andere Hälfte des Himmels' zufällt. Wenn ihnen nur der Tageshimmel bleibt, die männliche und also die Herr-liche Seite, das Yang und die Sonne.

Die furchtbare Mutter

„Aus Ungeheuern besteht die Nachtseite des furchtbaren Mütterlichen, sei es in Ägypten oder Indien, Mexiko oder Etrurien, Bali oder Rom. Aus den Mythologien und Märchen aller Völker, Zeiten und Länder starren uns die Hexen und Vampire, Ghulen und Gespenster bis hinein in die Angstträume unserer eigenen Nächte in furchterregender Gleichartigkeit unheimlich entgegen... Die Menschheit erfährt Tod und Abgrund, Gefahr und Not, Hunger und Schutzlosigkeit als Preisgegebensein an die dunkle und furchtbare Mutter. So wird der Schoß der Erde zum tödlich zerreißenden Maul der Unterwelt, und neben dem zu befruchtenden Schoß und der schützenden Höhle der Erde und des Berges klafft der Abgrund und die Hölle, das dunkle Loch der Tiefe, der fressende Schoß des Grabes und des Todes, der lichtlosen Dunkelheit und des Nichts. Denn dieses Weib, welches das Leben und alles Lebendige gebiert, ist zugleich auch die alles wieder Fressende und in sich Einschlingende, die ihre Opfer jagt und mit Schlinge und Netz einfängt. Krankheit, Hunger und Not, vor allem aber der Krieg, sind ihre Gehilfen, und die Kriegs- und Jagdgöttinnen aller Völker sind der Ausdruck dafür, wie die Menschheit das Leben als blutforderndes Weibliches erlebt. Dieses furchtbare Weibliche ist die gierige Erde, welche ihre eigenen Kinder frißt und sich mit ihren Leichen mästet, der Totengeier und der Sarg, der fleischfressende Sarkophag, dessen zähnefletschendes Erdmaul gierig den Blut-Samen der Menschen und Tiere aufleckt, von dem befruchtet und an dem gesättigt es wieder neue Geburt auswirft zum Tode und immer wieder zum Tode.“[1]

Ohne Zweifel starren uns aus den Mythen und Märchen der Weltliteratur diese Hexen und Vampire, diese furchtbaren Rachegöttinnen und Unholdinnen in überwältigender Zahl entgegen. Dabei erhebt sich die Frage, welche furchtbaren Erfahrungen mit ‚dem Weiblichen‘ im allgemeinen oder mit der individuellen Frau im besonderen den Niederschlag dieser weiblichen

Schreckgespenster veranlaßt haben. Auch Erich Neumann geht auf dieses Problem ein:

„Angst, Grauen und Furcht vor der Gefahr, die das Große Weibliche bedeutet, sind nicht von faktisch-augenfälligen Eigenschaften dieses Weiblichen ableitbar. Wenn wir aber diese negativ psychischen Reaktionen so häufig auf die Furchtbare Mutter bezogen finden, müssen wir uns fragen, worauf diese Urangst der Menschheit beruht, und wie sie zu interpretieren sei."[2]

Erich Neumann geht davon aus, daß ein wesentlicher Teil des kollektiven Unbewußten durch den ‚Archetyp der furchtbaren Mutter' vertreten sei. Sowohl die Psyche des ‚Einzelmenschen' wie die der Menschheit als Kollektiv seien durch dieses ‚archetypische Stadium' bestimmt. Gegenüber dem menschlichen Bewußtsein, das sich als ‚männlich' erfahre, vertrete das ‚Mütterlich-Weibliche' die Instanz des ‚Unbewußten', das einer um Bewußtwerdung ringenden Menschheit als Inbegriff des ‚Furchtbaren' erscheinen muß. Im Laufe der Bewußtseinsentwicklung kommt es zum

„heroischen Kampf des Helden gegen die Große Mutter. Da die Herauslösung dieses männlichen Bewußtseins aus dem weiblich-mütterlichen Unbewußten ein schwerer und leidensreicher Kampfweg der Menschheit ist, wird es verständlich, daß und warum der negative Elementcharakter des Weiblichen nicht etwa einem Angstkomplex der ‚Männer' entstammt, sondern einer archetypischen Erfahrung der gesamten mann-weiblichen Menschheit Ausdruck gibt."[3]

Mit der Schutzbehauptung, es handle sich um ‚eine Erfahrung der gesamten mann-weiblichen Menschheit', lenkt Neumann ab von der naheliegenden Vermutung, alle diese Gestalten der ‚Furchtbaren Mutter' in Mythos und Märchen ließen sich schließlich auf einen Angstkomplex ‚der' Männer zurückführen. Nach Neumanns eigener Auffassung hat das Bewußtsein der gesamten mann-weiblichen Menschheit männlichen Charakter. Ein *männliches* Helden-Ich führte den heroischen Kampf gegen die Große Mutter, der ein ‚schwerer und leidensreicher Kampfweg' war. Es gibt sowohl mythengeschichtliche wie historische Beweise dafür, daß die Angst des patriarchalen Männer-Ichs vor dem Weiblichen mit der Durchsetzung patriarchaler Kult- und Gesellschaftspraxis unmittelbar zusammenhängt.

Seit Bachofen wird die Orestie als *das* klassische Beispiel für den Sieg des Vaterprinzips angeführt: Orest, des Mordes an seiner Mutter Klytaimnestra angeklagt, wird von einem ‚Göttergericht' freigesprochen mit der Begründung, nicht mit der Mutter, sondern mit dem Vater sei der Sohn blutsverwandt. Den Ausschlag für diesen Freispruch gibt ‚die allem Männlichen holde Athene'. Orest aber wird von den Erinnyen verfolgt und verfällt dem Wahnsinn.

Dieser Mythos, der die Legalität der patrilinearen Erbfolge gegenüber der gewohnten matrilinearen theologisch zu begründen sucht, wird von der Analytischen Psychologie als Metapher aufgefaßt und als „weltgeschichtliche Befreiungstat des männlichen Logos"[4] gepriesen. Nicht patriarchaler Logos siegt mit dem Freispruch des Orest, sondern patriarchale Gesellschaftspraxis.

Im übrigen hat ‚dieser Mythos' seine eigene Entwicklungsgeschichte, die für die Frage, *wann* sich patriarchale Gesellschaftspraxis in Griechenland endgültig durchgesetzt hat, nicht unbedeutend ist. Homer nämlich wußte noch nichts von diesem ‚Muttermord' zu erzählen.[5] Erst spätere Mythenerzähler erfanden diese grausige Geschichte. Ließ sich doch nun behaupten, das Vorrecht des Vaters sei durch den ‚Spruch der Götter' legalisiert. Aber kein Götterspruch vermochte das Gefühl der Schuld zu besänftigen. Wer das Recht der Mütter brach, verletzte ein unüberwindliches Tabu.

Der Zusammenhang zwischen Muttermord, für den es keine Gnade gibt, und dem ‚Angstkomplex des Mannes' ist offensichtlich. Davon weiß nicht nur der Mythos zu erzählen. Das Studium der antiken Geschichte bestätigt, daß die Beleidigung der Mutter und ihre Vertreibung aus der Öffentlichkeit mit massiven Schuldgefühlen des ‚Helden-Sohnes' verbunden ist. Das Schicksal eines hethitischen Königs, der seine Mutter durch einen Gerichtsspruch von ihren Ämtern dispensieren und sie verbannen ließ, mag beispielhaft dafür sein. Kein Richterspruch war in der Lage, das Gewissen des Königs zu entlasten. Inschriftlich sind die Gebete erhalten, mit denen der König Linderung für seine Seelennot suchte. Er beteuerte, nicht schuld an der Vertreibung seiner Mutter zu sein.[6]

Die Durchsetzung patrilinearer Erbfolge, die Vertreibung der Frau aus der Öffentlichkeit und die Installierung von gesellschaftlicher Männermacht kennzeichnet nur die äußere Wirklichkeit der Patriarchatsentwicklung. Mit der Entthronung der kosmischen Göttin und der Eroberung des Himmels durch den

Vatergott geht eine fundamentale Veränderung des Weltbildes einher, die von der Analytischen Psychologie als ‚Geburt des Bewußtseins aus dem Unbewußten' beschrieben wird. C. G. Jung sagt:

„Es gibt keine Bewußtheit ohne die Unterscheidung von Gegensätzen. Das ist das Vaterprinzip des Logos, der sich in unendlichem Kampfe der Urwärme und der Urfinsternis des mütterlichen Schoßes, eben der Unbewußtheit, entwindet. Keinen Konflikt, kein Leiden, keine Sünde scheuend, strebt die göttliche Neugier nach der Geburt. Unbewußtheit ist die Ursünde, das Böse schlechthin für den Logos."[7]

Die ‚Unterscheidung von Gegensätzen' ist nicht das Verdienst des patriarchalen Bewußtseins, und die Gleichsetzung der Matriarchate mit ‚dem Unbewußten' ist eine willkürliche Konstruktion; aber selbst wenn es zuträfe, daß erst die patriarchale Menschheit bewußt lebte, wäre der Kampf des patriarchalen Bewußtseins gegen die ‚mütterliche Unbewußtheit' kein hinreichender Grund für die Konstellation einer archetypischen Erfahrung der ‚Furchtbaren Mutter'. Die matriarchale Welt der Instinkte – falls diese mit ‚dem Unbewußten' gemeint ist – ist weise und hilfreich; aber nicht furchtbar. *Furchtbarkeit kann das Unbewußte nur signalisieren, wenn Verdrängtes sein Recht fordert.* Das patriarchale Vaterprinzip hat sich eben nicht ‚mit der organischen Notwendigkeit einer Geburt der Urwärme des Mutterschoßes entrungen', sondern es hat das matriarchale Weltbild *verdrängt.* Die Erlösungsidee des patriarchalen Vaterprinzips, die Idee des reinen Logos, will die Menschheit von der Natur, vom Stofflichen und vom Körper befreien. Und im Bewußtseinsschatten dieser Heilsidee lauert die Angst vor der Macht der Natur, eine Angst, die sich in der Projektion auf das Weibliche ein Ventil sucht. Die farbige Bildsprache, mit der Jung und Neumann die ‚Furchtbare Mutter' heraufbeschwören, rührt offensichtlich auch des modernen Mannes unbewußte Psyche an. Sie veranlaßt auch Dichter, vergleichbare Seelengemälde vor uns auszubreiten. Hermann Hesse, der eine Jung'sche Analyse durchgemacht hatte, schreibt in seinem Roman „Narziß und Goldmund":

„Er sah das Gesicht der Urmutter, über den Abgrund des Lebens geneigt, mit einem verlorenen Lächeln schön und grausig blicken, sah es lächeln zu den Geburten, zu den Toden, zu den Blumen, zu den raschelnden Herbstblättern, lächeln zur

Kunst, lächeln zur Verwesung."[8]

Selbst die Enkel der Analytischen Psychologie beschwören die Urangst des Mannes vor dem Weiblichen mit den immer gleichen emotionsgeladenen Worten herauf:

„Freilich ist die göttliche Mutter alles andere als eine liebe gute Frau. Ihr tiefstes Wesen ist Zweideutigkeit, ihr letztes Geheimnis die Einheit von Leben und Tod. Darum ist sie einerseits die Mutter Erde: ohne Ende gebärend, ohne Ende zerstörend; Pflanzen, Tiere, Menschen, Gebirge, Flüsse und Gestirne in unermeßlicher Schöpfungswonne und -wut aus sich entlassend und gleichzeitig deren Blut in sich zurücksaufend, die Leiber zermalmend, das Geformte zerstückelnd, so gebiert und tötet sie vor und jenseits aller Unterscheidung von Ursache und Wirkung, Anfang und Ende, Gut und Böse – immer nur das eine, ewig gleiche bewirkend: die nie abreißende Kette von Geburt und Tod."[9]

Die Angst, daß Tod und Verwesung unabdingbares Menschenschicksal sein könnten, spricht aus allen diesen Texten. Dazu gesellt sich die Angst vor der Sexualität, durch die eine ‚nie abreißende Kette von Geburt und Tod' in Gang gesetzt wird und von der keine Askese wirklich befreien kann. Neumann artikuliert männliche Sexualangst, wenn er sagt:

Da „klafft der Abgrund und die Hölle, das dunkle Loch der Tiefe, der fressende Schoß des Grabes und des Todes, der lichtlosen Dunkelheit und des Nichts."[10]

Erst der patriarchale Mann erlebt das Leben ‚als blutforderndes Weibliches, das seine eigenen Kinder frißt und sich mit seinen Leichen mästet'. Die Angst vor dem ‚zähnefletschenden Erdmaul, das gierig den Blut-Samen aufleckt und seine Geburten auswirft zum Tode und immer wieder zum Tod', gehört in den Bereich neurotischer Sexualangst, die zur Todesangst eskaliert.

Erich Neumann zieht eine Fülle von Mythen heran, um die ‚Herauslösung des männlichen Ich-Bewußtseins aus dem uroborischen weiblichen Ur-Drachen' als kollektivpsychologischen Fortschritt und die Tötung der großen Mutter als Notwendigkeit zu beweisen. Die vielen ‚Furchtbaren Göttinnen', die angeblich ‚immer' die gleiche archetypische Struktur aufweisen, die Unzahl der Kulturen, in denen sie ‚überall' angesiedelt sein sollen, überschwemmen die Leserin und den Leser mit Fakten, die in dieser Flut gar nicht überprüfbar sind. Von der Fülle des Materials erdrückt, bleibt nur das ehrfürchtige Staunen vor einem

Allwissenden, der den Mythos der Welt erforscht und gültig gedeutet hat. Neumann ist aber an der mythengeschichtlichen Fragestellung gar nicht interessiert. Sein Anliegen zielt darauf, das Seelendrama des modernen Menschen im Mythos wiederzuerkennen und so unser patriarchales Weltverständnis in der Vergangenheit zu verankern.

Ich will daher die Gestalt einer Göttin, die sich erst im Lauf der abendländischen Bewußtseinsentwicklung zum schreckenden Ungeheuer entwickelt hat, aber noch in der Antike als Schutzmacht verehrt worden ist, auf ihre Mythengeschichte untersuchen: die Medusa, eine der drei schlangenhäuptigen Gorgonen, die Erich Neumann als klassisches Beispiel für die Existenz der ‚Furchtbaren Mutter' heranzieht.

> „Die Gorgonen, geflügelt, schlangenhaarig und schlangengegürtet, sind mit Eberhauern, Bart und herausgestreckter Zunge uroborische Symbole der Urmacht des weiblich Furchtbaren, Bilder der großen vorgriechischen Muttergottheit in ihrem verschlingenden Aspekt als Erde, Nacht und Unterwelt."[11]

Der Sage nach tötet die Gorgo Medusa jeden, der ihr ins Antlitz zu sehen wagt. Perseus, der große Held der Griechen, schlägt der schreckenerregenden Gorgo Medusa das Haupt ab. Neumanns Hypothese, daß der Mythos überall von einem ‚Großen Einzelnen' zu berichten wisse, der in heldischem Kampf gegen das Dunkel des Unbewußten die ‚Furchtbare Mutter' überwinde und töte, scheint bestätigt. Perseus scheint dieser archetypische Held zu sein, der den Muttermord vollzieht, die weltschöpferische Befreiungstat des männlichen Logos. Er repräsentiert offensichtlich das selbständig gewordene männliche Bewußtseins-Ich, das die patriarchale Lichtwelt aufrichtet, deren Symbole durch den Himmel, die Sonne und den ewigen Geist-Vater repräsentiert sind.

Das Geheimnis der Gorgo Medusa

Eines Tages überraschte Athena, als sie in ihren Tempel ging, dort die Medusa im Beischlaf mit dem Gott Poseidon. Wütend über den Mißbrauch ihres Heiligtums schlug Athena der Medusa das Haupt ab, zog ihr die Haut vom Leibe und bekleidete sich damit. Das Haupt der Medusa heftete Athena zum Zeichen des Sieges an ihre Brust.[1]

Diese Erzählung vom Kampf zwischen Athena und der Gorgo Medusa läßt auf kulturgeschichtliche Ereignisse schließen: Einst eroberte eine Volksgruppe, die der Athena huldigte, das Stammland der Gorgo Medusa und versuchte, den Kult der Medusa zu unterdrücken. Athena allein sollte als Göttin verehrt werden. Doch die Anbetung der Medusa wurde nicht widerspruchslos aufgegeben. Ihr, der Medusa, gehörten die Kultstätten des Landes. Obwohl unterworfen, feierten die ursprünglichen Einwohner des Gebietes weiterhin die großen Feste ihrer Göttin im Tempel. Eines Tages, während der Begehung der Heiligen Hochzeit, kam es zur blutigen Auseinandersetzung zwischen den Stämmen. Die Anhänger des Athene-Kultes schlugen der Medusa-Priesterin das Haupt ab. Athena schien endgültig gesiegt zu haben. Aber selbst die brutale Gewalt vermochte die Glaubensüberzeugung eines ganzen Volksstammes nicht zu überwinden, und schließlich kam es zur synkretistischen Verschmelzung der beiden Kulte. Athena mußte mit der Gorgo einen Kompromiß eingehen. In des Wortes begrifflicher Bedeutung ‚schlüpfte Athena in die Haut der Gorgo Medusa und steckte das Medusenhaupt als Schutz an ihr Gewand'. Und seither trägt Athene auf nahezu allen Bildnissen das Haupt der Gorgo Medusa an ihrer Brust.

Beide Göttinnen – die Athena wie die Gorgo Medusa – stammen aus Libyen. Ihrem Wesen nach sind sie der ägyptischen Neith verwandt. Platon betrachtet in seinem Alterswerk „Timaios" die Athene als die griechische Neith. Es bestand eine regelrechte Freundschaft zwischen den Städten Sais, wo Neith ihr Haupttheiligtum hatte, und Athen, das unter der Schutzherrschaft der Athene stand. Herodot berichtet, daß Solon von den

Priesterinnen am Tempel zu Sais gastfreundlich aufgenommen wurde, weil er Bürger Athens war und unter dem Schutz der Neith/Athene stand.[2]

Die Gorgo Medusa und die Athene fallen durch die gleichen aggressiven Charakterzüge auf, die zum göttlichen Wesen der Neith gehören. Ursprünglich richtete sich die aggressive Abwehr der Neith gegen die Mächte der Unterwelt. Die ‚streitbare Göttin' kämpfte für die wiederaufkeimende Natur; ihr Kampf war Lebenskampf. Sie war die „Königsgöttin, aus deren Hand der Herrscher die Krone empfängt".[3] Die Pharaonenkrone aber trug zwei aufgebäumte Schlangen, in denen sich die Schutzmacht der Göttin verkörperte. Im Lauf der patriarchalen Bewußtseinsentwicklung spalteten die Göttinnen ihren aggressiven Aspekt ab. Aus integrierter Aggression, die das Leben tapfer angreift, wurde desintegrierte Aggression, die auf Zerstörung gerichtet war.

Die kultische Auseinandersetzung zwischen der Gorgo Medusa und der Athena mag noch im afrikanischen Ursprungsland stattgefunden haben, vor der großen Wanderung der nordafrikanischen Kulte nach Kreta und vor dem Eroberungszug der kretisch-mykenischen Kultur nach dem griechischen Festland.

> „Ausgegrabene Tongefäße lassen darauf schließen, daß eine libysche Einwanderung nach Kreta schon im Jahre 4000 v. Chr. stattgefunden hat. Eine große Zahl libyscher Flüchtlinge aus dem westlichen Delta scheint um 3000 v. Chr. ebenfalls nach Kreta eingewandert zu sein."[4]

Anmutig und schön wird man sich die Medusa vorstellen müssen, die im Tempel mit dem Gott Poseidon schläft. Eberhauer, Bart und herausgestreckte Zunge, ‚die uroborischen Symbole des weiblich Furchtbaren', können nicht die usprünglichen Attribute der Göttin gewesen sein.

Die griechische Dichtung kennt noch eine andere Version der Auseinandersetzung zwischen Athena und der Gorgo Medusa, die zu erklären sucht, wie es zur Verwandlung der einst blühenden Schönheit der Medusa in eine Schreckensmaske gekommen sei. Es wird erzählt, die Medusa habe um den Preis der Schönheit mit Athena gestritten. Dafür sei sie bestraft und in ein Bild von grauenhafter Häßlichkeit verwandelt worden.[5]

Nach der Auffassung des ursprünglichen matriarchalen Mythos ist Athene die parthenogene Tochter der Metis. Sie wurde an den Ufern des Tritonsees in Nordafrika geboren. Apollonios Rhodios erzählt, drei Nymphen Libyens hätten sie dort gefunden und aufgezogen.[6] Die patriarchale Mythenredaktion bringt einander widersprechende Korrekturen an. Herodot, der als ältester griechischer Historiker gilt, berichtet, Poseidon sei der Vater Athenes gewesen. Aber Athene habe sich von ihm losgesagt und Zeus gebeten, sie zu adoptieren, was dieser gern getan habe.[7] Hesiod dagegen erzählt, daß Zeus eines Tages die Metis, die von ihm schwanger war, auf das gemeinsame Liebeslager gelockt habe. Dort habe er die Göttin kurzerhand aufgefressen. Nun war er, der Gott, schwanger mit der Jungfrau. Bei einem Spaziergang am Tritonsee sei Zeus plötzlich von unerträglichen Kopfschmerzen geplagt worden. Hermes, der sich in Begleitung des großen Olympiers befand, wußte sofort, daß Geburtswehen den Vater aller Götter befallen hatten. Mit einem Beil spaltete er das Haupt des Zeus, und heraus sprang die waffenklirrende Athene in voller Rüstung.

Allem Anschein nach gab es einmal eine kultische Beziehung zwischen Athene und Poseidon, die später zugunsten des Zeus aufgegeben wurde. Das erklärt auch, warum Athena so zornig war, als die Medusa mit Poseidon in Zusammenhang gebracht wurde.

Die Kenntnis der ursprünglichen Heimat Athenes geht selbst durch ihre Verbindung mit Zeus nicht verloren. Zeus begibt sich eigens zur ‚Entbindung' an den Tritonsee, und aus der matriarchalen Tochter einer jungfräulichen Göttin wird die patriarchale Tochter eines Gottes, der des Weibes nicht bedarf, um zu gebären.

Das allgemeinste Merkmal der Übereinstimmung zwischen Athene und der Gorgo betrifft die ursprüngliche Auffassung ihrer parthenogenen Geburt. Ihr gemeinsamer Ursprung aus dem ägyptisch-libyschen Kultkreis reicht in eine Epoche zurück, in der Vaterschaft noch nicht anerkannt worden ist. Noch Euripides (480 – 406 v. Chr.) hält sich an diese Überlieferung, die er allerdings in die griechische Sagenwelt transponiert und die Gorgo zur parthenogenen Tochter der Gaia werden läßt.

Beide, die Gorgo Medusa genauso wie die Athena, sind ursprünglich souveräne kosmische Herrinnen nordafrikanischer Stämme gewesen. Der Name Medusa spricht für sich. Er bedeutete ursprünglich ‚Herrscherin'[8]. Die ‚Herrin' oder ‚Herrscherin' ist – wie erwähnt – der allgemein gebräuchliche Kultname für die kosmische Göttin. Diodor erzählt, die Gorgonen seien ein den Amazonen ähnliches kriegerisches Volk wilder Frauen ge-

Abb. 8 Zeichnung nach der Statue der Athena; Uffizien, Original-Fotos im Marburger Winckelmann-Programm 1970, Tafel 6 und 7, insgesamt 4 Aufnahmen von verschiedenen Seiten.
Statuen der Athena mit der Sternenägis befinden sich im Konservatorenpalast in Rom, im Vatikan und in Leningrad.

wesen, das, unter der Führung der Königin Medusa, im äußersten Westen Libyens sein Wesen getrieben habe.[9]

Die mythologisch unauflösliche Bindung zwischen Athena und der Gorgo Medusa kommt am auffallendsten durch die Kleidung Athenas zum Ausdruck. Darin drückt sich die synkretistische Verschmelzung der beiden Göttinnen am schönsten aus.

Das älteste Gewand, den Ziegenfellkittel, auch Aigis genannt, hat Athena aus Afrika mitgebracht. Die Aigis war die übliche Kleidung libyscher Mädchen.

> „Es hätte für jeden Mann den Tod bedeutet, die Aigis – den Ziegenfellkeuschheitskittel – ohne Zustimmung der Besitzerin zu entfernen. Daher wurde auch die schützende Gorgonenmaske auf die Aigis gesetzt und die Schlange in einem Lederbeutelchen oder Säckchen versteckt."[10]

Herodot schreibt:

> „Athenes Kleidung und Aigis hatten die Griechen von den libyschen Frauen übernommen. Diese kleideten sich in gleicher Weise, mit dem einzigen Unterschied, daß ihre Lederkleidung mit Fransen und nicht mit Schlangen umsäumt war."[11]

Einige griechische Schriftsteller nannten das Ziegenfellgewand der Athene – weil es die abgezogene Haut der Gorgo sein soll – einfach die ‚Gorgo' der Athene. Diodor nannte die Medusa das ‚Untier Aigis' und dämonisierte solcherart die Göttin, in deren Haut die Athena geschlüpft war.

‚Haut der Gorgo' blieb die Kleidung der Athene auch dort, wo die Göttin in den kosmischen Himmelsmantel Großer Göttinnen gehüllt ist. In den Uffizien in Florenz befindet sich eine Statue der Athena, die sie im sternenbesetzten Himmelsmantel zeigt, der vorn mit dem Gorgonenhaupt verschlossen ist (Abb. 8).

Dem Wissenschaftler gibt der Sternenmantel der Athena Rätsel auf: „Ungeklärt blieb bisher die sternenbesetzte Ägis der Athena."[12] Sollte die Erklärung nicht im dreifachen Himmelsmantel der Medusa zu suchen sein? Im Weltenmantel aus dunklem Gewebe ist Medusa die Herrin der Nacht. Ihr Haupt ist silberleuchtend wie der Vollmond oder schwarz wie der Neumond. Manchmal trägt sie eine Silbersichel als Zeichen des steigenden oder abnehmenden Mondes in der Hand. Die Flügel, die ein häufiges Attribut archaischer Himmelsköniginnen sind, fehlen bei kaum einer Darstellung der Medusa. Apollidor berichtet, daß ihre Flügel von reinem Gold gewesen sind.[13] Mit ihren goldenen Flügeln ist Medusa die Herrin des Tageshimmels. Die gewundenen Schlangen auf ihrem Haupt erinnern an die Uräusschlangen der Göttin Neith, mit denen sie die Sonne über den Himmel geleitet. Das älteste kosmische Kleid der Göttin ist das Tierfell. Es symbolisiert den Wolkenhimmel, der den ersehnten Regen verspricht. In den Händen des Kultkönigs dient das Tierfellkleid der Göttin zum Regenzauber. Er legt es auf die Erde und fleht um baldigen Regen. Durch Schütteln und Schwingen des Felles macht er die Göttin auf die ausgetrocknete Erde aufmerksam. Er bittet sie um Wolken am Himmel und um baldigen Regen.[14]

Das hohe Ansehen der Gorgo in Griechenland ist besonders durch das häufige Vorkommen ihres Namens als Personennamen bewiesen. Bedeutende Fürstinnen haben ihren Namen getragen, ein Zeichen, daß damit ein gutes Omen verbunden war.

Gorgo, die Tochter des Kleomenes von Sparta, war eine kluge und tatkräftige Frau. Leonidas, ihr Gatte, wurde in der Nachfolge seines Schwiegervaters – was die matriarchale Tradition Spartas beweist – König von Sparta. Sie, die Gorgo, hat den Thron vermittelt. Als den Spartanern durch Geheimbotschaft mitgeteilt wurde, daß der Perserkönig Xerxes einen Angriff auf Griechenland plane, war sie es, die das Schreiben entziffert hat. Leonidas konnte daher auch im Jahre 480 v. Chr. den Angriff der Perser zunächst aufhalten. Nur durch Verrat fand Leonidas mit dreihundert Spartanern bei den Thermopylen den Tod. Die äußerst selbstbewußte und eigenständige Gorgo hat nach dem Tode des Leonidas wieder geheiratet, ein Verhalten, das im damaligen patriarchalen Griechenland undenkbar gewesen wäre.

Solange Tatkraft, Mut und Selbstbewußtsein Eigenschaften waren, die einer Frau zugetraut wurden, betrachteten es die Frauen als Ehre, sich mit der Gorgo Medusa zu identifizieren. So diente es auch der Steigerung von Athenes Ansehen, im Schutz der Gorgo zu stehen. Bei der Schilderung des Gigantenkampfes geht von Athene der gorgonische Schrecken aus, der zu einem Bestandteil ihres Wesens geworden war. Die römischen Schriftsteller haben – hellenistischen Denkmustern folgend – die Kampfeswut der Athene in den grellsten Farben geschildert: Ihre Schlangenhaare bäumen und sträuben sich und zischen dem Feind entgegen. Das enthüllte Auge schießt tötende Blicke auf die Feinde. Allein mit Hilfe der Gorgo kann Athene den Gigantenkampf siegreich entscheiden.[15] Lucanus, dem wir diese

Erzählung verdanken, wurde im Jahre 39 unserer Zeitrechnung geboren. Noch immer, bis in die nachchristliche Zeit, wird Athene wegen ihres gorgonischen Wesens gerühmt.

Mit ihrem ‚erstarren machenden Blick' schützte die Gorgo alle Menschen, die ihr Bild tragen. Das schützende Gorgoneion auf dem Gewand einer Frau war das Zeichen ihrer über sich selbst verfügenden Weiblichkeit. Erst vor dem Anspruch des Mannes, über die Frau verfügen zu wollen, wird ein derartiges Symbol der Abwehr zum Zeichen der Bedrohung. Im klassischen Griechenland aber vertraute man auf die Schutzmacht der Gorgo ebenso wie in Nordafrika, und kein Bild ist in der griechischen Kunst so häufig dargestellt worden wie das Gorgoneion. Die Gorgo machte nicht nur Athene und deren Priesterinnen unantastbar, sondern bot ihren Schutz überall dort an, wo die Griechen etwas heilig hielten und wertschätzten, wo es galt, Schutz gegen Übergriffe aufzurichten oder auch nur, wo es Eigentum zu sichern galt. Vor allem aber sollte die Gorgo Menschen schützen. Das Gorgonenhaupt findet sich an Mauern, Toren und Türen; es will Unbefugten den Eintritt wehren. Kriegsleute erwarteten von der Gorgo Schutz im Kampf und brachten ihr Bild an Schilden, Helmen und Beinschienen an. Sie befestigten das Gorgoneion an Streitwagen und Schiffen. Selbst Pferde wurden unter den Schutz der Großen Göttin gestellt, deren Bild sich als Schmuck am Zaumzeug findet. Es gab kaum einen Gegenstand des täglichen Gebrauchs, wie zum Beispiel Lampen, Kandelaber, Stühle und Tische, den die Griechen nicht mit dem Gorgoneion verziert hätten. Es schmückte besonders das innere Rund von Gefäßen, wohl weniger, weil es sich deren Form besonders leicht anpaßte, als vielmehr weil die Menschen vor allem ihre Trinkgefäße und Eßschalen unter den besonderen Schutz der Göttin stellen wollten. Daß es als Schutz gedacht worden ist, beweisen die Beischriften, die überall die heilende Kraft des Gorgonenhauptes erbitten. Unzählig sind die Schmuckstücke, Gemmen und Kameen mit dem Bild der Gorgo, die offensichtlich als Amulett getragen wurden. Das Heil der Seele, Schutz und Unverletzlichkeit des Körpers und Heilung bei Krankheit gewährte das Medusenhaupt dem, der es besaß. Das Bild der Medusa war allgegenwärtig.

Die Herkunft der Gorgo Medusa aus Nordafrika läßt den Vergleich mit den Schutz- und Abwehrmasken zu, wie sie noch heute bei einigen afrikanischen Eingeborenenstämmen bekannt sind. Die griechischen Mythen versuchen offensichtlich, den Gebrauch der Schutzmaske nachträglich mit der Enthauptung der Gorgo zu erklären.

Die matriarchale Kraft der Gorgo tritt in den Mythen, die um das lebenspendende Geheimnis ihres Blutes kreisen, deutlich in Erscheinung. Noch im klassischen Griechenland galt die heilende Kraft des gorgonischen Blutes als höchstes Mysterium, das von den Priesterinnen der Athene feierlich bewahrt wurde. „Jeder Versuch, das Geheimnis zu lüften, bedeutete den Tod."[16]

Als sich die Männer die kultische Macht aneigneten, ersetzten sie vor allem die Blutrituale der Frauen durch Kulthandlungen, bei denen von Männer Blut geopfert werden konnte, und sie erzählten fromme Geschichten, die den Übergang der Blutmacht von der Göttin an den Gott theologisch begründen sollten. So ersannen die patriarchalen Dichter den Mythos, daß Äskulap, der als Vater der Medizin galt, nicht nur Kranke heilen, sondern auch Tote wieder zum Leben erwecken konnte. Diese Kunst verdankte er Athene, die ihm das Blut der Gorgo Medusa gegeben hatte. Mit dem Blut aus der linken Körperhälfte der Medusa konnte er Tote augenblicklich zum Leben zurückbringen. Mit dem Blut aus ihrer rechten Seite konnte er töten. Manche Schriftsteller behaupten, Athene habe sich das Blut der Medusa mit Äskulap geteilt. Äskulap benutzte nur das heilkräftige Blut aus ihrer linken Seite, während Athena das Blut aus der rechten Seite für sich behielt, um Leben zu zerstören und Kriege anzustiften. Wieder war es Athene, die die Sache der Frauen verriet und einen Mann in die Lage versetzte, mit den magischen weiblichen Kräften umzugehen.

Diejenigen Schriftsteller, die in Athene die angepaßte Olympierin zu sehen wünschten, spalten die gorgonischen Charakterzüge von ihr ab und stellen sie ihr entgegen als Feindliches, als den furchtbaren Dämon, den es zu überwinden gilt. In den hellenischen Mythen entwickelt sich die Medusa zur Todesgöttin. Die positive, den Lebensaufgaben zugewandte Aggressivität, die einst beide Göttinnen auszeichnete, verkommt bei der Medusa zum schreckenden Unterweltsaspekt; Athene aber wandelt sich zu der dem Manne helfenden, seine Kriege und Morde rechtfertigenden Kriegsgöttin.

Während die älteren Mythendichter nur die Gorgo Medusa kennen, erzählen jüngere von den drei Gorgonen, den Schwestern Stheno, Euryale und Medusa. Diese Entwicklung hängt mit der Neigung zusammen, die Eine Dreifaltige Große Göttin in ihre Aspekte aufzuspalten. Besonders im griechischen Mythos begegnen uns häufig Göttinnentriaden. Man erzählt sich, die Eltern der drei Gorgonen seien westliche Meeresgötter gewesen, und Plinius sagt, sie hätten ihren Wohnsitz auf der Insel Sarpedonia gehabt, die zwei Tagereisen vom Kontinent entfernt im Atlantischen Ozean läge. Dort, im äußersten Westen, wo die Sonne im Meer versinkt, vermutete man die Pforten des Hades.

Den hellenistischen Mythendichtern ist es schließlich gelungen, die Überlieferungen von der Gorgo Medusa zu einer komplexen und vielschichtigen Erzählung zusammenzufassen. Sie berichten, daß es Perseus gewesen sei, der die Gorgo Medusa getötet habe. Perseus, der mit dem kretischen Zeus und dem griechischen Unterweltsgott Hades einst identisch war, verkörperte ursprünglich den matriarchalen Heros, den uranfänglichen, unsterblichen Menschenmann eines Stammes, der von Wiedergeburt zu Wiedergeburt im Sohn verjüngt und neu geschaffen wurde, immer ein anderer und doch ewig derselbe. Sein vorherbestimmtes Schicksal war es, den regierenden König zu vertreiben, um den Thron für sich zu gewinnen. Er erlitt das Schicksal der Vegetation, die alljährlich stirbt, um sich alljährlich wieder zu erneuern. Um alle diese Männergestalten, deren Heldentum einst im Dienst der Großen Göttin stand, spann die patriarchale Mythenredaktion ihre Legenden. Sie dramatisierte die natürliche Nachfolge des Sohnes auf dem Thron zu einem mörderischen Generationenkonflikt, der meist schon vor der Geburt des Sohnes begann, wenn ein Orakelspruch das unabwendbare Schicksal voraussagte. Dann suchte der König, das Schicksal abzuwenden. Er verweigerte den Beischlaf, wie König Laios, der Vater des Ödipus; oder er sperrte die Tochter, die den gefürchteten Nachkömmling gebären sollte, in einen Turm wie Enmekar es tat, der Herrscher in Uruk-Gart, der Großvater Gilgameschs. War – in Erfüllung des Orakelspruchs – der gefürchtete Sohn dann trotzdem geboren, verfolgte der regierende König das Leben dieses unschuldigen Kindes. Askese und Mord im Kampf gegen das Sterbenmüssen sind die hilflosen Versuche des patriarchalen Mannes, die ‚Natur' zu überwinden, die eigentlich seine eigene Veranlagung und Eigenart ist. Im Hintergrund lauert das Orakel, das vorbestimmte Schicksal, etwas Unbegreifliches, Unnennbares, das er aus sich heraus projiziert, um es außerhalb seiner selbst zu bekämpfen, etwas, womit er nicht identisch sein will und das doch Macht über ihn hat: Die ‚Mutter Natur'. Die äußerste Anstrengung des patriarchalen Helden richtet sich gegen diese ‚Furchtbare Mutter'. Seine herrlichste Leistung ist der Drachenkampf, die größte Heldentat ist der Muttermord.

Im argivischen Perseusmythos finden sich alle diese Motive. Der Konflikt zwischen dem Kultkönig und seinem Nachfolger bildet das Zentrum des Dramas, in das die Abenteuer des Perseus mit der Gorgo Medusa eingeflochten sind.

Akrisios hatte keine Söhne, sondern nur eine einzige Tochter, Danaë. Er befragte das Orakel und bekam die Antwort: „Du wirst keine Söhne haben. Doch deiner Tochter Sohn wird dich töten."

Um diesem Schicksal zu entgehen, sperrte Akrisios seine Tochter Danaë in einen hohen Turm und verschloß alle Zugänge mit ehernen Türen. Von wilden Hunden ließ er seine Tochter bewachen. Doch eines Tages fuhr Zeus, der vom Anblick der Danaë gefesselt war, in einem Schauer von Goldregen vom Himmel herab, drang durch ein Fenster in den Turm ein und verführte die Königstochter. Danaë wurde schwanger und gebar einen Sohn, den sie Perseus nannte.

Trotz des unheilvollen Orakels wagte Akrisios nicht, seine Tochter und den Enkelsohn zu töten. Deshalb ließ er Mutter und Sohn in eine Arche sperren und auf dem Meere aussetzen. Die Arche trieb auf die Insel Seriphos zu und wurde dort an Land geschwemmt. Ein Fischer schleppte sie vollends aufs Ufer und brachte die Geretteten ins Haus des dort regierenden Königs Polydektes. Der zog den Knaben Perseus auf wie einen eigenen Sohn.

Jahre vergingen, und Perseus war zum Manne herangewachsen. Leichtsinnig versprach er seinem Pflegevater, aus Dankbarkeit alles für ihn zu tun; sogar, ihm das Haupt der Medusa zu bringen, falls er es wünsche.

Hocherfreut nahm Polydektes den Jüngling beim Wort und sandte ihn aus, das Haupt der Medusa zu erringen. Athene hörte das Gespräch, und sie, die der Medusa nicht wohl gesonnen war, nahte sich dem Perseus und versprach ihm, sie wolle ihm bei der Durchführung des Abenteuers behilflich sein. Athene warnte den Helden, der Medusa ins Gesicht zu sehen; denn die Medusa mache jeden erstarren, der sich ihrem Blick aussetze. Bereitwillig schenkte Athene dem Helden einen glanzpolierten Schild, damit er die Medusa nicht direkt, sondern nur im Spiegelbild ansehen könne. Von Hermes erhielt Perseus eine diamentene Sichel, scharf genug, um das Haupt der Medusa mit einem Streich abzuschlagen. Aber noch brauchte Perseus ein Paar geflügelter Schuhe, einen Zaubersack, um das abgeschlagene Haupt der Medusa darin zu verbergen, und einen Tarnhelm, der ihn auf dem Fluchtweg unsichtbar machen sollte. Diese Dinge befanden sich im Besitz der Nymphen, deren Aufenthalt nur den Graien bekannt war, den sagenhaften Töchtern des Meeres.

Perseus muß die Graien überlisten, ihm den Weg zu den Nymphen zu zeigen. Die drei Graien haben schöne Gesichter und sind den Schwänen gleich. Aber sie haben gemeinsam nur ein einziges Auge und einen einzigen Zahn. Von Geburt an haben sie graue Haare. Perseus lauert den Graien heimlich auf, und als diese gerade damit beschäftigt sind, Auge und Zahn gegenseitig auszutauschen, entreißt er den erschrockenen Schwestern die unentbehrlichen Körperteile. Die Graien, in ihrer Verzweiflung, verraten dem Perseus den Ort, an dem die Nymphen wohnen, um Auge und Zahn zurückzubekommen. Perseus besteht zahlreiche Abenteuer und kommt schließlich in den Besitz der Zauberdinge, die er braucht, um die Medusa zu überwinden. Mit den Flügelschuhen, dem Zauberranzen und dem unsichtbar machenden Helm des Hades fliegt Perseus nach Westen zum Lande der Hyperboreer. Dort findet er viele versteinerte Gestalten von Männern und Tieren, die dem tödlichen Blick der Medusa erlegen waren. Plötzlich entdeckt Perseus die drei Gorgonen, Medusa, Stheno und Euryale, die in Schlaf versunken sind. Perseus schleicht sich heran; seine Augen sind auf den glanzpolierten Schild gerichtet, und er achtet sorgsam darauf, daß er der Medusa nicht ins Gesicht blickt. Athene, die Göttin, führt seine Hand, und mit einem einzigen Streich der diamantenen Sichel schlägt er das Haupt der Medusa ab.

Zu seinem größten Schrecken entspringen der frischen Wunde Pegasus und Chryasor, völlig erwachsen und mit goldenen Schwertern ausgerüstet. Es sind die Söhne der Medusa und des Poseidon, welche die beiden Gottheiten in jener Liebesstunde im Tempel gezeugt haben.

Eilig wirft Perseus das Haupt der Medusa in den Zauberranzen und flieht auf seinen Flügelschuhen. Stheno und Euryale, von den neugeborenen Neffen geweckt, brechen in schauerliches

Wehgeschrei aus und verfolgen den Mörder unter dem klirrenden Getöse ihrer Waffen und Schilde. Da zeigt es sich, welch wichtiges Zauberding der tarnende Helm des Hades ist. Perseus bleibt unsichtbar und entkommt den rächenden Schwestern.

Er flieht nach Süden. Bei Sonnenuntergang erreicht er den Palast des Atlas und bittet um ein Nachtlager, das Atlas ihm unwirsch verweigert. Um sich für diese Ungastlichkeit zu rächen, setzt Perseus den Atlas dem Anblick des Medusenhauptes aus, und augenblicklich verwandelt sich Atlas in eine riesige, steinerne Gebirgswüste.

Auf seinem Heimflug begegnete Perseus der schönen Andromeda, der Tochter des äthiopischen Königs Kepheus und der Kassiopeia. An einen Felsen am Meer gekettet, nackt und nur mit ihren Schmuckstücken behängt, hing sie dort als Sühneopfer, um die Nereiden zu besänftigen. Denn Kassiopeia hatte einst behauptet, sie und ihre Tochter seien schöner als die Meerestöchter. Perseus verliebte sich in die unglückliche Königstochter und erwehrte sich mit Hilfe des Medusenhauptes der Überzahl seiner Feinde. Über zweihundert verwandelte er in Stein, darunter auch die Eltern der Andromeda. Poseidon setzte die Bilder des Kepheus und der Kassiopeia an den Himmel unter die ewigen Sterne. Perseus aber nahm Andromeda zum Weibe und kehrte mit ihr nach Seriphos zurück. Dort wurde er mit Spott empfangen, denn niemand wollte ihm glauben, daß er das Medusenhaupt errungen habe. Da zog Perseus das Haupt aus der Tasche, wendete selbst den Blick ab, während alle Teilnehmer der Tischrunde zu Stein erstarrten.

Zu den Begräbnisfeiern fand sich auch Akrisios ein, der Großvater des Perseus. Anläßlich der feierlichen Spiele warf Perseus einen Diskus, der, vom Winde abgetrieben, den Akrisios tödlich verwundete. So hatte sich der Orakelspruch schließlich erfüllt.

Perseus gab die Flügelschuhe, den Zauberranzen und den Tarnhelm zurück. Das Gorgonenhaupt schenkte er der Göttin Athene, die es an ihr Gewand heftete.

Als Konrad Levezow am 12. April 1832 vor der Akademie der Bildenden Künste in Berlin die Vortragsreihe zur „Entwicklung des Gorgonen-Ideals in der Poesie und der bildenden Kunst der Alten“ eröffnete, verherrlichte er den griechischen Nationalhelden Perseus mit folgenden Worten:

„Nur allein noch in den Heroensagen vom argivischen Perseus

tritt an das frühe Licht hellenischer Dichtung lebend die dreifache Schreckgestalt der Gorgonen Stheno, Euryale und Medusa, aus der uralten Dämmerung jenes fernen Westlandes hervor, welches Wohnort und Schauplatz fast alles Räthselhaften, Dunklen und Ungeheuren geworden war, was die furchterregte, rohere Phantasie des frühesten Griechen auf mehr als einem Wege empfangen oder selbsterzeugt gestaltet hatte. Aber mit dem Untergang ihrer sterblichen Schwester Medusa und der fruchtlosen Verfolgung deren Mörders sinken sie fast ebenso schnell wieder im Verlauf der mythischen Geschichte in das wirkungslose Dunkel der Vergessenheit zurück, aus welchem sie aufgestiegen waren, *nachdem sie ihren Zweck erfüllt hatten, abenteuerliche Gegenstände zur Verherrlichung des Ruhmes eines der größten hellenischen Nationalhelden zu werden.*" (Hervorhebung G. W.)[17]

Im Auditorium sitzen nur Studenten. Männer unter sich bestimmen die wissenschaftliche Lehrmeinung, deuten überlieferte Texte, treiben die Forschung voran. Die Eingeschränktheit ihres Blickes setzt sich keiner Kritik aus, und ihr eindimensionales Weltbild erzeugt groteske Vorstellungen. Da verkommen Göttinnen zu ‚Gegenständen', die zur ‚Verherrlichung des Helden' überhaupt erst erdacht worden sind!

Ob Frauen, die heute zaghaft zum Universitätsbetrieb zugelassen werden, die einseitig patriarchale Weltdeutung zum Ausgleich bringen können, ist noch sehr die Frage. Sind sie doch vor allem in den unteren Chargen präsent. Zu den höheren Lehrämtern werden nur wenige zugelassen und auch diese nur, wenn sie die patriarchale Lehrmeinung teilen.

Bei kritischer Betrachtung erscheint Perseus weder psychologisch als der Held, der ein ‚männliches Bewußtseins-Ich aus dem Dunkel des Mutterschoßes befreit', noch mythologisch als der große Nationalheld der Griechen. Von Hermes und Athene mit allen Zaubermitteln ausgestattet – einem glanzpolierten Schild, der es ihm ermöglicht, den Medusenblick durch Spiegelung zu mildern, einem Zaubersack zum gefahrlosen Transport des schrecklichen Hauptes, mit den geflügelten Sandalen der Nymphen, die dem Angstbesessenen die rasche Flucht erleichtern – schleicht dieser große Held die schlafende Göttin von hinten an. Und dann tötet er sie noch nicht einmal selbst. Athene muß ihm die Hand führen.

Die ‚allem Männlichen holde Athene' unterstützt den unheldischen Helden gegen ihr eigenes Geschlecht, eine Erwartungshaltung, die tief in der Seele des patriarchalen Mannes zu Hause ist. Mit dem ‚Muttermord' spaltet Perseus nicht nur das Haupt vom Leibe der Medusa, sondern ebenso die aggressiven menschlichen Potenzen aus dem Lebenszusammenhang ab. Zum Macht-*Haber* geworden, im Besitz der geheimnisvollen Göttinnenkraft, tötet er sinnlos und leichtfertig jeden, der ihn kränkt, beleidigt oder gar seiner Durchsetzung im Weg ist.

Perseus, der sich im Übermaß absichert, tötet ohne hinzusehen, Perseus, der nicht verantwortlich ist, weil ‚Athene' ihm die Hand führt – dieser Perseus ist überall. Wie der Perseus der Sage ist der moderne ‚Perseus' mit einem mehr als beschämenden Potential an Sicherheitsvorrichtungen versehen. Hochgerüstet mit Raketen und Marschflugkörpern kann der moderne Perseus mit einem Überpotential an ‚strategischen Verteidigungswaffen' das gesamte Leben auf der Erde mehrfach vernichten.

Abb. 9

Lilith – eine Göttin wird zur Verderberin

Lilith – eine Große matriarchale Göttin blickt mich an. Sie spricht im Bild zu mir, lenkt meine Phantasie in die Vergangenheit und fordert zu Vergleichen mit anderen bekannten Bildnissen der Großen Göttin heraus (Abb. 10).

Mit den Symbolen weiblicher Kraftfülle ausgestattet, weckt sie Ehrfurcht, Liebe und Vertrauen. Sie verlangt Opfergaben, Gebete und gläubige Hingabe; ihr zu Ehren erklingen Kultgesänge, Saitenspiel und Trommelwirbel. Ekstatische Tänze, Rauschtrank und kultische Hochzeit vermitteln grenzüberschreitende Erfahrungen, gewähren Teilhabe am Mysterium.

Wie ein Schutzmantel für ihre Geschöpfe muten die Flügel der Lilith an, die, ausgespannt von Horizont zu Horizont, über die Weite des Himmels reichen. Fliegen ist seit alters her der Traum der Menschheit gewesen, eine über-menschliche Fähigkeit, die Kraft des Göttlichen schlechthin. Zwei Löwen, Symbole der Sonne, tragen die Göttin auf ihrem Rücken. Der junge Löwe im Osten verkörpert die Morgensonne, der gealterte Löwe blickt nach Westen. Er stellt die Abendsonne dar, kurz bevor sie sterbend in die Göttin zurückkehrt. Überall gelten Löwen als Sinnbild der Sonne in ihrer Kraft. Die astrologische Weltdeutung erkennt in dem Sternbild, das die Sonne im Hochsommer durchläuft, den Löwen.

In ihren Händen hält Lilith die Ewigkeitsringe. Ein Orientalist vergleicht Ring und Stab in der Hand der Göttin mit Meßrute und -leine, die er auch auf einer Stele in Ur nachweist. Interessanterweise geht der ägyptische shen-Ring, der den Gerätschaften in der Hand der Lilith gleicht, ebenfalls auf Kordel und Meßstab zurück, mit deren Hilfe die Priesterinnen die ersten Daten der Geo-Metrie ermittelt haben.[1]

Mit Hammer und Meißel scheint der Ring aus der rechten Hand der Göttin herausgeschlagen zu sein – wohl zu einer Zeit, da man begann, ihren Kult zu bekämpfen. Zwei Eulen, die Vögel der Weisheit, deren scharfsichtige Augen die Finsternis durchdringen, sind der Göttin zugeordnet. Der göttliche Charak-

Abb. 10 Burney-Relief – Terrakotta, Originalgröße 37 x 49,5 cm, Sumer, um 2000 v. Chr.

ter der Lilith wird durch ihre Krone betont, die aus vier Hörnern zu bestehen scheint.[2]

Zum Vergleich der Haartracht der Lilith
links: Seitenansicht des Kopfes der Lilith
Mitte: Bronze-Statuette eines Gottes aus Ur
rechts: Kopf – Larsa-Periode/Ur

Vielleicht symbolisiert der Kopfschmuck Schlangen, wie sie auch die Stirn ägyptischer Priesterköniginnen zieren. Beachtenswert ist die aufwärts gerichtete Drehung der Kronenringe. Wir finden derartige Energiewirbel überall dort, wo irdische Kraftzentren sich mit kosmischer Energie verbinden. Spiralen oder konzentrische Kreise winden sich an heiligen Hügeln aufwärts. Doppelspiralen, die ‚kosmischen Augen der Göttin', zieren Kultgegenstände und heilige, an geomantischen Kraftzentren aufgestellte Steine. Die Krone der Lilith gleicht einem Energiewirbel, der als ihr ‚drittes Auge' dem kosmischen Kraftstrom zugewandt ist. Bei einem Götterbild aus Ur und bei einer Bronzestatuette der Larsa-Periode finden sich die gleichen, pyramidenförmig aufstrebenden Kronen.

Der Gesichtsausdruck der Lilith wirkt nicht bedrohlich, wie es bei manchen Plastiken der archaischen Epoche der Fall ist, wenn die Göttin aus Glasaugen starr dreinschaut. Der Körper der Göttin ist jugendlich schön. Sie mutet an wie eine Liebesgöttin auf der Höhe ihrer Kraft. Inschriftlich ist nicht bezeugt, daß es sich um Lilith handelt. Da sich das Bild im Besitz des Engländers Sydney Burney befindet, wird es in der Wissenschaft als ‚Burney-Relief' bezeichnet. Das hohe Alter des Kunstwerks wurde von Fachwissenschaftlern zunächst angezweifelt. Es wurde sogar für eine Fälschung gehalten. Doch eine gründliche chemische Untersuchung bestätigte, daß das Terrakotta-Relief mindestens 4000 Jahre alt ist. Seine Entstehung ist also in das dritte vorchristliche Jahrtausend zu datieren.[3] Die hohe künstlerische Qualität der Kleinkeramik scheint der geläufigen Vorstellung von früher bronzezeitlicher Kultur zu widersprechen. Daher bemerkt ein Kritiker:

> „Wenn diese Prüfung als sicher gelten darf, würden wir aus dem Terrakotta-Bild viel Neues für die altbabylonische Kunstgeschichte lernen müssen."[4]

Das bezaubernde kleine Kunstwerk wird trotz seiner Anonymität allgemein als Darstellung der Lilith aufgefaßt, die einst die ‚Herrin' eines kleinen sumerischen Stammes gewesen sein mag – eine Große Göttin also. Wir borgen unsere Vorstellung von ‚Größe' gern von patriarchaler Begrifflichkeit aus. Das abendländische Bewußtsein nennt Landeroberer ‚Die Großen'; und der ‚Große Gott' ist der monotheistische Weltenherrscher, der alle anderen Götter vertrieben hat. Wir sind leicht geneigt, das Attribut der Größe nur denjenigen Göttinnen zuzugestehen, deren Name weltweit bekannt und deren Macht über viele Länder nachweisbar ist, wie Ischtar, Neith oder Isis, Hera oder Athene. Dabei übersehen wir aber, daß Göttinnen, die über viele Länder herrschen, immer zuvor andere Göttinnen in irgendeiner Weise überwunden haben. Wo aber eine Frau die andere bekämpft, sie vertreibt oder ihr nur den ‚minderwertigen Aspekt' überläßt, dient sie patriarchaler Macht, bereitet sie vor, stützt sie und erhält sie aufrecht. Daher muß es nicht Wunder nehmen, wenn gerade die ‚größten' Göttinnen schließlich zu Gehilfinnen patriarchaler Macht verkommen sind.

Wenn ich von Lilith als einer ‚Großen Göttin' spreche, meine ich, daß sie die Stammesmutter eines sumerischen Stammes gewesen ist, Urahnin und Begründerin eines kleinen Volkes. Ein sehr alter Text berichtet, daß Lilith keinen Gemahl gehabt habe[5], was mit der archaischen Vorstellung von der parthenogen gebärenden Göttin übereinstimmt. Ein Orientalist hat in seiner Arbeit über sumerische Königsnamen darauf hingewiesen, daß der Vater des Helden Gilgamesch Lil-lu gleich Lil-la hieß.[6] Unter der Voraussetzung, daß Lilith und Lil-lu/Lil-la als Götterpaar gedacht werden, gehört Lilith in den Gilgamesch-Umkreis. Jene namentlich nicht genannte Tochter des Enmekar, die der sumerische König aus Angst vor dem Nachfolger in den Turm gesperrt hatte, müßte dann eine Priesterin der Lilith gewesen sein.

Wenn auch nicht mehr genau festgestellt werden kann, ob das Terrakotta-Relief eine Lilith darstellt, so mißversteht die Analytische Psychologie das Bild völlig, wenn sie es als ‚Todesgöttin' interpretiert. Ein Fachwissenschaftler sagt dazu:

> „Wenn es sich um ein Kultrelief handelt, wäre die Darstellung einer Totengottheit von vornherein unwahrscheinlich."[7]

Bei ihrer Deutung geht die Analytische Psychologie von den negativen Weiblichkeitsbildern aus, die das patriarchale Bewußtsein im Laufe der Jahrhunderte auf die Gestalt der Lilith projiziert hat. Durch Vor-Urteile blind gemacht für die Symbolsprache des Bildnisses, etikettiert Neumann die Lilith-Darstellung mit der lapidaren Unterschrift: „Lilith, die Todesgöttin", eine Auffassung, die durch nichts begründet ist. Hurwitz, ein Vertreter der Analytischen Psychologie, stützt sich auf Neumann, wenn er sagt:

> „Lilith ist, ihrer ursprünglichen Natur nach, eine archaische Göttin, die bei ihrem ersten Auftreten innerhalb der religionsgeschichtlichen Tradition zunächst nur einen Aspekt, nämlich denjenigen einer furchtbaren Mutter-Göttin aufweist."[8]

Gemäß der religionsgeschichtlichen Tradition gab es keine archaische Göttin, die nur einen Aspekt verkörpert hätte. Die Aufspaltung der Göttinnen in Aspekte ist bekanntlich ein Merkmal der patriarchalen Bewußtseinsentwicklung. Neumanns umfangreicher Text zu der Bildersammlung in seinem Buch „Die Große Mutter" läßt jede sachliche Auseinandersetzung mit der Gestalt der Lilith vermissen. Er erwähnt die Lilith nur kurz an zwei Stellen. Einmal taucht sie als ‚negative Anima' in seinem Schema auf[9], das die guten Frauen von den bösen scheidet. Hier, wie in seiner zweiten Erwähnung, ist Lilith die junge, verführerische Frau, deren „gefährliche Vogelfüßigkeit zu den zerreißenden Attributen des Großen Weiblichen" gehöre.[10]

> „Die berückend verführende, orgiastisch-traumhafte Form des Weiblichen, deren zweifelhafter Charakter für das Ich des Menschen bewußtseinsauflösend wirkt, wird als negativ und destruktiv erfahren",

sagt Neumann, und er merkt dazu an:

„Die mesopotamische Göttin, eine Lilith, hat den gleichen nefasten Charakter."[11]

Die Auffassung der Lilith als Todesgöttin widerspricht nur scheinbar ihrem jugendlich verführerischen Charakter; denn tiefenpsychologisch macht Neumann zwischen der Bedrohung durch den Tod oder durch Sexualität keinen Unterschied.

Um das viertausend Jahre alte Bild der sumerischen Göttin als Darstellung einer Todesgöttin zu bestätigen, die archaische Lilith nachträglich mit dämonischen Attributen auszustatten, hat sich Siegmund Hurwitz etwas einfallen lassen. Er deutet die Eulen zu Seiten der Göttin als Todesvögel.

Eulen, die in der Nacht schärfer zu sehen vermögen als es dem menschlichen Blick erlaubt ist, sind schon immer als Vögel der Weisheit angesehen worden. Noch Jahrtausende später wird die olympische Athene von Eulen begleitet.

Das zerlegende Denken, das überall mit dem Patriarchalisierungsprozeß einhergeht, hat die matriarchale Eulensymbolik in zwei Arten von Weisheit aufgespalten: in die Lichtweisheit der Athene, die im Dienst des patriarchalen Gottes steht, und die dämonische Weisheit, die als zauberische Kraft im Besitz böser Mächte ist. In den Volksmärchen verkommt die Eule zur ‚Unheilsbotin, deren geheimnisvoll nächtlicher Ruf der geängstigten Seele schauerlich klingt. Krankheit, Unglück und Tod kündet der Eulenruf dem abergläubischen Herzen.' Die Göttin und ihr heiliger Weisheitsvogel pervertieren zur ‚Hexe mit ihrem schauerlichen Nachtmahr'; sie verkommen zu dämonischen Gestalten, mit denen man kleine Kinder schreckt.

Die Verteufelung der Lilith geht auf jüdische Vorstellungen zurück, die in der alttestamentlichen Gedankenwelt ihren Ursprung haben und im mittelalterlichen jüdischen Schrifttum phantasiereich fortgesponnen worden sind.

Es gibt nur eine einzige Bibelstelle, die Lilith namentlich erwähnt. Sie findet sich beim Propheten Jesaja, der allen Feinden des Königreiches Juda Verwüstung und Untergang voraussagt;

„denn der Herr ist zornig über alle Heiden und grimmig über ihr Heer. Er wird sie verbannen und zum Schlachten überantworten".[12]

Besonders das Land Edom soll heimgesucht werden:

„Da werden Edoms Bäche zu Pech werden
und seine Erde zu Schwefel;

ja, sein Land wird zu brennendem Pech werden,
das weder Tag noch Nacht verlöschen wird,
sondern ewiglich wird Rauch von ihm aufgehen.
Und es wird für und für wüst sein,
daß niemand durchgehen wird in Ewigkeit...
daß seine Herren heißen müssen Herren ohne Land
und alle seine Fürsten ein Ende haben.
Dornen werden wachsen in seinen Palästen,
Nesseln und Disteln in seinen Schlössern.
Seine Berge werden eine Wohnstatt für Schakale werden
und eine Weide für Strauße.
Da werden Wüstenwölfe und Schakale miteinander laufen,
und ein Sa'ir wird dem anderen begegnen.
Dort wird auch Lilith eine Herberge finden
und eine Ruhestätte für sich."[13]

Die Polemik des Propheten richtet sich gegen die Feinde Judas mit jenem unbarmherzigen Vernichtungswahn, der aus den biblischen Geschichtsbüchern wohlbekannt ist. Wenn Jesaja Lilith eine Ruhestätte wünscht, dort, wo die Äcker niedergebrannt sind, der Rauch schwelt und Wüstentiere, die sich an den Leichen mästen, ein Wohlleben führen, muß sie eine Gestalt sein, wichtig genug, den niederschmetternden Zorn des Propheten auf sich gezogen zu haben. Tatsächlich läßt sich die Existenz matriarchaler Göttinnen im Alten Testament vor allem durch die blinde Wut der biblischen Autoren gegen Frauenkulte nachweisen. Die Psychologie der Bibelredakteure macht es nicht unwahrscheinlich, daß Jesajas zum ‚Wüstengespenst' verkommene Lilith auf die von Sumer her bekannte Göttin Lilith zurückgeht.

Das wirksamste Mittel gegen die Erinnerung an matriarchale Göttinnen ist der Schweigemord, und biblische Autoren haben mit großem Erfolg die matriarchale Weisheit Jahwe zugeschrieben, matriarchale Ritualanweisungen als Textvorlage für patriarchale Wundergeschichten benutzt und dabei die Göttin unterschlagen. Trotzdem ist Lilith im Bewußtsein des jüdischen Volkes über Jahrtausende hinweg lebendig geblieben.

„Denn nach einer alten Tradition in der jüdischen Mystik – der Kabbala – ist Lilith unsterblich. Sie wird am jüngsten Tag ihren Tod finden."[14]

Im Alphabet des Ben Sira, einem Werk, das zwischen 700 und 1100 n. Chr. entstanden ist, taucht Lilith als ‚erste Frau Adams' auf. Dort heißt es:

„Als Gott Adam erschuf, sagte er: ‚Es ist nicht gut, daß der Mensch allein sei.' Daher schuf er ihm eine Gehilfin, ebenfalls aus Erde und nannte sie Lilith. Sobald sie erschaffen war, begann sie einen Streit und sagte: ‚Weshalb sollte ich unten liegen? Ich bin ebensoviel wert wie du. Wir sind beide aus der gleichen Erde geschaffen.' Als aber Lilith sah, daß sie Adam nicht überwältigen konnte, sprach sie den unaussprechlichen Gottesnamen aus und flog in die Luft. Adam betete und sagte: ‚Herr der Welt, die Frau, die du mir gegeben hast, ist von mir weggegangen.' Darauf sandte Gott drei Engel, die Lilith zurückbringen sollten. Die Engel suchten Lilith und fanden sie im reißenden Wasser, in demselben Wasser, in dem später die Ägypter ertrinken sollten. Sie meldeten ihr den göttlichen Befehl: ‚Wenn du zurückkehren willst, ist es gut. Wenn nicht, mußt du als Strafe auf dich nehmen, daß jeden Tag hundert Kinder von dir sterben.' Lilith aber weigerte sich zurückzukehren. Da sagten die Engel zu ihr: ‚Wir müssen dich in diesem Wasser ertränken.' Lilith aber bat um ihr Leben und sagte: ‚Laßt mich; denn ich bin dazu geschaffen, kleine Kinder zu verderben. Wenn es ein Knabe ist, werde ich acht Tage, wenn es ein Mädchen ist, werde ich zwanzig Tage über das Kind Gewalt haben.' Als die Engel ihre Worte hörten, drängten sie noch mehr, daß sie gehorche und zu Adam zurückkehren solle. Da sagte Lilith: ‚Ich schwöre euch im Namen des lebendigen und großen Gottes: Wenn ich eure Namen auf einem Amulett geschrieben sehe, werde ich das Neugeborene nicht schädigen.' Lilith nahm es auf sich, daß jeden Tag hundert Kinder von ihr sterben sollten. – Wenn wir jetzt die Namen dieser Engel auf ein Amulett schreiben, dann erinnert sie sich ihres Schwurs, und das Kind ist gerettet. Und die Namen der Engel sind Sanvai, Sansanvai und Semangloph."[15]

Nach dieser Legende war Lilith die ‚erste Frau Adams'. Tatsächlich entstammen Eva und Lilith unterschiedlichen Kulturkreisen. Die sumerische Lilith hat zu dem Kult auf dem Zion keine Beziehung. Eva genoß um 1350 v. Chr. in Jerusalem Verehrung, in einer Epoche, für die sich ein ‚Volk Israel' historisch noch nicht nachweisen läßt. Damals wechselte Pharao Echnaton mit Abdi-Heba, dem Fürsten des Stadtstaates Jerusalem, Briefe. Der Name des Stadtkönigs, Abdi-Heba, bedeutet wörtlich ‚Knecht Evas'. Er ist der Kultheros der ‚Mutter alles Lebendigen'.[16] Der Kult auf dem Berg Zion ist kanaanäischen Ursprungs. Als David um das Jahr 1000 v. Chr. den Stadtstaat Jerusalem eroberte, übernahm er den Kult der Jebusiten, des dort ansässigen Volkes, und so wurde Eva zur Stammutter der Juden.

Lilith aber, deren Erinnerung im Bewußtsein des jüdischen Volkes so nachhaltig bewahrt wurde, war die Urmutter von Einwanderern, die aus dem Osten kamen. Sie war die matriarchale Göttin eines einzelnen, aus Sumer kommenden, israelitischen Stammes. Unter dem Druck der Jahwe-Theologie wurde sie dämonisiert und verteufelt.

Es kam vor allem darauf an, sie den Frauen zu entfremden; denn matriarchaler Kult wird von Frauen getragen und tradiert. Erst wenn es erreicht ist, daß die Frauen selbst ihren Kult ablehnen, ist die Göttin endgültig besiegt. Die Angst-, Spuk- und Schauergeschichten, die über Lilith verbreitet werden, verfolgen den gezielten Zweck, Lilith zur Feindin der Frauen zu machen. Und womit wäre das leichter zu erreichen, als dadurch, die Lilith zur Würgerin kleiner Kinder und zur Bedrohung für die junge Mutter im Wochenbett zu machen.

Die Anrufung der Großen Göttin in Geburtsnöten wird allgemein bezeugt. Sie, die die Mutter des Lebens, die Herrin des Wiedergeburtsmysteriums ist, hilft den Frauen auch bei der Geburt – eine Auffassung, die in orientalischen und ägyptischen Überlieferungen inschriftlich belegt und durch bildliche Darstellung häufig bezeugt ist. Der Schluß liegt nahe, daß auch Lilith ursprünglich als Geburtshelferin verehrt worden ist. Das Zwiegespräch der Lilith mit den Engeln ist das Ergebnis patriarchaler Legendenbildung und liefert den Schlüssel für den kulturgeschichtlichen Zusammenstoß matriarchaler Kultur- und Gesellschaftspraxis mit der Theologie fanatischer Jahwe-Priester.

In der mittelalterlichen Lilith-Legende wird Lilith von dem Gott erst zur Mörderin *gemacht*. Der höchste Gott setzt das Böse sinnwidrigerweise selbst in die Welt. Er bestimmt Lilith zur Kindsmörderin als ‚Strafe für ihren Ungehorsam'. Die Legende nimmt mit diesem Zug eine unverständliche, befremdliche Wendung.

Umfassend und gründlich befaßt sich erst Siegmund Hurwitz mit der Gestalt der Lilith. Im sogenannten ‚Testament Salomos' vermutet Hurwitz eine Erzählung, die auf eine legendäre Begegnung König Salomos mit der Dämonin Lilith zurückginge. Dieses Werk, zwischen dem dritten und vierten nachchristlichen Jahrhundert entstanden, ist in griechischer Sprache verfaßt und soll auf die Vorstellungen jüdisch-hellenistischer Magie zurückgehen. Ein Weib namens Obyzouth, das seinem Charakter nach der dämonisierten Lilith ähnlich ist, begegnet Salomo, und der König erzählt:

> „Und es kam zu mir ein Weib, die Gestalt samt den Gliedern mit den gelösten Haaren verhüllend. Und ich, Salomo, sagte zum Dämon: ‚Wer bist du?' Sie sagte: ‚Und wer bist du? Und wozu willst du wissen, wie es um mich steht? Wenn du es wissen willst, dann gehe in die königlichen Gemächer, wasche deine Hände, setze dich wieder auf deinen Thron und frage mich. Dann wirst du erfahren, o König, wer ich bin.'
> Nachdem ich, Salomo, dies getan und mich auf den Thron gesetzt hatte, fragte ich sie und sprach: ‚Wer bist du?' Sie sagte: ‚Obyzouth werde ich bei den Menschen genannt. Nachts schlafe ich nicht, sondern mache die Runde durch die ganze Welt und besuche die Frauen im Kindbett. Wenn ich die Stunde ahne, nehme ich meinen Platz ein, und wenn ich den geeigneten Augenblick erspähe, dann erwürge ich das Kind. Wenn nicht, dann ziehe ich mich an einen anderen Ort zurück; denn ich kann nicht auch nur eine einzige Nacht ohne Erfolg bleiben. Ich habe nichts anderes zu tun, als Kinder zu töten, ihre Ohren taub zu machen, ihren Augen Übles zuzufügen, ihren Mund zu verschließen, ihre Sinne zu verwirren und ihren Körper zu quälen.' Als ich, Salomo, dies hörte, sagte ich zu ihr: ‚Sage mir, du böser Geist, von welchen Engeln wirst du unschädlich gemacht?' Sie sprach zu mir: ‚Vom Engel Apharoph. Und wenn Frauen gebären, dann schreiben sie meinen Namen auf einen Zettel, dann werde ich von dort fliehen.'"

In einem ‚Testament' sollten ‚letzte Anweisungen' irgendwelcher Art überliefert werden. Der Aufbau des Textes erinnert denn auch an gewisse Passagen im ägyptischen Totenbuch, wo dem König Anweisungen gegeben werden für den sicheren Weg durch das Reich der Toten. Der Text scheint auf Vorstellungen zurückzugehen, wonach die Kultpriesterin den König in die Mysterien von Tod und Wiedergeburt einweiht. Sie verspricht, ihn sicher zu leiten auf den Wegen durch die Unterwelt, um ihn dem Heil und dem Leben entgegenzuführen. Sie verrät ihm die geheimnisvollen Namen der Götter, denen er auf dem Wege durch das Totenreich begegnen wird. Die Priesterin hat alle Macht und alles Wissen, das dem König hilfreich sein wird auf seiner Unterweltsfahrt. „Setze dich wieder auf deinen Thron!" sagt Obyzouth, und gebraucht damit eine Kultformel, die bei der Thronbesteigungszeremonie, wenn der König kultisch aus der Unterwelt wiedererstanden war, üblich gewesen ist. Dann beging man das Neujahrsfest, die Feier der wiederbelebten Vegetation.[17]

Die ursprüngliche matriarchale Kulthandlung ist in einigen Passagen des ‚Salomonischen Testaments' noch so deutlich erhalten, daß seine Entstehung aus einem ehemaligen Ritualtext mit der Analyse dieser Stellen bewiesen werden kann. Besonders am Anfang hat die Handlung deutlich rituellen Charakter. Der König soll die rituellen Waschungen durchführen und sich in die königlichen Gemächer begeben. „Dann wirst du erfahren, o König, wer ich bin." Die Worte sind feierlich gewählt. Man sollte erwarten, die heilige Weisheit selbst wolle sich dem König offenbaren, sie, die den König aus dem Todesland heraufführt, um mit ihm die Heilige Hochzeit zu feiern. Trat die geheimnisvolle Frau nicht auf gleich einer matriarchalen Kultpriesterin, nackt, nur mit dem Mantel ihrer Haare bekleidet. Ist sie nicht als Braut gekommen, um – wie die Sulamith im Hohenlied – vor der Kultgemeinde zu tanzen? Sollte Salomo nicht jetzt Worte der feierlichen Werbung sprechen:

> „Diese habe ich geliebt und gesucht von meiner Jugend auf und gedachte, sie mir zur Braut zu nehmen; denn ich habe ihre Schöne liebgewonnen. Ihr Reichtum ist ein köstlich Ding im Leben. Was ist reicher denn die Weisheit, die alles schafft? Begehrt einer viel Dinge zu wissen, sie kann sie erraten, beides, was vergangen und was zukünftig ist. Sie versteht sich auf verdeckte Worte und weiß Rätsel aufzulösen. Zeichen und Wunder weiß sie zuvor und wie es zu den Zeiten und Stunden ergehen soll. Ich habe beschlossen, sie mir zur Gespielin zu nehmen; denn ich weiß, daß sie mir ein guter Ratgeber sein wird und ein Tröster in Sorgen und Traurigkeit... Ich werde einen unsterblichen Namen durch sie bekommen; denn welche ihre Verwandten sind, haben ewiges Wesen. Es kommt unendlicher Reichtum durch sie und die Arbeit ihrer Hände und Klugheit durch ihre Gesellschaft und ein guter Ruhm durch ihre Gemeinschaft und Rede."[18]

Statt der erwarteten Kultpriesterin offenbart sich dem König die Dämonin. Er hat die rituellen Waschungen vollzogen und den Kultthron bestiegen – und das alles nur, um zu erfahren, daß er eine Kindsmörderin vor sich hat, ein Scheusal, ein widerliches Wesen.

Wäre der einzige Lebensinhalt der Lilith/Obyzouth wirklich der, Kinder zu töten und dabei keine einzige Nacht ohne ‚Erfolg' zu bleiben, würde sie dann zum König gehen und ihn herausfordern, ihr Geheimnis zu erforschen? Sollte diese merkwürdige Geschichte tatsächlich keinen anderen Sinn haben als den, von einer Dämonin zu berichten, die des Nachts einen König weckt, um ihm ihren scheußlichen Charakter zu offenbaren?

Die Angst vor dem Weiblichen hat sich in einer wirren, sinnlosen und unglaublichen Geschichte Luft verschafft. Die ‚reine Logik des Geistes' ist dabei im psycho-logischen Tohuwabohu des patriarchalen Unbewußten untergegangen. Aus dem altjüdischen König, der einst die heilige Weisheit selbst zur Braut begehrte, ist ein armseliger Patriarch geworden, der gegen seine neurotische Angst vor dem ‚dämonisch Weiblichen' nichts in den Händen behält als einen Zettel, ein dürftiges Amulett, auf dem der Name der Dämonin geschrieben steht.

Lilith ist zur Hexe geworden. Ihre einstmals heiligen Hände töten und würgen. Sie bedrohen die Gebärende im Wochenbett und das Neugeborene in der Wiege. Doch diese Bedrohung ist an eine relativ kurze Epoche gebunden: Solange die Frau nicht mit Kindbettfieber rechnen mußte, bestand keine Gefahr für die Wöchnerin. Ursprünglich gebaren Frauen im Hocken, wie antike Geburtsdarstellungen beweisen. In dieser Haltung beschränkte sich die ‚Geburtshilfe' zwangsläufig auf Rücken- und Bauchmassage, wodurch die gebärende Frau nicht infiziert werden konnte. Noch im ausgehenden Mittelalter gebaren die Frauen „im Hocken oder im Sitzen auf dem sogenannten Gebärstuhl".[19] Seit Frauen das selbständige Gebären in Hockstellung gegenüber dem hilflosen Gebären im Liegen aufgegeben haben, konnte der gut gemeinte Beistand, der den Frauen bei der Entbindung im Liegen zuteil wird, ihnen unter mangelhaften hygienischen Bedingungen gefährlich werden und zu Säuglingssterblichkeit, Kindbettfieber und zum Tode der Mutter führen. Lilith als ‚Archetyp der Furchtbaren Mutter' hat endgültig ausgedient, seit es nur noch wenig Säuglingssterblichkeit gibt, seit kaum noch eine Mutter bei der Geburt ihres Kindes gefährdet ist. Jahrhundertelang hat Lilith die Funktion eines Sündenbocks gehabt – als Dämon, als Gespenst oder als Hexe. Als Mörderin spielt sie in der Psychologie der *modernen Frau* keine Rolle mehr.

Umso aktueller ist die verführerische Lilith. Sie stört die Ehen und entfremdet die Männer ihren Frauen. Sie wird aber auch dem unverheirateten Mann gefährlich; den Lilith ist es, die wählt. Sie geht auf den Mann zu und verführt ihn zur Liebe:

„Am siebten Tag soll der Mann
nicht die Terrasse seines Hauses besteigen,
sonst wird die Ardat-Lili ihn zum Gemahl nehmen",

sagt ein akkadischer Text.

„Die Ardatû bedeutet im Akkadischen ein Mädchen im heiratsfähigen Alter. Gelegentlich werden auch die Tempeldirnen im Heiligtum der Ischtar als Ardatûs bezeichnet"[20],

sagt Hurwitz – eine Erklärung, die durch Vorurteile und patriarchales Vokabular auffällt. Die ardatû ist – ebenso wie die hebräische almah – eine Priesterin. Sie hat an den Initiationsriten teilgenommen, sie ist in den Kult der Heiligen Hochzeit eingeführt worden und weiß um das Mysterium der Liebe. Sie ist frei und keines Mannes Eheweib. Über ihr Leben und ihren Körper bestimmt sie selbst. Sie ist sowenig ‚mannbare Jungfrau' wie man vom ‚fraubaren Jüngling' spricht. Die ardatû-almah genoß im Alten Orient höchstes kultisches und gesellschaftliches Ansehen.

Die Angst, die Männer in ihren erotischen Träumen vor der über-legenen Frau empfinden, spiegelt ein ebenfalls aus dem Akkadischen stammender Text:

„Ihn, auf den Ardat-Lili ihre Augen geworfen hatte,
der Mann, den Ardat-Lili zu Boden geworden hatte,
die Ardatû, die gegenüber dem Mann sich nicht geöffnet hatte,
die Ardatû, die vor ihrem Mann ihr Kleid nicht öffnete."[21]

Der universelle Weltaspekt, die Macht des kulturschöpferischen Eros, verkommt zur kleinlichen Macht des Mannes über die Frau. Wenn es darum geht, daß der Mann es ist, der einer Frau zuerst die Kleider vom Leibe reißt, daß er oben und sie unten liegt, kann die ardatû, die ihre Freiheit und Selbständigkeit verteidigt, nur Angst einflößen. Für den patriarchalen Mann wird sie zur Dämonin.

„Während langer Zeit bestand neben dem Jahwe-Kult auch eine Opferstätte für die Schedim"[22] – denen in Israel auch die Lilith zugeordnet wurde: „Innerhalb der jüdischen Mythologie gehört Lilith zu der Gruppe der Dämonen oder Schedim."[23] Im 5. Buch Mose heißt es: „Sie opferten den Schedim, die nicht Gott sind, Göttern, die aus der Umgebung gekommen sind, von denen eure Väter nichts gewußt haben."[24] Luther übersetzt Schedim sogar mit Teufel. Trotz allem steht fest, daß „der ursprüngliche, göttliche Charakter der Schedim im biblischen Judentum nicht ganz verloren gegangen"[25] ist.

Im Laufe der Jahrhunderte kristallisierte die männliche Phantasie alles erdenklich Böse an die Gestalt der Lilith. Alles, was für die Seele des Mannes unverdaulich war, wurde mit Lilith verknüpft. Die Angst des patriarchalen Mannes vor Sexualität spiegelt sich in dem Hauptwerk der Kabbala, dem Sohar, das im Spanien des 14. Jahrhunderts entstanden ist.

„Lilith schmückt sich mit allerlei Zierat, wie eine buhlerische Frau. Sie steht am Anfang der Wege und Pfade, um Männer zu verführen. Den Toren, der sich ihr nähert, ergreift sie, küßt ihn und gießt ihm Wein mit dem Bodensatz von Schlangengift ein. Sobald er getrunken hat, folgt er ihr nach. Wenn sie sieht, daß er vom Wege der Wahrheit abkommt und ihr folgt, dann zieht sie alles wieder ab, was sie für diesen Toren erst einmal angezogen hatte. Ihr Schmuck zur Verführung der Männer sind die zurechtgemachten Haare, die rot sind wie die Rose, ihre Wangen sind weiß und rot, und von ihren Ohren hängen Ketten aus Ägypten, und von ihrem Nacken hängen alle Schmuckstücke aus dem Osten. Ihr Mund ist klein wie eine enge Tür, anmutig in seinem Schmuck, ihre Zunge ist scharf wie ein Schwert, ihre Worte sanft wie Öl. Ihre Lippen sind rot wie eine Rose, süß von aller Süße der Welt. Sie ist purpurrot gekleidet, geschmückt mit dem Schmuck der ganzen Welt, mit neununddreißig Schmuckstücken. Jene Toren, die bei ihr einkehren und diesen Wein trinken, treiben mit ihr Hurerei. Was macht sie nachher? Sie läßt ihn allein schlummernd auf ihrem Lager, sie aber erhebt sich in die Höhe des Himmels. Dort berichtet sie Böses von ihm. Dann erwirkt sie die Erlaubnis, wieder herunter zu kommen. Wenn der Tor erwacht, dann meint er, er könne sich, wie vorher, mit ihr vergnügen. Sie aber entledigt sich ihres Schmuckes und verwandelt sich in eine kraftvolle Gestalt. Sie steht ihm gegenüber, angetan mit einem feurigen Kleid aus Flammen. Sie erregt Schrecken und läßt Körper und Seele erzittern. Ihre Augen sind groß. In ihren Händen ist ein scharfes Schwert, von dem bittere Tropfen herabfallen. Sie tötet ihn damit und wirft ihn mitten in die Hölle."[26]

Selbst in dieser mittelalterlichen Legende schimmern matriarchale Kultvorstellungen und Ritualtexte durch. Wie in altorientalischen Texten wird die Schönheit der Kultpriesterin, ihre kostbare Kleidung und ihr reicher Schmuck gepriesen. Die kultische Ekstase der hohen matriarchalen Feste verkommt in der mittelalterlichen Erzählung zum bewußtseinsauflösenden Rausch.

Die mittelalterliche Legende erinnert noch, daß Lilith eine geflügelte Göttin gewesen ist, wenn sie auch in der Geschichte zur Dämonin verkommen ist, die im Himmel nur Böses von ihrem Liebhaber zu berichten weiß. Am Schluß der Erzählung bricht die irrationale Angst vor dem Weiblichen in ihrer ganzen Widersprüchlichkeit durch. Denn der Mann hat nicht nur Angst vor Verführung, sondern auch Angst, die Frau könne sich verweigern. In beiden Fällen hat er keine Macht über die Frau. Da wacht der Tor auf und meint, er könne sich weiter mit ihr vergnügen. Doch sie will nicht. Und was das schlimmste ist: Sie hat eine ‚kraftvolle Gestalt'. Der Mann ist unfähig, ihr seinen Willen aufzuzwingen. Brauchen wir noch zu fragen, warum die patriarchale Idealfrau klein und zierlich sein muß?

Das Unglück für den patriarchalen Mann ist nur, daß er – selbst wenn er die Warnung zu Herzen nimmt – sich gegen ‚Lilith' gar nicht wehren kann. Denn meidet er sie am Tage, so überfällt sie ihn in der Nacht.

> „Wenn ein Mann im Schlafe träumt, kommen häufig weibliche Gestalten zu ihm und treiben sich dort herum. Sie empfangen von ihm durch seinen nächtlichen Ausfluß und gebären nachher. Die so geborenen Geschöpfe werden ‚Plagen der Menschheit' genannt."[27]

Alle diese Eigenschaften verführerischer Sexualität, die sich im Laufe der patriarchalen Bewußtseinsentwicklung wie Geschwüre an die Gestalt der Lilith angesetzt haben, üben noch heute die gleiche bedrohliche Wirkung auf die Psyche patriarchaler Männer aus und werden als dämonische Qualitäten des Weiblichen erlebt. C. G. Jung übersetzt einen Text aus dem Chinesischen, der das überdeutlich macht:

> „Jeder Mann, der sich leiblich mit einem Weib vereinigt, der fühlt erst Lust und dann Bitterkeit; wenn der Same ausgeflossen ist, so ist der Leib müde und der Geist abgespannt. Ganz anders, wenn der Adept Geist und Kraft in sich vereinigen läßt. Das gibt erst Reinheit und dann Frische. Wenn der Samen umgewandelt ist, so ist der Leib wohl und frei. Die Welt

hat überliefert, daß der alte Meister Pong 880 Jahre alt geworden sei, indem er dienende Mädchen benützt habe, um sein Leben zu nähren; doch das ist ein Mißverständnis. In Wirklichkeit hat er die Methode der Sublimation von Geist und Kraft gebraucht."[28]

Und weiter:

„Der Tor verschwendet das höchste Kleinod seines Lebens in unbeherrschter Lust und versteht es nicht, seine Samenkraft zu wahren. Wenn sie dann zu Ende gegangen ist, so geht der Leib zugrunde. Die Weisen und Heiligen haben darum keine andere Art, ihr Leben zu pflegen, als die Lüste zu vernichten und den Samen zu wahren."[29]

Die matriarchale Frau, die ihr Selbstgefühl aus der Identifikation mit der kosmischen Liebesmacht der Göttin herleitet, wird für das patriarchale Bewußtsein zur unerträglichen Herausforderung. Sie, die zur Unterwerfung nicht bereit ist, die frei über ihren Körper verfügt, die aktiv dem Mann die Liebe anbietet, die Forderungen stellt und das Recht auf Verweigerung für sich in Anspruch nimmt, die schöpferisch und leistungsfähig ist, Trägerin und Erhalterin der menschlichen Kultur – sie wird in der patriarchalen Gesellschaft zum unverdaulichen Brocken. Zwar läßt sie sich nie ganz ausrotten; doch die wenigen selbstbewußten Frauen, die dem patriarchalen Bewußtseinsdruck widerstehen, werden von der kollektiven Denknorm mit negativen Etiketten versehen. Sie werden zur Verderberin des Mannes, zur Hure, Circe und Hexe gestempelt.

Es wäre absurd zu glauben, die Analytische Psychologie leiste eine Analyse dieser Projektionsängste und führe das patriarchale Bewußtsein zu den Urbildern der matriarchalen Kulte zurück. Die Feststellung, Lilith gehöre zum Typus des berückend-verführerischen Weiblichen, dessen allzugroße Macht und Faszination bewußtseinsauflösend wirke, ist dem Tiefenpsychologen schon Analyse genug.

Siegmund Hurwitz' Studie zur Gestalt der Lilith, die durch eine beachtliche Materialfülle gestützt ist, bewegt sich – wenn es darum geht, den bedrohlichen Charakter der Lilith zu begründen – in Zirkelschlüssen. Hurwitz geht vom patriarchalen Bewußtsein aus und landet mit seinem ‚Beweis' wieder glücklich im Hafen nicht weiter hinterfragter Vor-Urteile:

„Daß Lilith in der talmudisch-rabbinischen Tradition als derart gefährlich und dämonisch empfunden wurde, hat sowohl historische wie auch psychologische Gründe. Es hängt in erster Linie mit der patriarchalen Einstellung des talmudisch-rabbinischen Judentums zusammen, in welcher das Weibliche stets als etwas Bedrohliches empfunden wird. Daher wird in der jüdisch-christlichen, abendländischen Kulturentwicklung das Weibliche aus einer gewissen Abwehrstellung heraus nicht nur entwertet, sondern auch geradezu dämonisiert."[30]

Ich entkleide diese Satzgebilde ihres verwirrenden Füllwerks und bringe sie auf ihren Kern: Daß Lilith in der talmudisch-rabbinischen Tradition als gefährlich und dämonisch empfunden wurde... hängt damit zusammen, daß das Weibliche im talmudisch-rabbinischen Judentum als etwas Bedrohliches empfunden wird. Daher wird es nun auch in der weiteren Kulturentwicklung dämonisiert. Die Beweiskraft dieser Gedankenführung ist geradezu umwerfend.

Eine rückhaltlos ehrliche Analyse der Gestalt der Lilith und ihre ‚dunklen Aspekte des Weiblichen' müßte zugeben, daß die Dämonisierung der Lilith in der talmudisch-rabbinischen Tradition mit der Angst des patriarchalen Mannes vor der Überzeugungskraft der Mutterreligionen zusammenhängt. Lilith wurde zur Projektionsträgerin der Angst vor Sexualität und Tod. In ihr war ‚Das Böse' gefunden worden, mit dem sich die grausam unerbittliche Unterdrückung des Weiblichen rechtfertigen ließ.

„In unserem Mythos", sagt Hurwitz an anderer Stelle, „steht der dunkle und nefaste Charakter der Lilith derart im Vordergrund, ... der ausgesprochen nefaste Charakter dieser Gestalt verursacht derartige Ängste und Widerstände, daß das Bewußtsein gar nicht in der Lage ist, sich mit ihr auseinanderzusetzen."[31]

In ‚unserem Mythos' sagt Hurwitz. Er meint den patriarchalen Mythos, der diesen ‚nefasten Charakter' auf Lilith projiziert, und dadurch die Verarbeitung ‚derartiger Ängste' verhindert.

Die Aufgabe einer Kulturpsychologie, der es darum geht, „die Menschheit von den Gefahren" zu befreien, „die sie von innen und außen bedrohen"[32], müßte darin bestehen, diese Projektionen zurückzunehmen, die Ängste aufzuarbeiten und damit patriarchale Macht überflüssig zu machen. Mit den Zerrbildern seiner Phantasie hat sich das patriarchale Bewußtsein niemals wirklich auseinandergesetzt. Widerstand – massiven Widerstand – leistet das patriarchale Bewußtsein, leistet unsere gesamte abendländische Zivilisation, gegen die Auseinandersetzung mit sich selbst.

Die Analytische Psychologie bleibt im Aufzeigen der Problematik stecken: Die „Konfrontation mit dem dunklen Aspekt des Weiblichen" ist zu „einem allgemein menschlichen Problem" geworden[33]; denn

> „die Anima, welche ihrer inneren Natur nach das Eros-Prinzip verkörpert, kann von einem Bewußtsein, das sich weitgehend mit dem Logos-Prinzip identifiziert, zunächst gar nicht akzeptiert werden."[34]

Ein Bewußtsein, das sich mit dem Logos-Prinzip identifiziert, muß – vom Prinzip her – ‚die Lüste vernichten und den Samen wahren', der zu Geist und Kraft sublimiert werden soll. Auf dieser Grundstruktur baut das Patriarchat auf. Sulamith Firestone hat das auf den Punkt gebracht, wenn sie sagt:

> „Die gegenwärtige psychische Organisation der beiden Geschlechter schreibt vor, daß die meisten Frauen ihre emotionalen Energien auf Männer verschwenden, während Männer ihre Emotionen in Arbeit ‚sublimieren'. So wird die Liebe der Frauen zum Treibstoff des Kulturapparates."[35]

Die Analytische Psychologie, die den Anspruch erhebt, auch Kulturpsychologie zu sein, sollte die Re-Integration des Logos in den Lebenszusammenhang anstreben. Aber die Vorstellung, daß Ganzheit durch Einbeziehung der abgespaltenen männlichen Fähigkeiten ins umgreifend Weibliche erreicht werden könne – wird von der Analytischen Psychologie nicht in Erwägung gezogen. Wenn der mit dem Logos identifizierte Mann seine ‚Ganzheit' verwirklichen – psychologisch gesprochen: wenn er seine Individuation erreichen – will, so bleibt ihm nur ein schmaler Weg. Er steht vor der Aufgabe, „seine Anima zu integrieren und trotzdem seine Männlichkeit zu bewahren".[36]

Die Zuversicht, die ein Mann haben kann, daß ihm dieser Balance-Akt gelingt, ist beträchtlich; denn die

> „Anima ist wandlungsfähig. Sogar wenn die Anima anscheinend negativ ist und eine Vergiftung durch den Rausch usw. ‚beabsichtigt', auch dann ist noch das Umschlagen ins Positive möglich, denn bei ihr bleibt die Möglichkeit des Besiegtwerdens offen."[37]

Hurwitz kommt es in erster Linie darauf an, die Problematik des Weiblichen *für den Mann* darzustellen:

> „Für den Mann bedeutet dieses Abgespaltensein vom Weibli-

chen, besonders, wenn es längere Zeit andauert, eine schwere psychische Schädigung, da er auf diese Weise einerseits vom Leben, andererseits von seinem Eros und Gefühl abgespalten bleibt."[38]

Begegnet der Mann einer der Lilith ähnlichen Frau,

„dann wird er, früher oder später, entweder mit ihrer verführerischen Seite oder, was vielleicht noch gefährlicher ist, mit ihrem Machttrieb konfrontiert. In diesem Konflikt kann er entweder versagen oder wachsen, je nachdem, ob er sich unterwirft oder sich zu behaupten versucht und damit seine Männlichkeit entwickelt."[39]

Die Lösung sieht Hurwitz in der bewußten Annahme der ‚archetypischen Konstellation', die darin zu sehen sei, daß Adam, der Mann, symbolisch den Himmel, Eva, die Frau, dagegen die Erde verkörpere. Er zitiert an dieser Stelle die Meinung einer Kollegin, die als Beispiel dafür dienen kann, wie sehr Frauen bereit sind, das patriarchale Bewußtsein zu internalisieren:

„A. Lewandowski ist in ihrer Arbeit über das Gottesbild als Quelle des Bösen dieser Frage nachgegangen und hat versucht, die ‚richtige' Verhaltensweise von Adam und Lilith herauszuarbeiten. Ausgehend von der Erzählung des Ben Sira kommt sie zu dem Ergebnis, daß sich Lilith in diesem Machtkampf völlig falsch verhalten habe, indem ihre Reaktion auf die Weigerung Adams, auf ihre Wünsche einzugehen, völlig unangepaßt war. Indem sie viel zu ‚hot-headed and drastic' (hitzköpfig und derb) reagierte, habe sie sich wie eine vom Animus besessene Frau verhalten, die ihren Machttrieb rücksichtslos durchzusetzen versuchte. Die einzig ‚richtige' Verhaltensweise hätte darin bestehen müssen, daß die beiden Partner das Problem vom psychologischen Standpunkt aus anvisiert hätten. In diesem Falle wäre es möglich gewesen, die beiden ‚Positionen' symbolisch zu verstehen, das heißt, Lilith hätte ihre untere Stellung als ‚Erde' aufgefaßt und sie so akzeptieren können. Adam dagegen hätte die seinige als ‚Himmel' verstanden und beibehalten. Dies hätte bedeutet, daß es in erster Linie an Lilith war, ihre Haltung zu ändern, damit sie die ‚untere Position' nicht mehr als Unterlegenheit zu empfinden brauchte."[40]

Nichts hat sich gewandelt. Unverändert bleibt die Seelenlandschaft ein Schlachtfeld, auf dem der Machtkampf der Geschlechter ausgetragen wird. Nur in der ‚Möglichkeit des Besiegtwerdens' sieht die verängstigte Psyche des patriarchalen Mannes eine positive Wendung des neurotischen Konflikts. Erst wenn Lilith das patriarchale Weltbild internalisiert hat, ist die Gefährdung der Männermacht gebannt. Die Wandlung der Anima ist erreicht, „wenn das innere Bild seine Schwärze, Wildheit und Triebhaftigkeit" verloren hat – eine Wandlung, „die mit dem Aufstieg ins Lichtreich, das heißt, mit fortschreitender Bewußtwerdung einhergeht".[41]

Der Zirkel ist wieder geschlossen. Am Anfang der ‚für die Menschheitsgeschichte notwendigen Patriarchatsentwicklung' stand die Verdrängung der ‚dunklen Aspekte' des Eros und deren Projektion auf das Weibliche. Am Ende des Individuationsprozesses ist der Mann wieder bei seinem patriarchalen Bewußtseins-Ich angekommen.

Die Abwertung des matriarchalen Bewußtseins zu ‚einer psychologisch längst überwundenen Einstellung'[42] verbaut uns die Rückbesinnung auf matriarchale Werthaltungen. Das patriarchale Bewußtseins-Ich kann von Macht – im Sinne von ‚Über-Legenheit' – nicht abstrahieren, und daher verfügt auch die patriarchale Begrifflichkeit nicht mehr über die Sprachbausteine, mit denen sich matriarchale ‚Frauenmacht' – innewohnende Seins-Macht im Gegensatz zu aufgesetzter, angemaßter Machthaberei – definieren ließe.

Es sind daher heute die Frauen, die weibliche Integrationsmacht und matriarchale Werte wiederentdecken und nach Wegen suchen, die Bedeutung des matriarchalen Bewußtseins für die moderne Menschheit bewußt zu machen. Zugleich entstehen Entwürfe für eine Zukunft jenseits patriarchaler Macht:

> „Die Frauenbefreiung muß versuchen, eine neue kooperative soziale Ordnung zu schaffen, jenseits von Hierarchie, Herrschaft und Wettbewerb. Sie muß bei den kleinsten Einheiten anfangen, wo die psychosoziale Polarisation sich zuerst auswirkte, und ein Lebensmodell der Gegenseitigkeiten zwischen Mann und Frau schaffen, zwischen Erwachsenen und Kindern, zwischen Menschen und ihren verschiedenen sozial-ökonomischen und politischen Verhältnissen und schließlich zwischen der Menschheit und den organischen Harmonien der Natur."[43]

Die Königin im Fenster

Eine Frau schaut aus dem Fenster und pfeift den Vorübergehenden zu: „Liebling, willst du nicht heraufkommen und mit mir schlafen?"

Wir wissen schon, wer das ist. Es ist eine Enkelin Liliths, die mit allen Männern der Welt schläft. Sie ist nicht mehr bedrohlich wie einst; denn niemand nimmt sie ernst. Sie hat keine Macht mehr über den Mann. Sollte der, den sie angesprochen hat, wirklich zu ihr hinaufgehen, wird er sie bezahlen. Damit ist die Sache für ihn erledigt. Er ist frei und kann gehen, wohin er will. Seine Sexualität ist zu einer Sache geworden, die keine Konsequenzen für ihn hat. Weder Gefühle noch sachliche Verpflichtungen binden ihn an die Frau. Sie, die mit allen Männern der Welt schläft, ist eine Verachtete. Sie ist ins gesellschaftliche Abseits geraten. Niemand gibt sich Rechenschaft darüber, daß sie eine entlastende Funktion hat auf der Rückseite der verlogenen Sexualmoral patriarchaler Gesellschaften. Siegmund Hurwitz meint:

> „Das Hinausschauen aus dem Turmfenster entspricht dem Pfeifen aus dem Fenster oder dem Hinauslehnen aus dem Fenster und galt seit jeher allgemein als eine Aufforderung an die Männer, sich von der Frau verführen zu lassen."[1]

Es handelt sich offensichtlich um eine Gebärde, die Symbolcharakter hat. Sie gehört zur ‚archetypischen Erfahrung des Mannes mit dem negativen, verführerischen Weiblichen, das fasziniert und bewußtseinsauflösend wirkt'.

Versetzen wir das Bild von der ‚Frau im Fenster' um ein paar Jahrtausende zurück in eine Zeit, die den abgespaltenen Begriff ‚Sexualität' noch nicht gekannt hat: Die ‚Frau im Fenster' war einst eine Hohepriesterin, die kultische Königin, die den Geliebten zur Heiligen Hochzeit aufforderte. Der Jüngling, mit dem die Priesterin schlief, empfing durch die Heilige Hochzeit göttliche Weihen. Er empfing sie stellvertretend für die gesamte Natur, die er verkörperte: Liebe war das schöpferische Agens, die

Kraftquelle, die das Wachsen der Pflanzen bewirkte, die Fruchtbarkeit der Tiere sicherte und das Ansteigen der Wasser in den Flußläufen verursachte. Die Liebe knüpfte das menschliche Dasein in die kosmische Ordnung ein und gewährleistete die Erhaltung des Lebens, den Sieg der geistigen, seelischen und physischen schöpferischen Kräfte über Untergang, Tod und Verwesung.

Weit entfernt davon, ‚nur' Fruchtbarkeitskult zu sein, traf der schöpferische Impuls alle Bereiche der menschlichen Existenz. Die ganzheitliche Erfahrung einer Liebe, der das *Wort* Sexualität unbekannt war, schuf einst die Voraussetzung für menschliche Integrität, für die seelische Gesundheit von Frauen *und* Männern.

Die ‚Frau im Fenster' ist im Laufe der patriarchalen Bewußtseinsentwicklung zur ‚Verführerin des Mannes' geworden. Die Priesterin ist zur Dirne, zur Prostituierten verkommen. Zwischen Heiliger Hochzeit und Prostitution liegt die Geschichte eines Symbolwandels, die den dramatischen Verfall menschlicher Seelenkraft im Umgang mit Liebe und Tod beschreibt.

Elfenbeinschnitzereien, die eine ‚Königin im Fenster' darstellen, waren im Vorderen Orient und im östlichen Mittelmeerraum weit verbreitet. Bei den archäologischen Fundstücken handelt es sich meist um Bruchstücke, Teile jener Elfenbeinbetten, kultischer Möbelstücke, die zur Feier der Heiligen Hochzeit besonders kostbar ausgestattet waren. Die Priesterinnen der Aphrodite zeigten sich ebenso im Fenster, um nach dem Geliebten zu rufen[2], wie die orientalischen Königinnen, die sich als Inkarnation der Großen Göttin auf dem irdischen Thron verstanden. In London befindet sich ein Relief aus dem Palast des Assurbanipal (669 – 627 v. Chr.) aus Ninive, das den König auf einem geschmückten Prunkbett zeigt, neben ihm die Königin, umgeben von Dienern und Musikanten.

Das Gemach für die Feier der Heiligen Hochzeit befand sich im Turm am Eingang der Tempelstadt oder im Tempel selbst.[3]

> „Im Tempel des Gottes Nabu wurden Elfenbeinschnitzereien gefunden, die die Frau im Fenster darstellen, Schnitzereien, die offenbar zur Ausschmückung der kultischen Betten bevorzugt worden sind.“[4]

Der rituelle ‚Lauf um die Mauer‘, der aus dem alten Ägypten überliefert ist[5], endete mit dem triumphalen Einzug des Königs durch das Stadttor, wo ihm die Königin, gehüllt in ihre priesterliche Kleidung und angetan mit kostbarem Kultschmuck, entgegensah. Ihr freundliches Entgegenkommen, ihr Gruß aus dem Fenster setzte ein Zeichen, hatte symbolischen Charakter. Es war der unverzichtbare rituelle Akt, mit dem der König zur Heiligen Hochzeit geladen wurde. Deshalb schmückte man die elfenbeinernen Kultbetten mit dem Bild der ‚Königin im Fenster‘. Die Wahl des Nachfolgers lag in der Hand der Königin, und mit ihrem Erscheinen im Fenster zur Begrüßung des Königs bestätigte sie ihre Entscheidung. Das Erscheinen der ‚Königin im Fenster‘ gehörte zum matriarchalen Erwählungsritual. Es war eine Kultgebärde, die seit archaischen Zeiten vom Mann als Aufforderung zur Heiligen Hochzeit verstanden werden sollte.

Das Recht der ägyptischen Königin, ihren Gemahl frei zu wählen, ist durch ein zufällig erhaltenes Dokument noch für die Zeit um 1350 v. Chr. bestätigt. Ein Brief, der an den Hethiter-König Schuppiluliuma gerichtet ist, hat folgenden Wortlaut:

> „Mein Gemahl ist tot, und ich habe keinen Sohn. Die Leute sagen, daß deine Söhne erwachsen sind. Wenn du mir einen deiner Söhne schickst, wird er mein Gatte werden; denn ich

will keinen von meinen Untertanen nehmen und ihn zu meinem Gatten machen."[6]

Da der Brief nur die Unterschrift ‚die Königin' trägt, streiten die Gelehrten darum, ob Nofretete nach dem Tode Echnatons oder Anchesenpa-Amun nach dem Tode Tut-anch-Amuns diesen Brief an den hethitischen König gesandt habe. Welche Königin ihn auch geschrieben haben mag – es ist niemals dazu gekommen, daß sie den Prinzen aus dem Palastfenster oder aus dem Fenster des Stadtturms begrüßen konnte. Hinter dem Rücken der Königin verschworen sich die Mächtigen Ägyptens und ließen den Hethiterprinzen auf der Reise nach Ägypten ermorden. Ein Krieg mit dem Hethiterreich war die Folge. Die Königin mußte sich der Macht im eigenen Lande beugen. Sie trat nicht mehr dem Erwählten am Fenster entgegen, sondern dem Usurpator.

Der Verlust weiblicher Würde und die Zerstörung der matriarchalen Gesellschaftspraxis läßt sich an der Symbolgeschichte der ‚Königin im Fenster' nachvollziehen. Obwohl Männer patriarchale Macht aufbauten, konnten sie auf das Ritual nicht verzichten, das den Eroberer in den Augen des Volkes erst mit der kultischen Königswürde ausstattete. Nur, wenn der Heerführer auch Kultkönig wurde, konnte seine Macht von Dauer sein. Kultische Rechte waren kollektivpsychologisch verankert und daher zählebig. Die Usurpatoren auf dem Pharaonenthron haben sich alle durch den Kult zu legitimieren versucht. Noch Cäsar wurde durch Kleopatra zum ‚Gott'.

Daß sich die unterworfene Königin dem Eroberer im Fenster zeigt, um ihm die kultische Bestätigung anzubieten, darüber weiß auch die Bibel noch zu berichten. Als Isebel, die von 871–845 v. Chr. Königin in Israel war, vom Herannahen des Feldhauptmanns Jehu erfuhr, da

„schminkte sie ihr Angesicht und schmückte ihr Haupt und schaute zum Fenster hinaus".[7]

Aber nicht genug damit, daß in dieser Zeit die matriarchale Kultmacht von patriarchaler Kriegsmacht gewissenlos benutzt wurde, um mühelos politische Ziele zu erreichen – die biblischen Schriftsteller haben sich noch Grausameres ausgedacht. Jehu läßt die Königin aus dem Fenster werfen,

„daß die Wand und die Rosse mit ihrem Blut besprengt wurden. Und sie ward zertreten". Wenig später ist nichts mehr von ihr zu finden als nur noch der Schädel, die Füße und ihre flachen Hände; denn es geschah, wie der Herr geredet hatte:

„Auf dem Acker Jesreels sollen die Hunde der Isebel Fleisch fressen, und das Aas Isebels soll wie Kot auf dem Felde sein im Acker Jesreels, daß man nicht sagen könne: Das ist Isebel."[8]

Es gibt gute Gründe anzuzweifeln, daß der Feldhauptmann Jehu die Königin Isebel tatsächlich ermordet haben sollte; denn von dem Eroberer wird gesagt: „Er hielt das Gesetz des Herrn nicht."[9] Jehu respektierte die Stierkulte und diente ihnen. Er verehrte die Ascherat und huldigte dem Ba'al. Wenn er die Königin ermordet hätte, wäre sein Königsamt von kurzer Dauer gewesen. Isebel, die Tochter König Eth-Ba'als von Sidon, die Gemahlin Ahabs, der König war in Samaria, die große matriarchale Kultkönigin Israels, Herrin über vierhundert Ascherat-Priesterinnen – die Bibel sagt, es seien Priester gewesen –, diese tatkräftige und umsichtige Frau, die Königin gewesen ist nicht nur zuzeiten Ahabs, ihres Gemahls, sondern auch an der Seite ihres Sohnes Joram, verkommt durch den redaktionellen Eingriff einiger fanatischer Jahwe-Priester zur Zauberin, zur Unholdin, deren Aas die Hunde fressen. Im biblischen Schrifttum vollzieht sich der Wandel von der ‚Königin im Fenster' zur Hure übergangslos, radikal und bedenkenlos.

Eine alte Geschichte erzählt von der Hure Rahab,

„und ihr Haus war auf der Stadtmauer, und sie wohnte auch auf der Mauer".[10]

Die Bibel erzählt, sie sei den Männern behilflich gewesen, die den einwandernden Israeliten vorangingen, um die Lage in der Stadt Jericho auszukundschaften. An einem Seil ließ sie die Fremdlinge zum Fenster hinaus, damit sie unbeobachtet entkommen konnten. Rahab aber entspricht im hebräischen Mythos der Gestalt der orientalischen Tiamat, der Großen Göttin, von der es heißt, sie sei ‚die Beherrscherin der Männer'.[11] Und wie Marduk, der Gott mit den fünfzig Namen[12], die Tiamat bekämpft, so zerschlägt Jahwe das ‚Ungeheuer Rahab'.[13] Die Große Göttin von Jericho war den Israeliten durch die Überlieferung bekannt. Sie muß für die vor-jahwistischen Israeliten eine bedeutende kultische Rolle gespielt haben, obwohl Jericho, die Stadt aus der Steinzeit, um 1200 v. Chr. – als israelitische Stämme zum ersten Mal historisch nachweisbar waren – bereits seit Jahrhunderten in Trümmern lag. Die späte, jüdische Geschichtsschreibung verfälschte den überlieferten Kulttext zu einer Erzählung, die jeder historischen Grundlage entbehrt. Aus der ‚Königin im Fenster', der Priesterin des matriarchalen Kultes, wurde die ,Hure'. Man kann davon ausgehen, daß alle Frauen, die in der Bibel ,Huren' genannt werden, tatsächlich Priesterinnen gewesen sind.

„Der alttestamentliche Ausdruck z-n-h- (zoneh) bedeutet soviel wie Hurerei und Unzucht verüben und wird besonders im Zusammenhang mit den Hierodulen, den kultischen Tempeldirnen verwendet."[14]

Das Weibliche ist für patriarchales Bewußtsein in doppelter Weise bedrohlich: durch das angestammte kultische Recht matriarchaler Weltdeutung, die im Weiblichen das schöpferische Prinzip erfährt, und durch die Sinnenmacht der Frau. Die ,Emanzipation des Mannes aus dem Reiche der Mütter' bedeutet vor allem auch die Freisetzung aggressiver Potenzen, die in der matriarchalen Gesellschaftspraxis in kultische Ekstase eingebunden waren.

Weil sie starke Frauen waren, wirkten sie bedrohlich, und der patriarchale Mythos hat sich dieser matriarchalen Königinnen, die unabhängig und frei ihren Geliebten wählten, auf seine Weise entledigt. Ein neues Leitthema läßt sich erkennen: Der König sperrte seine Tochter kurzerhand ein. Die ,Königin im Fenster' wurde zur Gefangenen im Turm. Aber der Geliebte findet sie doch, und die Frau verliert auch als Unfreie nichts von ihrer Bedrohlichkeit. Offensichtlich war es umsonst, daß Akrisios seine Tochter Danaë in den Turm sperren ließ. Zeus fuhr in einem Regen von Gold herab und zeugte Perseus mit ihr. Als ,Gefangene im Turm' bleibt die ,Königin im Fenster' in der Weltliteratur erhalten. Sie ist die Königstochter im Gilgamesch-Epos, die Enmekar in den Turm gesperrt hat, und niemand weiß zu sagen, auf welche Weise der Geliebte trotzdem zu ihr gekommen ist.

„Es war einst in uralten Zeiten ein König,
Enmekar mit Namen, ein Herrscher in Uruk-Gart.
Dem hatten die Wahrsager verkündet:
,Wen deine Tochter gebären wird,
der wird dich des Königreichs berauben.'
Furcht befiel den König, und damit's nicht geschehe,
schloß er die Jungfrau in einen Turm;
aufs genaueste ließ er sie dort bewachen.
Doch nach der Götter Bestimmung, die nicht zu ändern,
gebar sie heimlich von einem Niemandssohn.
Die Wächter, aus Furcht vor des Königs Zorn,

warfen den Knaben vom Turme herab.
Das erspähte ein Adler mit scharfen Augen,
nahm das Kind, eh' es zu Boden schlug, auf den Rücken.
Zu einem Palmgarten trug er's und setzte
daselbst behutsam es nieder.
Der Gärtner entdeckte das schöne Knäblein,
gewann es lieb und erzog es auf.
Gilgamesch nannte er es mit Namen.
Herangewachsen, zum Manne geworden,
entriß Gilgamesch Enmekar, dem Vater seiner Mutter,
das Königtum.
So hat sich an ihm die Bestimmung erfüllt."[15]

Furcht befiel den König: Die Angst des Mannes vor dem Nachfolger – Todesangst und Sexualangst zugleich – sind auf die Frau projiziert. Ein König beraubt seine Tochter ihrer Freiheit, beansprucht die Kontrolle über ihre Gebärfähigkeit.

In der Sage von Hero und Leander wird die Kultpriesterin, die ihrem Liebsten aus dem Fenster zuwinkt, nicht dem König, sondern dem liebenden Manne selbst zur tödlichen Gefahr. Nacht für Nacht durchschwimmt Leander den Hellespont, um zu Hero, seiner Geliebten, zu kommen. Doch die Liebe gerät dem Jüngling zum Verhängnis. Hero, die eine Kultpriesterin der Aphrodite ist, entzündet in ihrem Turmfenster eine Kerze, um dem Liebsten Ziel und Richtung zu weisen. Doch als sie in einer stürmischen Nacht im Tempel Dienst tun muß, erlischt die Kerze. Leander verfehlt die Richtung und kommt in den stürmischen Wellen um. Als am anderen Morgen seine Leiche an den Strand gespült wird, stürzt sich Hero, untröstlich über den Tod des Geliebten, verzweifelt ins Meer. Liebe und Tod, eng miteinander verknüpft, werden in dieser griechischen Sage als Liebestod romantisch besungen. Trotzdem hat die Angst vor Liebe und Tod auch zum Mythos von Hero und Leander Pate gestanden. Mit der Anheimgabe an die Liebe wird die Unabwendbarkeit des Todes vor Augen geführt.

Die ‚Königin im Fenster' hat zwei Gesichter. Das Orakel verkündet sie als Todesbotin, und sie erfüllt trotzdem das Gesetz der Liebe. Oder die Priesterin der Liebe wird, wie in der Sage von Hero und Leander, zur Botin des Todes.

Die Volksdichtung hat die Tragik und Doppelgesichtigkeit der Liebe auf scheinbar einfache Weise überwunden. Die Symbolgestalt tritt in ihre Aspekte auseinander, spaltet sich in die

‚Furchtbare Todesmutter' und die ‚positive Anima' auf. Das Lied ‚Es waren zwei Königskinder' greift das Thema der Liebe zwischen Hero und Leander wieder auf. Doch den Tod des Jünglings verschuldet nicht die Prinzessin selbst, sondern die ‚böse Alte':

„Da kam eine falsche Nonne,
die tat, als wenn sie schlief.
Die tät das Licht auslöschen.
Der Jüngling ertrank so tief."

Die für das patriarchale Bewußtsein idealtypische Trennung von Gut und Böse ist erreicht. Sie kennzeichnet auch das Grundmuster der Märchendichtung.

Dornröschens Schicksal ist überschattet von der Prophezeiung der ‚bösen Fee'. Nur die Wünsche einer ‚guten' Fee vermögen die Todesdrohung abzuwehren. Die Prinzessin soll in hundertjährigen Schlaf fallen. Die böse Alte, der Archetyp der ‚Furchtbaren Mutter', ist glücklich besiegt. Aber auch der beängstigende Aspekt der Sexualität wird im Märchen eliminiert. Der Turm wird zum Schauplatz des Frauenschicksals. Wie im archaischen Kult Priesterin und Priester im Tempelturm die Heilige Hochzeit begehen, so dringt der Märchenprinz zur festgesetzten Zeit in das Turmgemach vor. Ein harmloser Kuß ersetzt die ekstatische Liebesfeier der kultischen Hochzeit.

Auch das Märchen vom ‚Rapunzel' trennt die ‚positive Anima' von der ‚Furchtbaren Mutter'. Wie einst die Priesterin Rahab, so läßt auch Rapunzel den Geliebten an einem ‚Seil' ins Turmgemach ein; langes, dichtes Haar hat sie zu einem Zopf geflochten, das dem Prinzen Eingang und Ausgang ermöglicht. Die ‚böse Hexe', die den Jüngling bei Rapunzel überrascht, vertreibt das unglückliche Mädchen, das in ein unwirtliches Land fliehen muß. Hier, in der Einsamkeit und Wüstenei, werden plötzlich unvermittelt und überraschend zwei Kinder erwähnt. Zur Analyse dieser Textstelle sagt ein Märchenforscher:

„Von einer Heirat wird nicht berichtet, und sexuelle Beziehungen werden nicht angedeutet; die Erwähnung der Kinder erweckt die Vorstellung, daß man Kinder als Frucht der Liebe, ohne Sexualität bekommen kann."[16]

Im Sinne der patriarchalen Bewußtseinsentwicklung bedeutet das Märchen einen Fortschritt gegenüber dem Mythos. Im Mythos erscheinen Tod und Sexualität noch als ganzheitliche Erfahrung, wenn sie auch von einem Bewußtsein, das Erlösung von seinen natürlichen Bedingungen sucht, als Tragik empfunden wird. Das Märchen bietet diese Erlösung an: Kinder werden ohne Sexualität geboren, und der Tod ist aus dem Blickfeld gerückt. ‚... und wenn sie nicht gestorben sind, so leben sie noch heute.' Das Böse aber verschuldet die Alte, die ‚furchtbare Todesmutter' der Analytischen Psychologie. Bruno Bettelheim sagt: „Die Sage endet fast immer tragisch, das Märchen geht stets gut aus."[17] Die Analytische Psychologie bezeichnet die Trennung der ‚positiven Anima-Gestalt' von der Gestalt der ‚furchtbaren Mutter' als die ‚Herauslösung der Anima aus dem Drachen', aus dem ‚matriarchalen Uroboros'. Die Prinzessin im Märchen wird zur Projektionsträgerin aller positiven Wünsche, die der Mann an das Weibliche hat.

> „Sie wird in der weiteren Entwicklung die ‚Junge', die Prinzessin oder Anima, abgespalten von der ‚Alten', die im Unbewußten als gute oder böse Mutter unabhängig von ihr ihre besondere Rolle weiter spielt."[18]

Aber auch diese junge Frau ist für den Mann noch immer bedrohlich.

> „Sie enthält zauberisch-faszinierende, verführende, gefährlich verstrickende, weisheit- und wahnsinnbringende Elemente... Sie ist als Seele undefinierbar, wie es das Weibliche für den Mann ist, aber sie ist endgültig eingetreten in den Bereich des Menschen... ein Du, das von einem Ich ansprechbar und nicht nur kultisch verehrbar ist."[19]

Nur als abgespaltenes Weibliches, dem alles Bedrohliche und Beängstigende genommen ist, wird die Frau für den Mann *‚zuordnungsfähig'*. Sie wird erst Person als ‚Prinzessin-Anima'. Es ist die Aufgabe des Helden, diese Anima für sich zu ‚erlösen':

> „Ihm wird ein wesensmäßig gleichartiges Weibliches zuordnungsfähig, sei es als Frau oder als Seele, und die Bezogenheit und die Beziehungsfähigkeit des Ich zu diesem Weiblichen bildet den Kerninhalt der Eroberung. Darin gerade besteht der Gegensatz der Prinzessin zur Großen Mutter, zu der eine menschlich gleichwertige Beziehung unmöglich ist."[20]

Es gehört zum Widersprüchlichsten der Analytischen Psychologie, daß sie, die auf das Erreichen seelischer Ganzheit abzielt, das Weibliche in tausend Puzzle-Teilchen zerlegt. Sie *beschreibt* damit nicht nur die seelische Realität der patriarchalen Psyche, sondern *schreibt sie fest.*

Dem ‚Manne auf der Straße' wird die ‚zuordnungsfähige Prinzessin' als junges, hübsches Mädchen in Illustrierten, Magazinen, Filmen und in der Werbung präsentiert. Sie strahlt in ewiger Jugend, hat niemals Falten, sie ist immer gut frisiert und verbraucht reichlich Kosmetika, um dem Manne jene Illusion zu verschaffen, daß sie ‚partnerfähig' sei. Die gefährlich verstrickende und zauberisch-faszinierende Seite klammert das geängstigte Ich ebenso aus wie es den Gedanken an die ‚Alte' verdrängt. Daß gegenüber dem ‚Objekt Weib', dem ‚zuordnungsfähigen Du', das Ich immer männlich ist, versteht sich im Zusammenhang mit dem Denkansatz der Analytischen Psychologie von selbst.

Die ‚Königin im Fenster', die werbende Frau, die nach ihrem Geliebten Ausschau hält, hat ihren Charakter gewandelt. Im 19. Jahrhundert sah man die Bürgerstochter am Fenster sitzen, über einen Stickrahmen gebeugt, sittsam und tugendhaft. Auf den Mann zu warten, war ihr einziger Lebenssinn. Widersprüchlicherweise durfte sie das am allerwenigsten zugeben. Ihr Blick war stets niedergeschlagen. Sie signalisierte eine ‚Beziehungsfähigkeit', der alles Bedrohliche genommen war. Ihr Leidenschaftscharakter war gezähmt, ihre Sinne verstümmelt und ihr Aktionskreis eingeengt. Unter dem Dogma patriarchaler Definitionsmacht blieb den Frauen nur die Wahl zwischen dem Lebenskonzept der ‚Heiligen' und dem der ‚Hure'. Als ‚goldener Mittelweg' bot sich der patriarchale Ehestand an, in dem die Sexualität der Frau kontrolliert und verwaltet und ihre Psyche reglementiert und patriarchalen Denknormen unterworfen wurde. Mit einem umfangreichen Katalog an Verhaltensanforderungen wurde der Typ der ‚idealen Ehefrau' und der ‚guten Mutter' charakterisiert, ein Idealbild, dem eine Frau niemals wirklich entsprechen kann.

Die ‚gute Ehefrau' hat ihre bedrohliche Seite an die Prostituierte abgegeben. Auch die Dirne ist eine Nachfahrin der ‚Königin im Fenster'. In Amsterdam und in manchen norddeutschen Städten ist es üblich, daß die Prostituierten in den Fenstern sitzen, falls sie ‚frei' sind. Wenn der Fremde durch die Stadt schlendert, winkt ihm dort noch immer eine Enkelin Liliths entgegen und pfeift aus dem Fenster... als ‚Aufforderung an die Männer, sich verführen zu lassen'.

Die moderne Gesellschaft hat mit überkommenen Zwängen gebrochen. Neue, ungewohnte Lebensweisen werden versucht. Dadurch entsteht die Illusion, daß die Sexualität ‚befreit' sei.

Kreativität und unbegrenzte Entfaltungsmöglichkeiten würden dem Menschen zurückgegeben, seit die verlogene Moral vergangener Jahrhunderte überwunden ist. Unter diesen Voraussetzungen kann ‚sexuelle Befreiung' nicht gleichbedeutend sein mit Frauenbefreiung. Denn eine solcherart ‚befreite Sexualität' macht neue Formen der Frauenunterdrückung erst möglich. Frauen sollen nun jederzeit verfügbar sein – und sie sind austauschbarer geworden denn je. Die Frau, die zur ‚Verführerin befreit' worden ist, trägt trotz allem noch immer die Projektion der ‚negativen Anima'. Bemüht sie sich, positive Projektionen auf sich zu ziehen, wird sie sich überfordern und verausgaben in dem Bemühen, einem irrationalen Wunschtraum zu entsprechen. Nicht die ‚Befreiung der Sexualität', sondern ihre *Integration* kann allein das Ziel der Frauenbewegung sein.

Die Jungfrau muß genommen werden

„Magdeburg, das Mägdelein,
das sich nicht ergeben will...
die keusche Jungfrau –
ich habe sie genommen!"

Nach seinem Sieg über Magdeburg im Jahre 1631 besucht Graf Tilly ein Jesuitenkloster. Die Ordensbrüder bereiten dem Kriegsherrn einen triumphalen Empfang. Zu seinen Ehren haben die Zöglinge ein getreues Modell der Stadt Magdeburg gebastelt: Die Festung vor dem Sturm. Der General demonstriert am Modell den Hergang der Schlacht. Dann greift er zu dem Modell einer Kanone und feuert ab... auf Magdeburg, die imaginäre Jungfrau. Lüstern wiederholt er: „Ich habe sie genommen, die keusche Jungfrau!" Das Kanonenrohr in seiner Hand wird zum erigierten Penis. Unter seinen anzüglichen Worten gleicht die Entladung des Geschützes einer aggressiven Ejakulation.

Das war eine Szene aus dem Film „Cautio criminalis", der den Widerstand des Jesuiten Friedrich Spee von Langenfeld gegen die Hexenprozesse zum Thema hatte. Doppelt tritt die unselige Verknotung von Sexualität und Töten ins Bewußtsein: durch Folterung und brutale Ermordung von Frauen wie durch das Töten im Krieg.

Seit am 18.6.1782 – vor etwa 200 Jahren – die Anna Göldi aus Glarus in der Schweiz als die letzte ‚Hexe' zum Tode verurteilt und hingerichtet worden ist[1], hat sich an der entarteten Erlebniswelt von Sexualität nicht geändert. Nach wie vor verschafft aggressive Sexualität sich ihren Ausdruck in der alltäglichen Gewalt gegen Frauen, spiegelt sich im Sprachgebrauch, in einer Symbolik, die das Sexuelle mit Begriffen von Waffe, Krieg und Kampf benennt.[2]

350 Jahre nach der Eroberung von Magdeburg, der ‚keuschen Jungfrau', die ‚genommen werden mußte', ist Schießen und Töten noch immer die perverse Erlebnisweise von Sexualität. Dorothee Sölle erwähnt das Lied einer westdeutschen Rockband:

„Komm, wir lassen uns erschießen
an der Mauer Hand in Hand,
komm, wir lassen uns erschießen
mit dem Rücken an die Wand.
Langeweile killt nur langsam,
du wirst seh'n, es tut uns gut.
Mir ist heute so gewaltsam,
mir ist nach Schüssen heut zumut."

„Diese Worte ‚nach Schüssen' werden dann über 25mal wiederholt."[3] Unschwer läßt sich nachempfinden, daß die ‚Schüsse' in ihrer mehr als 25maligen Wiederholung den Geschlechtsakt meinen, der den jungen Leuten gut tun wird und nach dem ihnen ‚so gewaltsam' zumute ist.

Nun wird ein Mann, der um eine reife, befreite Liebesbeziehung bemüht ist, weit von sich weisen, daß er zu Gewalt gegen Frauen fähig sei oder daß in seiner unbewußten Psyche sich die Lust am Töten mit sexueller Lust vermische. Ein Erlebnis aus einer Selbsterfahrungsgruppe mag darüber nachdenklich stimmen:

Der Psychologe schlägt ein Rollenspiel vor, für das er aus der Gruppe drei Männer und eine Frau sucht. Die vier ‚Schauspieler' sind rasch gefunden. Die übrigen Teilnehmer rücken mit ihren Stühlen an die Wand des Saales und machen genügend Raum für das Spiel frei.

Die Rollenvorgabe: Eine junge Frau verläßt zu später Nachtstunde ein Fest. Sie ist allein. Die drei jungen Männer lösen sich aus dem Schatten der Hauswand. Ihre Rolle verlangt, die Frau in den naheliegenden Park zu drängen, um sie dort zu vergewaltigen. Die Rollenvorgabe für die Frau geht davon aus, daß es möglich sei, die aufdringlichen Belästiger in irgendeiner geschickten Art und Weise abzuschütteln.

Das Rollenspiel scheint gänzlich ungeeignet für diese Gruppe zu sein. Die Teilnehmer gehören alle dem gut bürgerlichen Milieu an. Und sollte dies noch kein Prädikat sein, so hätte jeder Seminarteilnehmer bestätigt, daß keinem der drei Männer aggressives Verhalten gegenüber einer Frau zuzutrauen sei. Ebenso schätzten die Männer auch sich selbst ein. Doch das Spiel belehrte sie eines anderen.

Es beginnt scheu, spielerisch, mit einem freundlich anzüglichen Geplänkel. Zunächst versucht die Frau durch rasches Gehen, die Aufdringlichen abzuschütteln. Einer verstellt ihr den

Weg, zwingt sie zu antworten. Sie argumentiert sachlich, vernünftig, appelliert an die ‚Ritterlichkeit im Mann'. Das weckt nur Hohn, reizt die Männer eher. Sie werden handgreiflich. Die Frau wehrt sich. Innerhalb weniger Minuten eskaliert das ‚Spiel' zum Entsetzen aller, scheint kein Spiel mehr zu sein, sondern gelebte Brutalität. Die drei Männer zerren die Frau in den ‚Park', werfen sie zu Boden.

Der Spielleiter greift ein. Die Gruppe setzt sich zusammen und versucht, den Hergang zu analysieren. Bezeichnenderweise kommen die Teilnehmer von der Rollenvorgabe nicht los: *Die Frau* hätte sich anders verhalten müssen, um die Männer abzuschütteln. Immer wieder wird – nicht nur von männlichen Teilnehmern – diskutiert, es sei Sache der Frau gewesen, die Eskalation der männlichen Aggression zu verhindern. Sie habe nicht selbstbewußt genug reagiert. Angebrachter sei Karate-Technik gewesen als ein Appell an die Ritterlichkeit der Männer. Warum sie nicht zurückgelaufen sei. Warum sie nicht laut geschrieen habe. Warum sie überhaupt ohne Begleitung das Fest verlassen habe. Erst als die drei männlichen Rollenspieler ihre Betroffenheit artikulieren, nimmt die Diskussion eine Wendung. Aggression gegen Frauen gehört nicht in das Verhaltensrepertoire dieser Männer. Wieso konnte, was als Spiel begonnen hatte, derart außer Kontrolle geraten? Ratlosigkeit und Bestürzung sind nun allgemein. Niemand findet eine Antwort. Die Frage nach dem ‚Unbewußten' drängt sich auf. Welche unbewußten Abläufe steuern des Mannes Verhalten und lassen ihn zum Tier werden. Zum Tier? Tiere würden das nicht tun!

Kann es sich um ein angeborenes oder vererbtes Verhalten des Mannes gegenüber der Frau handeln? Öffnet die Analytische Psychologie Zugang zum Verständnis dieser bestürzenden Erfahrung? Bieten Mythos und Märchen Beispiele für Gewaltanwendung der Männer gegen Frauen? Das Umgekehrte scheint der Fall zu sein. Im Märchen stellt die Prinzessin den Helden vor schwierig zu lösende Aufgaben. Ist er erfolgreich, so wird sie seine Frau. Versagt er, so ist er des Todes. Das Märchen scheint, wenn es analytisch betrachtet wird, keine Hilfe anzubieten, wie männliche Aggression der Frau gegenüber vermieden werden könne. Das Märchen scheint dieses perverse Verhalten vielmehr zu begründen und verständlich zu machen, als die Frage nach seiner Ursache zu beantworten.

„Die vielen Prinzessinnen, deren Rätsel gelöst werden sollen, töten zwar die dazu unfähigen Partner. Aber sie tun dies nur, um sich dem Sieger gern zu schenken."[4]

Die Prinzessin des Märchens ist gefährlich. Wenn der Held sie nicht besiegt, muß er selbst sterben.

Auch der Mythos wußte zu erzählen, daß Jungfrauen Männer töteten. Ägyptos und Danaos waren Zwillingsbrüder. Nach dem Tode ihres Vaters stritten sie um das Erbe. Ägyptos schlug vor, den Streit durch die Heirat seiner fünfzig Söhne mit den fünfzig Töchtern des Danaos beizulegen. Doch das Orakel verriet dem Danaos, hinter des Ägyptos freundlicher Gebärde verberge sich schändlicher Verrat. Nach der Eheschließung wollten die Ägyptossöhne die Danaiden töten, um das Erbe für sich allein zu behalten. Da floh Danaos aus seinem Heimatland Lydien und siedelte sich in Griechenland an. Zu Argos wurde er ein mächtiger Herrscher. Seine Töchter unterrichteten die pelasgischen Frauen, erschlossen der wasserarmen Gegend unversiegbare Brunnen, die auch während der quälenden Sommerhitze das Land, seine Menschen und Herden mit Wasser versorgten. Ägyptos indessen schickte seine fünfzig Söhne nach Griechenland, um sich an Danaos zu rächen. Sie belagerten die Stadt Argos, nahmen die Wasservorstadt ein, so daß die Bewohner von ihren Quellen abgeschnitten waren. Als Danaos sah, daß der Wassermangel ihn zur Kapitulation zwingen würde, versprach er den Söhnen des Ägyptos, was sie verlangten – die Ehe mit seinen fünfzig Töchtern – wohl wissend, daß seinen Töchtern die Ermordung im Ehebett drohte. Die Hochzeit der fünfzig Paare wurde vorbereitet. Danaos aber verteilte an seine Töchter scharfe Nadeln, die sie in ihrem Haar verbargen. Die Nacht brach herein. Die Danaiden hatten die widerwärtige Vergewaltigung der Ägyptossöhne zu erdulden, denen sie nur Abscheu, aber niemals Liebe entgegenbringen konnten. Einzig Lynkeus respektierte die Abwehr seiner Braut; denn ehrfürchtige Liebe zu Hypermnestra hatte ihn zutiefst ergriffen. Und in selbstbestimmter, frei gewählter Entscheidung des Herzens brachte auch Hypermnestra ihrem Gemahl Zuneigung entgegen. Als Mitternacht herangekommen war, lösten die geschändeten Jungfrauen die scharfen Nadeln aus ihrem Haar und stachen sie den ihnen aufgezwungenen Männern mitten ins Herz. Hypermnestra jedoch, von inniger Liebe zu Lynkeus ergriffen, flehte die Göttin Artemis an, Rat suchend in ihrer Herzensnot. Sollte sie dem Befehl des Vaters gehorchen und den Geliebten töten? Oder durfte sie der Stimme des Herzens vertrauen und ihn schonen? Artemis erlaubte ihrer Priesterin, das Leben des Geliebten zu retten, weil er ihre Jungfräulichkeit respektiert hatte.

Lynkeus floh nach dieser Nacht, um dem Zorn des Danaos zu entgehen. Athene und Merkur reinigten, auf das Gebot des Zeus, die Jungfrauen vom vergossenen Blut. Denn die Danaiden, denen durch die Ägyptiaden rohe und freche Gewalt angetan worden war, traf keine Schuld. Hypermnestra aber wurde, weil sie das Leben des Lynkeus geschont hatte, in Bande gelegt und vor ein Gericht gestellt. Die Göttinnen Aphrodite und Artemis sprachen die Jungfrau frei. Es gelang ihr, Lynkeus zu folgen. Später tötete Lynkeus seinen Schwiegervater Danaos und regierte in Argos an seiner Statt.

In vielen seiner Züge erlaubt dieser Mythos Rückschlüsse auf matriarchale Kult- und Gesellschaftspraxis. Es sind die Danaiden, die den pelasgischen Frauen Kultur bringen. Sie sind es, denen die Quellen gehören. Sie sind Priesterinnen der Artemis und verfügen frei über sich selbst. Hypermnestra ist die Erbin des Thrones. Des Lynkeus ‚Mord' an seinem Schwiegervater erinnert an die Vertreibung des Königs durch seinen kultischen Nachfolger. Selbstbestimmung betrachtet Bachofen als das Recht der Frau in matriarchalen Kulturen, und so

> „ist der Abscheu vor erzwungener Verbindung der Angelpunkt des ganzen Ereignisses. Ägyptos Söhne brechen in frechem Übermut das Recht der Jungfrauen, über sich selbst zu verfügen. Der erzwungene Ehebund ist es, den die Mädchen als Verletzung ihres höchsten Rechts betrachten, dem sie selbst den Tod vorziehen würden und den sie, da er nun doch auferlegt wird, mit Bluthochzeit rächen."[5]

Erich Neumann beurteilt das Geschehen anders: Die frei über sich selbst verfügende Frau gehört dem ‚Bezirk der negativen Anima' an, die eine Gefährdung für den Mann bedeute:

> „Daß die Danaiden, welche die ihnen aufgezwungenen Ehemänner töten, in den Bezirk der freiherrschenden Jungfrau-Mutter gehören, hat schon Bachofen dargestellt. Hypermnestra, die einzige, die ihren Mann entgegen der gemeinsamen Verabredung nicht tötet, beginnt damit mythologisch die Liebesbeziehung von Mann zu Frau in eigener Entscheidung. Gerade dadurch wird sie zur Urmutter der Heldenenkel, die als Perseus und Herakles die negative Herrschaft der Großen Mutter überwinden und die menschlich-männliche Kultur begründen."[6]

Hypermnestra hat frei entschieden; nun aber nicht, um eine gleichberechtigte Beziehung zwischen Frau *und* Mann – oder Mann *und* Frau – zu begründen. Unversehens verändert Neumann das Verhältnis der Liebenden zur Subjekt-Objekt-Beziehung allein durch das sensible Medium der Sprache. Hypermnestra beginnt die ‚Liebesbeziehung von Mann *zu* Frau'. Sie beginnt die patriarchale Liebesbeziehung, um Heldenenkel zu gebären: Perseus, den feigen Mörder der Gorgo und andere ‚Heldensöhne', die als ‚archetypische Vertreter patriarchaler Männlichkeit' antreten werden, Jungfrauen zu vergewaltigen und Mütter zu töten. Die unterworfene Frau wird zur Heldengebärerin mißbraucht, die eine Überproduktion an Menschen zu leisten hat: der patriarchalen Machtdurchsetzung geopferte Helden, die von Speeren und Schwertern dahingemäht und im Verlauf des patriarchalen ‚Fortschritts' mit erheblich verbesserter Effektivität durch Maschinengewehre und Bomben vernichtet werden.

Den wesentlichen Zug der Danaidensage übergeht Neumann. Weil Lynkeus den freien Willen seiner Gattin respektiert, weil er auf Gewalt verzichtet, wendet ihm Hypermnestra ihre Liebe zu. In der matriarchalen Liebesbeziehung stehen sich Frau und Mann in frei gewählter Entscheidung gegenüber. Kein matriarchaler Mann würde es wagen, den Chiton einer Frau gegen deren Willen anzutasten. Er wäre des Todes. Ein unüberwindliches Tabu, das von der kultischen Würde der Frau herrührt und die selbständige Stellung der Frau in der Gesellschaft begründet, hindert den Mann, eine Grenze zu überschreiten, wenn er nicht eingeladen wird. Lynkeus ist ein matriarchaler, und das bedeutet: er ist ein integrer Mann. Sexualität und Aggression sind in seine Gesamtpersönlichkeit integriert. Er achtet die Frau als souveränes Wesen. Sie ist Subjekt ihrer eigenen Entscheidungen und nicht Objekt des ihr aufgezwungenen Männerwillens. Sie versteht sich als ‚Ich' mit freiem, eigenen Willen, als Tochter und Priesterin der kosmischen Göttin.

Neumann kommt es allein darauf an, daß der Mann die Jungfrau besiegt. Durch den Sieg des Mannes verwandelt sich der ‚Negativ-Charakter' der frei-herrschenden Jungfrau-Anima ins Positive.[7] Vergewaltigung der Jungfrau und Muttermord sind – im Sinne der Analytischen Psychologie – ‚archetypische Stationen' auf dem Siegeszug der patriarchalen Geisteskultur über das matriarchale Bewußtsein; sie sind zu unverzichtbaren Instrumenten geworden, mit denen diese notwendige Entwicklung vorangetrieben und durchgesetzt worden ist.

So betrachtet, kann ein vom patriarchalen Kulturkanon geprägter Mann auf die Aufforderung, eine Frau zu vergewaltigen, gar nicht anders reagieren, als diesem Befehl zu folgen. Er würde seine Männlichkeit – patriarchale Männlichkeit, versteht sich – riskieren, wenn er das freie Selbstbestimmungsrecht der Frau respektierte.

Unter den Bedingungen der Patriarchatspsyche sind Aggression und Sexualität eine unglückselige Verbindung miteinander eingegangen. ‚Begattet und getötet werden ist identisch, und umgekehrt stellt der Tod eine Befruchtung dar.' Die Askese, die Enthaltsamkeit des Mannes vom Weibe, ist niemals geglückt. Die Lust, liebend auf einen Menschen zuzugehen, pervertiert zur Lust zu töten. Krieg, Mord und Vernichtung werden zum Ersatz für desintegrierte, verdrängte Sexualität.

> „Die Opferung des Kriegers", sagt Neumann, „besagt noch keineswegs, daß hier Männliches geopfert wird. So wissen wir, ... daß die Erschießung der Gefangenen mit Pfeilen als symbolische Begattung der Erde aufgefaßt wird."[8]

Die Patriarchatspsyche betrachtet nicht nur das Weibliche als Objekt, sondern sie empfindet auch Kinder und untergeordnete Männer, die sie wie Objekte behandelt, als seien sie weiblich. Wenn der Mann den Mann tötet, erniedrigt, knechtet und ihn damit zum Objekt macht, so nimmt das Opfer damit gleichzeitig weiblichen Charakter an.

Die patriarchale Denknorm, zu deren perversem Selbstverständnis Krieg und die Vergewaltigung der Jungfrau gehören, könnte kaum brutaler formuliert werden als in einem Bibeltext:

> „Und sie führten das Heer wider die Midianiter, wie Moses geboten hatte, und würgten alles, was männlich war. Und die Kinder Israel nahmen gefangen die Weiber der Midianiter und ihre Kinder; all ihr Vieh, alle Habe und alle Güter raubten sie. Und Moses war zornig über die Hauptleute und sprach zu ihnen: ‚Warum habt ihr alle Weiber leben lassen? Siehe, haben nicht dieselben die Kinder Israel abwendig gemacht, daß sie sich versündigten am Herrn? So würget nun alles, was männlich ist unter den Kindern, und alle Weiber, die Männer erkannt und beigelegen haben. Aber die Kinder, die weiblich sind und nicht beigelegen haben, die laßt für euch leben.'"[9]

Es bedarf keiner besonderen Phantasieleistung, sich die entwürdigenden Praktiken vorzustellen, durch die weibliche Kinder ausgesondert worden sind, welche noch nicht Männer erkannt und beigelegen hatten. Ohne Selbstkritik, ohne Selbstzweifel stellt sich dem patriarchalen Bewußtsein Frauenunterdrückung, Demütigung und Erniedrigung des weiblichen Menschen zu einem vom Manne benutzten Objekt als Selbstverständlichkeit dar.

Nur unterworfen und ihres eigenständigen Ichs beraubt, auf die Bedürfnisse des Mannes abgerichtet, auf einen Teilaspekt ihres Wesens reduziert, ist die Frau dem Manne zuordnungsfähig. Neumann wird nicht müde, von einer ‚höheren Stufe' des Bewußtseins zu reden, zu der hin sich die Menschheit zwangsläufig und naturnotwendig entfalten mußte.

> „Wie die Organe des Körpers sich artgemäß entwickeln... entwickelt sich auch die Psyche in transpersonalen Stadien."[10]

Wie sich das Kind von seiner Mutter wegentwickelt und ins patriarchale Bewußtsein hineinwächst, entspräche analog die Entwicklung vom Matriarchat zum Patriarchat einer archetypischen – das heißt zwangsläufigen – Stufenabfolge. Derartige Suggestiv-Behauptungen klingen gut in patriarchalen Ohren, und sie werden von den Jüngern der psychoanalytischen Schule bereitwilligst wiederholt und weiterentwickelt. Bei allen Bemühungen der Analytischen Psychologie kommt es besonders darauf an, die brutale Macht, mit der Patriarchate durchgesetzt worden sind, zu verschleiern und ausschließlich den Aspekt patriarchaler ‚Geistentwicklung' – als die einzig treibende Kraft zum Patriarchat hin – herauszustellen.

> „Nicht aufgrund eines Handstreichs, sondern infolge eines von der Großen Mutter selbst genährten Wachstums" wurden „Söhne zu Männern, die nicht nur zeugen, sondern auch Vater sein konnten und schließlich zu Vatergöttern wurden."

So gesehen ist der Muttermord eigentlich ein Selbstmord, den die Große Mutter durch ein

> „von ihr selbst genährtes Wachstum" vorbereitet hat. „Psychologisch bedeutet es, daß sich ein patriarchales Bewußtsein organisch aus dem matriarchalen herausentwickelt, und zwar mit gleicher Notwendigkeit, wenn auch mit verschiedenen Akzenten, bei beiden Geschlechtern."[11]

Unberücksichtigt bei dieser Ideologie bleibt die Überlegung, daß das Patriarchat für das moderne Kind eine Realität darstellt, in die es hineinzuwachsen hat. Es hat keine Wahl. Im Gegensatz dazu stand die Menschheit als Ganzes oft an Scheidewegen, und die Entwicklung zum Patriarchat war weder natürlich, noch organisch, sondern die gewaltsame Durchsetzung männlicher Weltdeutung gegenüber der weiblichen und die Verdrängung matriarchaler Geisteskräfte durch patriarchale.

Persönlichkeitsmitte und Selbstfindung der Frau

Anima

Die Analytische Psychologie geht davon aus, daß jeder Mann ein unbewußtes weibliches Seelenbild in sich trägt, die Anima, während sich in jeder Frau ein unbewußt männlicher Seelenanteil, ihr Animus, verberge. Durch einen seelischen Reifungsweg, den Jung ‚Individuation' genannt hat, könne der Mensch der zweiten Lebenshälfte seine seelische Ganzheit erreichen. Die persönliche Beziehung zwischen Mann und Frau ist dabei von entscheidender Bedeutung. Das Ziel jeder therapeutischen Arbeit, die in der Nachfolge C. G. Jungs geleistet wird, ist die Individuation, wobei Frauen und Männer unter anderem lernen sollen, Erfahrungen mit dem Gegengeschlechtlichen ihrer Psyche zu machen. In seiner „Psychologie der Übertragung" hat Jung für die Beziehung zweier Menschen die Grundkonstellation der ‚Quaternio' angenommen, einer vierfachen Verflechtung, bei der die unbewußte Anima des Mannes mit dem Bewußtsein der Frau korrespondiert, während der Animus der Frau sich in der Begegnung mit dem Bewußtsein des Mannes aktualisiert. Dabei können die Partner lernen, die unbewußten Schichten ihrer Persönlichkeit wahrzunehmen und konstruktiv damit umzugehen.

Das Modell, das durch seine ausgewogene schematische Darstellung die Gleichgewichtigkeit der seelischen Instanzen von Mann und Frau suggeriert, erinnert an das chinesische ‚Yin und Yang', ein Symbol, das ganzheitliche Menschlichkeit geradezu

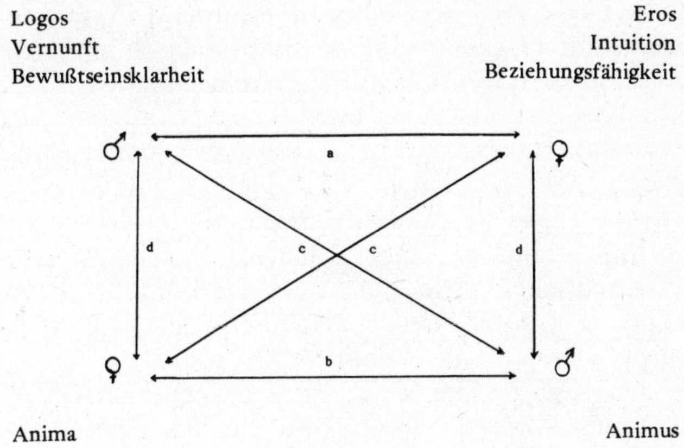

Die Quaternio

Nach C. G. Jung besteht zwischen zwei erwachsenen Individuen eine vierfach determinierte Beziehungsstruktur:

a die Beziehung zwischen männlichem und weiblichem Bewußtsein

b die gegenseitige Kommunikation des Unbewußten

c die Beziehung zwischen dem Bewußtsein und dem gleichgeschlechtlichen Unbewußten im Partner

d die Beziehung des Ich zum eigenen gegengeschlechtlichen Unbewußten idealtypisch darstellt. Nicht nur, daß in diesem Bild Männliches und Weibliches einander gleichgewichtig ergänzen, in Wölbung und Ausbuchtung einander Raum gewähren – sie tragen auch einen Kern der anderen Struktur in sich selbst. Das System der Quaternio könnte seine Idee bei diesem Symbol geborgt haben. Doch ebenso wie die Beziehungskonstellation der Quaternio am Subjekt-Objekt-Verhältnis zwischen Mann und Frau krankt, so verkommt selbst das ausgewogene chinesische Symbol Yin und Yang zum Zerrbild, wenn es vom patriarchalen Denken interpretiert wird.

> „Die höhere Hauchseele", sagt Jung, sei „dem Yang-Prinzip zugehörig, daher männlich. Nach dem Tode steigt sie empor und wird zu dem sich ausdehnenden und offenbarenden Geist oder Gott. Anima, mit dem Zeichen für ‚weiß' oder für ‚Dämon' geschrieben, also das ‚weiße Gespenst', die niedere chthonische Körperseele, dem Yin-Prinzip zugehörig, daher weiblich. Der Animus wohnt im himmlischen Herzen, die Anima dagegen ist ‚die Kraft des Schweren und Trüben', verhaftet dem körperlichen, fleischlichen Herzen. ‚Lüste und Zornesregungen' sind ihre Wirkungen. Wer beim Erwachen dunkel und versunken ist, ist gefesselt von der Anima."[1]

In einem posthum erschienenen Werk beschreibt Erich Neumann die Funktionen der Quaternio in einer Weise, die allein schon durch den grammatischen Aufbau des Satzes die Subjekt-Objekt-Verhältnisse zwischen Männlichem und Weiblichem festlegt. Neumann mag sich nichts Böses dabei gedacht haben, als er formuliert hat:

> „Das männliche Bewußtsein und das weibliche Unbewußte des Mannes verbindet und befruchtet sich durch jene tiefgehende Beziehung mit dem weiblichen Bewußtsein und dem männlichen Unbewußten der Frau."[2]

Was Neumann der aufmerksamen Leserin unbeabsichtigt vermittelt, wird eine gründliche Analyse der ‚Quaternio' deutlich machen. Tatsächlich haben bei der Interaktion zwischen den Geschlechtern die seelischen Komponenten des Mannes, sein männliches Ich-Bewußtsein *und* sein weibliches Unbewußtes, Subjektcharakter. Unter den bestehenden Bedingungen der Patriarchatspsychologie wird das Weibliche – seine bewußten und unbewußten Instanzen durch das Männliche dirigiert und gesteuert.

Die Erkenntnis der Verflochtenheit zwischen Bewußtem und Unbewußtem in einer Beziehung von Mensch zu Mensch ist zur unverzichtbaren Voraussetzung für die Aufarbeitung zahlreicher zwischenmenschlicher Schwierigkeiten geworden. Jungs Modell, das zunächst deutlich macht, daß sich zwischen Menschen sehr viel mehr abspielt, als an der Oberfläche bewußt wird, wird trotzdem in jüngster Zeit angegriffen[3], weil es die lebendige Wirklichkeit jeder individuellen Seele unzulässig reduziert. Wenn wir uns die seelischen Instanzen, die Bewußtheiten und Unbewußtheiten dieses Modells als kleine Figürchen vorstellen, die in einem Spiegelkabinett miteinander agieren, kommt die lebendige Vielfalt der zwischenmenschlichen Beziehungsabläufe wohl eher ins Bild.

Nach Jung prägt sich das weibliche Seelenbild auf dreifache Weise den Tiefenschichten der männlichen Psyche ein:

– Die Mutterimago bestimmt die Erwartungshaltung, mit der ein Mann dem Weiblichen in der Welt begegnet.
– Alle ungelebten und durch Erziehungszwang verdrängten weiblichen Züge in der Psyche des männlichen Kindes lagern sich als Sehnsucht und Anspruch in seinem Unbewußten an,
– und drittens „besteht ein ererbtes kollektives Bild der Frau im Unbewußten des Mannes, mit dessen Hilfe er die Frau erfaßt".[4]

Jung betrachtet die Anima ausschließlich als seelische Funktion im Unbewußten des *Mannes*. Er betont ausdrücklich: „Mulier non habet animam, sed animum."[5] Die Frau besitzt keine Anima, sondern Animus.

Dagegen bin ich der Meinung, daß eine Frau ebenso wie der Mann über eine Anima verfügt. Auf die gleiche dreifach determinierte Weise lagern sich in ihrer Psyche unbewußte weibliche Seelenanteile an, die nichts zu tun haben mit dem ‚Schatten', dem die Systematik der Analytischen Psychologie das gleichgeschlechtliche Unbewußte zuordnet.

Erstens birgt auch die Seele der Frau unbewußte weibliche Anteile, die durch die Mutterimago konstelliert werden. Zwar wird ein Knabe intensiver als ein Mädchen dazu veranlaßt, das Mutterbild im Unbewußten anzulagern; denn ihm erlaubt man nicht, sich mit der Mutter zu identifizieren, was dagegen vom Mädchen geradezu gefordert wird. Aber für beide – für den Knaben *und* das Mädchen – ist die Mutter das früheste Gegenüber, die erste Ansprechpartnerin, das Du, dem die ersten Wünsche und Sehnsüchte gelten. Mädchen werden unerfüllte Erwartungen an die Mutter ebenso im Unbewußten anlagern wie Knaben. Sie identifizieren sich niemals vollständig mit der Mutter. In ihrem Erwachsenenleben projizieren sie Befürchtungen und Sehnsüchte, die der Mutter gelten, auf andere Frauen oder auf den männlichen Partner. Auch in der Tiefenschicht der Frau ist eine Mutterimago wirksam.[6]

Unter dem normierenden Druck patriarchaler Erziehung muß ein Knabe alles, was die Gesellschaft als ‚weiblich' definiert, unterdrücken und verdrängen. Unter den Zwängen der kollektiven Denknorm verinnerlicht er alles ‚Weibliche' und lagert es als unerhörten Anspruch in seiner Seele an. Er wird schließlich in der Welt eine konkrete Frau suchen, von der er glaubt, daß sie seinem Seelenbild gleich sei. An ihr möchte er das ungelebte Leben, das ihm in der patriarchalen Gesellschaft verweigert worden ist, realisieren. Aber auch Mädchen können durch Schicksal und Umwelteinflüsse daran gehindert werden, Veranlagungen und Kräfte zu entwickeln, die als ‚weiblich' gelten. Daraus folgt, daß – zweitens – auch in einer erwachsenen Frau ungelebte und verdrängte weibliche Seelenanteile als Sehnsucht und Anspruch an das Leben aufgestaut werden.

Drittens ist das ‚kollektive Bild der Frau' nicht nur im Unbewußten der männlichen Psyche vertreten. Auch Frauen sind an das kollektive Umfeld angeschlossen. Sie assimilieren, sehr zum Schaden für ihre Individualität, die kollektiv verordneten Weiblichkeitsbilder, und passen sich ihnen an. Diese kollektiven Normen werden nicht vererbt, sondern vielmehr gesellschaftlich vermittelt.

Durch diese Erscheinungsweisen eines patriarchal definierten weiblichen Seelenbildes ist die ‚Anima' nicht vollkommen erfaßt. Frauen *und* Männer verfügen über eine lebendige Erinnerung an ‚das verlorene Paradies'. Zu allen Zeiten blieb im Schatten der Patriarchatskultur eine Kraft lebendig, die im matriarchalen Bewußtsein verwurzelt war. Sie kompensierte das zerlegende patriarchale Denken durch kontemplativ ganzheitliche Anschauung. Sie fing die patriarchale Gesetzlichkeit durch die überlegene Ordnung anarchischer Selbststeuerung auf. Die ausgleichende Kraft der matriarchalen Weisheit milderte den Charakter des fürchterlich strafenden Vatergottes durch Eigenschaften zärtlicher Mutterliebe. Sie setzte dem Logos der Macht die erlösende Kraft des Eros entgegen.

In Frauen ist die matriarchale Weisheit lebendiger wirksam als im Unbewußten der Männer. In ihnen ist ein matriarchales Gewissen wirksam, das auf Beziehungsfähigkeit gründet. Frauen sind es, die matriarchale Rituale in Volksbräuchen und in der Volkskunst erhalten haben. Da Männer dazu neigen, sich mit dem patriarchalen Bewußtsein zu identifizieren, hat es den Anschein, als verfüge ihre Psyche über keinerlei Erinnerung an matriarchales Bewußtsein. Trotzdem ist matriarchales Bewußtsein in Frauen *und* Männern präsent. Heide Göttner-Abendroth spricht von einem „starken Strom, der teils oberirdisch, teils unterirdisch verläuft, aber nie abreißt".[7] Dem matriarchalen Bewußtsein wohnt eine Dynamik inne, die immer wieder in der Geschichte zu Oppositionen geführt hat, was von der patriarchalen Geschichtsschreibung sorgfältig verdrängt wird. Heide Göttner-Abendroth macht das bewußt, wenn sie sagt:

> „Bei der Art unserer offiziellen patriarchalen Geschichtsschreibung, die von einem Glanzpunkt patriarchaler Gesellschaften zum nächsten eilt, z. B. vom klassischen Griechenland zum Römischen Reich und von da ohne Umschweife zur ‚Staufischen Klassik' des Hochmittelalters, ist es natürlich nicht möglich, in diesen Gesellschaften noch die tiefgreifenden Nachwirkungen der sehr langen Epoche matriarchaler Gesellschaftsentwicklung zu erkennen. Dabei sind die Zeiträume zwischen diesen ‚Höhepunkten' stets viel länger als sie selbst, denn die Blütezeit des klassischen Griechenland umfaßt gerade 70 Jahre, die der Römischen Republik, ehe man sich mit nichts anderm als Erobern beschäftigte, nur 100 Jahre, und das Hochmittelalter nur die winzige Zeitspanne von 50 Jahren. Diese kurzen Phasen patriarchaler Kulturblüte sind eingebettet in lange Zeiträume, welche Historiker etwas abfällig ‚Frühzeit' oder ‚Spätzeit' nennen und auf wenigen Seiten abtun. Diese ‚Zwischenzeiten' zeigen aber sehr deutlich die andersartigen Fundamente, auf denen jene vielgepriesenen Gipfelpunkte ruhen, und dort ruhen sie keineswegs sicher, sondern stets schwankend, worauf ihr rascher Niedergang hinweist. Allerdings ist, was sich da vorübergehend aufgipfelt, stets vorbildlich patriarchal, weshalb es denn auch die ganze Aufmerksamkeit unserer Geschichtsforscher in Anspruch nimmt."[8]

Nicht nur die Präsenz des patriarchalen kollektiven Unbewußten, sondern auch die verborgene Kraft des matriarchalen Bewußtseins – die ich in Anlehnung an die Terminologie der Analytischen Psychologie die ‚matriarchale Anima' nenne –, gehört zur Tiefenschicht von Männern und Frauen.

Erst durch die Annahme einer Anima auch in der Psyche der Frau – und selbstverständlich ebenso durch die Annahme eines Animus auch im Unbewußten des Mannes – wird die Psychologie der ‚Quaternio' für die zahlreichen mitmenschlichen Beziehungen eines langen Lebens anwendbar, die neben oder anstelle von Partnerbeziehungen zwischen Frau und Mann bestehen. Nicht nur zwischen Mann und Frau, sondern auch zwischen Liebenden gleichen Geschlechts, und nicht nur zwischen Liebenden, sondern in jeder Kommunikation zwischen Menschen überhaupt spielen die vielfältigen Beziehungsverflechtungen zwischen bewußten und unbewußten Persönlichkeitsanteilen eine Rolle. Dabei kommt alsbald Zweifel auf, ob das Bewußtsein des Mannes tatsächlich durch ‚Bewußtseinsklarheit, Vernunft und Logos', das der Frau durch ‚Eros, Intuition und Beziehungsfähigkeit' repräsentiert sei. Wenn Frauen und Männer sich entsprechend den normativen Mustern verhalten, tun sie es unter kollektivem Zwang. Neumann bestätigt das, wenn er sagt:

> „Die Symbolik von ‚männlich' und ‚weiblich' ist archetypisch transpersonal. Sie wird in den verschiedenen Kulturen irrtümlicherweise auf die Person als ihren Eigenschaftsträger projiziert. In Wirklichkeit ist psychologisch jedes Individuum gemischt."[9]

Frauen vernehmen hier gern die befreiende Botschaft von der Überwindung des Rollenzwangs. Doch an anderer Stelle belehrt uns Erich Neumann eines Besseren:

> „Ein femininer Mann und eine männliche Frau sind abschreckende Formen menschlicher Existenz, die man deswegen von früh auf unterdrückt, und auch die Individuen bemühen sich, ihre eigene abweichende Natur so gut wie möglich zu verbergen."[10]

Wir werden durch diese widersprüchlichen Aussagen verwirrt: Wieso spricht Neumann von abweichender *Natur*, da er doch andererseits davon ausgeht, daß jedes Individuum ‚psychologisch gemischt' *veranlagt* sei? Die ‚männliche Frau' und der ‚feminine Mann' weichen in Wirklichkeit nur von der restriktiven kollektiven Denknorm ab.

Unter den Voraussetzungen der Patriarchatspsychologie entsteht zwischen Mann und Frau eine Beziehung, die durch die Projektionen der verdrängten gegengeschlechtlichen Seelenanteile in der eigenen Psyche geprägt ist. Das unbewußt Weibliche in der Seele des Mannes – seine Anima – hat alle Wunschvorstellungen und Ängste, die der Mann mit dem Weiblichen verbindet, in sich angelagert. Neumann vergegenwärtigt plastisch, anschaulich und bis in alle Einzelheiten gehend, die Gesamtheit der Weiblichkeitsbilder, die zum kollektiven Unbewußten der abendländischen Menschheit gehören. Seine Arbeiten gehen von patriarchalen Vorstellungen über das Weibliche aus. Sie sind daher eine Psychologie des Mannes und nicht der Frau. Für Frauen, die ihrer selbst bewußt werden, sind die patriarchalen Phantasievorstellungen des Weiblichen Zerrbilder. Sie beschreiben abgespaltene Aspekte des Weiblichen, die in dieser Weise isoliert weder vorkommen noch gelebt werden können. Mit der realen Frau haben solche Männerphantasien wenig zu tun.

‚Die treu und zärtlich Liebende' ist ein auf Jugend und Schönheit verkürztes Weiblichkeitsbild. Den Realitäten des Lebens mit seinen Höhen und Tiefen ist sie nicht gewachsen. Märchen, Novellen und Romane, in deren Mittelpunkt die ‚Prinzessin', die ‚Anima-Geliebte', steht, enden, wenn die Traumjungfrau heiratet. Das eigentliche Leben findet nicht statt. Will eine junge Frau, auf die derartige Anima-Wünsche projiziert werden, diesem schönen Trugbild entsprechen, will sie die Ent-Täuschung vermeiden, muß sie sich vor Nähe hüten. Nur solange sie sich geschickt entzieht, als ‚ferne Geliebte', bleibt sie der Kristallisationskern, an die der Liebende seine Träume anlagern kann. Wenn sie stirbt, bevor sie wirklich gelebt hat, bleibt in des Mannes Seele die schöne Illusion romantischer Liebe erhalten. Wäre das ‚Indische Grabmal' wohl je für eine greise Ehefrau erbaut worden, die an der Seite ihres Gemahls alt geworden ist?

Die Prinzessinnen im Märchen, die ‚ohne Sexualität Kinder bekommen', sind ebenso wie das christliche Madonnenbild Projektionen des patriarchalen Anspruches an die Frau, mit ihr ohne die existenzielle Beunruhigung durch Sexualität in Beziehung zu treten. Diesen Anspruch formuliert Neumann, wenn er sagt, „erst die Anima-Prinzessin" sei „einem Ich zuordnungsfähig".[11] Aus Angst vor der weiblichen Stärke entsteht der Wunsch, den Leidenschafts-Charakter des Weiblichen zu verharmlosen. In der patriarchalen Gesellschaft werden männliche Wünsche zum normensetzenden Diktat. Nur die ‚anständige' Frau ist ehefähig –

oder in der Sprache der Analytischen Psychologie: Erst als Anima-Prinzessin „wird das Weibliche für das Männliche partnerfähig".[12]

Sie ist die ‚Positive Anima', die sich der patriarchale Mann für's Leben wünscht. Lange schon trägt er den Entwurf, das Idealbild seiner Partnerin in der Seele. Wenn er sie gefunden hat, kommt es nur noch darauf an, daß sie sich seinem Entwurf anpaßt. Bert Brecht formuliert das in einer seiner Kalendergeschichten sehr treffend:

„Was tun Sie", wurde Herr K. gefragt, „wenn Sie einen Menschen lieben?"

„Ich mache einen Entwurf von ihm", sagte Herr K., „und sorge, daß er ihm gleich wird."

„Wer? Der Entwurf?"

„Nein!" sagte Herr K., „der Mensch."[13]

Der vom Eros ergriffene Mann hat in der Welt ein Gegenüber gefunden, das die schönsten Erwartungen, die er an das Leben hat, widerspiegelt. Die Geliebte ist ihm schlicht und einfach das Versprechen für die Verwirklichung seiner Ideale. Im Bilde der geliebten Frau verdichten sich alle Paradiesessehnsüchte, die dem patriarchalen Bewußtsein aus einer ‚beß'ren Welt' überkommen sind. Friedrich Rückert gibt diesem Aspekt männlicher Sehnsucht in seinem Gedicht ‚Widmung' in vollkommener Weise Ausdruck:

„Du meine Seele, du mein Herz,
Du meine Wonn' und du mein Schmerz,
Du meine Welt, in der ich lebe,
Mein Himmel du, darein ich schwebe,
O du, mein Grab, in das hinab
Ich allen meinen Kummer gab.
Du bist die Ruh, du bist der Frieden,
Du bist vom Himmel mir beschieden.
Daß du mich liebst, macht mich mir wert,
Dein Blick hat mich vor mir verklärt.
Du hebst mich liebend über mich,
Mein guter Geist, mein beß'res Ich.
Du meine Seele, du mein Herz,
Du meine Wonn', o du mein Schmerz,
Du meine Welt, in der ich lebe,
Mein Himmel du, darein ich schwebe,
Mein guter Geist, mein beß'res Ich."

Hinter den schwärmerischen Worten romantischer Liebe wird der patriarchale Besitzanspruch verschleiert. Es wird völlig übersehen, daß der Mann die Frau gar nicht persönlich meint. Er sagt: ‚*Mein* Himmel! *Mein* beß'res Ich!' Die Geliebte ist die Welt für ihn. Sie beflügelt ihn, sie ist seine ‚Sophia inspirata'. Durch sie erfährt er seine Progression und Steigerung. Sie ist die Muse, die ungeahnte Fähigkeiten im Manne zu schöpferischer Leistung entbindet. In Liebe zu ihr wächst der Mann über sich selbst hinaus. Er wird zum Anbetenden, zum Verehrenden. In ihrer höchsten Vollkommenheit erscheint sie dem Manne als die makellos Reine, als die jungfräuliche Madonna. Allein der Gedanke, sie anzurühren, wäre Frevel. Denn sie ist über Sexualität erhaben. Als Seelenbild schwebt sie ‚oberhalb' des körperlichen Erlebnisbereiches. Sie vermittelt ihm höchste Ekstase, führt ihn zum Gipfel seines Lebens.

Aber wie es Gipfel an sich haben, daß es auf der anderen Seite wieder abwärts geht, liegt es im Wesen der Ekstase, daß ihr ein Umschlagphänomen innewohnt: auf der Rückseite des höchstens Glücks lauern Rausch und Wahn. Der Kompromiß, den der patriarchale Mann mit der Lebensrealität eingeht, lautet dann oft: Niemand darf sie berühren. Und ich darf es doch.

Keine Frau kann dem positiven Anima-Entwurf des Mannes gleich werden. Sie, auf die eine solche Sehnsucht projiziert wird, ist hoffnungslos überfordert. Nur als schöne Illusion, als süße Täuschung kann sie eine gewisse Zeit lang dem projizierten Bild zu entsprechen versuchen.

Gestalten wie Astarte, Lilith und Circe betrachtet Erich Neumann als archetypische Verführerinnen, mit denen der Mann zu allen Zeiten die Erfahrung der ‚negativen Anima' macht. Denn wenn Sexualität ins Spiel kommt, mischen sich in das Bild der Geliebten bedrohliche Züge. Irrationale Ängste vor der Leidenschaftsnatur der Frau blockieren ein echtes Liebe-Erleben, schlagen sich nieder in Angst vor dem Rausch, vor dem Überwältigtwerden. Wie die Heilige, so führt auch die Hure ein abgespaltenes Eigendasein im patriarchalen Bewußtsein. Die Männerkultur schafft sich Sexualmodelle, auf die das Verführerisch-Bedrohliche, die negative Anima, projiziert werden kann. In der Werbung, in Illustrierten, im Film, in Theaterstücken und Romanen wird das Bild einer verführerischen Frau vermittelt, das deshalb so irrational ist, weil ihre allgemeinmenschlichen Qualitäten ausgeblendet sind. Niemand fragt, wer diese Frauen wirklich sind, was sie denken und fühlen. Durch ihre nackte Sexualität faszinieren und bedrohen sie zugleich. Als seelen- und geistlose Körper wirken sie fast un-menschlich. Auch Werke der großen Kunst thematisieren den bewußtseinsauflösenden, bedrohlichen Aspekt der ‚negativen Anima' und greifen dabei nicht selten auf die großen patriarchalen Mythen zurück. Sie produzieren einen Frauentyp, dessen faszinierend-verderblicher Charakter ‚an sich' nirgends vorkommt, weil sich hinter jeder wirklichen Frau – und sei ihre Seele noch so deformiert – immer eine ganze Persönlichkeit verbirgt.

Ebenso realitätsfremd huldigt das patriarchale Bewußtsein einem Mütterlichkeitsideal, das – wie die anderen patriarchalen Weiblichkeitsbilder – aus dem umfassenden Lebenszusammenhang abgespalten und eindimensional überhöht ist. Keine Frau kann den Erwartungen entsprechen, die die patriarchale Gesellschaft an ‚Die Gute Mutter' hat. Selbstlosigkeit und Hingabe wird von ihr gefordert. Sie soll stets für andere da sein und niemals etwas für sich selbst wollen. Sie ist die ewig Gebende, die Gebärende, die aufbaut, schützt und sich verströmt, ohne Dank zu erwarten. In aufopferungsfreudiger Liebe spendet sie Wärme und Nahrung. Auch dieses Mutterbild hat in seiner ‚höchsten Vollkommenheit' jede Sexualität abgelegt. In ihrer makellosen Reinheit ist die ‚Gute Mutter' der ‚positiven Anima' wesensverwandt. Die christliche Madonna vereinigt auf sich beide Projektionen, sie entspricht dem Idealbild der Jungfrau und Mutter zugleich. Die patriarchale Psyche erwartet von der ‚Guten Mutter', daß sie wie die ewige Weisheit selbst aus dem Unbewußten wirkt:

> „Es ist im Unbewußten der gebärenden und nährenden, schützenden und wandelnden weiblichen Kraft der Tiefe eine Weisheit wirksam, die der Weisheit des Tagesbewußtseins unendlich überlegen ist und die, als Ursprung von Vision und Symbol, Ritual und Gesetz, Dichtung und Wahrheitsschau, erlösend und richtunggebend, gerufen und ungerufen, in das menschliche Leben eingreift. Diese weiblich-mütterliche Weisheit ist eine Weisheit liebender Bezogenheit, kein abstrakt interesseloses Wissen. So wie das Unbewußte reagiert und antwortet, so wie der Körper in lebendigen Reaktionen auf richtige Nahrung ebenso wie auf Gift ‚reagiert', ist die Sophia eine lebendig anwesende und nahe, eine liebende und immer gegenwärtige, eine dauernd abrufbare und eingreifbereite Gottheit."[14]

So tröstlich und hilfreich es wäre, wenn matriarchale Weisheit in dieser Weise aus der Tiefe wirken könnte, widerspricht dieses Wunschbild dennoch der Realität, die die patriarchale Kultur geschaffen hat. Der ‚Fortschritt' und die ‚Überlegenheit des männlichen Geistes' haben sich der Instinktseele längst bemächtigt. Unsere Körper reagieren nicht mehr wirklich auf ‚richtige Nahrung ebenso wie auf Gift'. Die ‚normale' Erziehung in den ‚entwickelten Ländern' der Welt umgibt Kinder mit Käfigen und Laufställen aller Art, um sie von den Erfahrungen mit ihren Instinkten weitgehend abzuschirmen. Die ‚Gute Mutter' – das heißt, die reduzierte Kraft, die von matriarchaler Weiblichkeit geblieben ist – wird als Instanz des Unbewußten noch immer unterdrückt und abgetötet. Trotzdem haben patriarchale Menschen an diese aus dem Unbewußten wirkende Weisheit die gleichen Erwartungen, die der individuelle Mann an die Frau in seinem Leben hat. Er hofft, daß sie ‚gerufen und ungerufen', leise, behutsam und ohne seine männliche Aktivität zu stören, wieder zurechtrückt, was immer er verdorben hat.

Die ‚Furchtbare Mutter' vernichtet wieder, was die ‚Gute Mutter' aufgebaut hat. ‚Alle Geburt führt sie wieder zum Tode.' Sie ist ‚zerstörerisch, zerstückelnd, verschlingend und mörderisch'. ‚Furien' und ‚würgende Kriegsgöttinnen' geistern als ‚blutfordernde' weibliche Zerrbilder durch die patriarchale Mythologie. Kein ‚Archetypus', den die Analytische Psychologie herausgearbeitet hat, wird dermaßen überstrapaziert wie das Bild der ‚Furchtbaren Mutter'. Läßt sie doch die fragwürdige ‚Rationalisierung' aller Schicksalsschläge zu. Jedes persönliche Versagen kann auf sie projiziert werden. Das moderne Film- und Theaterschaffen hat sich des ‚archetypischen Bildes der Furchtbaren Mutter' bemächtigt und variiert es zu immer neuen Gestalten zerstörerischer Mütterlichkeit, die ihre Töchter oder Söhne hindern, das eigene Leben zu bestehen. In einer Wohlstandsgesellschaft, die nicht mehr bereit ist, auf irgend etwas zu verzichten, wo jeder den Anspruch erhebt, sich alle Wünsche zu erfüllen und niemand mehr mit Entbehrung, Not und Verzicht rechnen will, ist eine Mutter, die Forderungen stellt, Ansprüche zurückweist und Wünsche versagt, keine Hilfe für das Bestehen der erwarteten Lebensrealität, sondern die Verkörperung des Bösen.

Auch die verwöhnende Mutter ist nur, so lange sie selbstlos ist, eine ‚Gute Mutter'. Fordert sie Dank, und sei es durch unterschwellige Signale, schlägt ihr Charakter zur ‚Furchtbaren Mutter' um. Im Unbewußten des Männlichen konstelliert sich die ‚Furchtbare Mutter' vor allem durch die Erfahrung ihrer Dominanz. Das scheint für die männliche Psyche keiner Begründung zu bedürfen. Jung bringt dieses unhinterfragte Selbstverständnis des Mannes im Umgang mit dem Mütterlichen zum Ausdruck, wenn er sagt:

„Die Mutter als übergeordnete Persönlichkeit ist dämonisch, weil übergeordnet. Das ihr entsprechende Gegenteil ist das Mädchen."[15]

Wo – wie in patriarchalen Gesellschaften üblich – der Vater die Verantwortung für die Betreuung und Erziehung des Säuglings und Kleinkindes ablehnt, wird Muttermacht, sehr gegen die bewußte Absicht der Väter, erst konstelliert. Erich Neumann sieht diese Situation als archetypisch an:

„Die Große Mutterfigur der Urbeziehung entscheidet als Schicksalsgöttin nicht nur durch ihre Gunst oder Ungunst über Leben und Tod, positive und negative Entwicklung, sondern ihre Haltung ist darüber hinaus ein ‚Spruch', ein höchstes Gerichtsurteil, und ihr Sich-Abwenden ist mit einer namenlosen Schuld des Kindes identisch."[16]

In einer Welt, in der das Geschlecht des Kindes, der gesellschaftliche Status des Vaters und vieles andere mehr über die positive oder negative Entwicklung des Kindes entscheiden, bürdet diese archetypisch-mythologische Gleichung Allzuvieles allzu leichtfertig den Schultern der Mütter auf.

Unter dieser Überforderung werden Mütter zu ‚Furchtbaren Müttern'. Auf mysteriöse Weise werden ihnen fast alle Schicksalsschläge angelastet. Jung erwähnt, daß er den Grund für eine Neurose „in erster Linie bei der Mutter" suche.[17] Unbeabsichtigt und wie zufällig wirkt seine Bemerkung, eine Epilepsie stelle sich nicht von ungefähr ein, sondern sei wohl durch die Mutter vererbt, ebenso wie Begabungen aus der Ahnenreihe zu erklären seien.[18] Für ein Bewußtsein, das ‚Ahnen' seit einigen Jahrtausenden patrilinear erklärt, wird hier unterschwellig die Vererbung von Begabungen nur den Vätern zugetraut. Ähnliche unzulässige Projektionen auf die Mutter, die ‚Schicksal, Spruch und höchstes Gerichtsurteil' für ihre Kinder sei, begegnen wir – wenn wir darauf aufmerksam geworden sind – öfter. Eine Passage aus einer Schumann-Biographie mag dafür symptomatisch sein. Obwohl von Robert Schumanns Vater, August Schumann, bekannt ist, daß „ihm im Alter ein nervöses Leiden schwer zu schaffen machte“[19], wird der Grund für die Geisteskrankheit des Sohnes bei der Mutter gesucht:

> „Johanna Christina Schumann, die Mutter Schumanns, trug zeitweise schwer am Leben und galt als leicht absonderlich, weil sie mitunter dazu neigte, aus ungehemmtem Gefühlsüberschwang oder aus träumerischer Sentimentalität plötzlich in heftige Gereiztheit zu verfallen. Derartiges Verhalten könnte die Frage einer erblichen Belastung bei zweien ihrer Kinder aufrollen, die ihr Leben in geistiger Umnachtung beschlossen haben: das älteste und das jüngste, Emilie und Robert.“[20]

Mit etwas weniger Vor-Urteil, das in starken Gefühlen das dem patriarchalen Bewußtsein ‚Urfremde‘ wittert, ließe sich eher vermuten, daß ‚Gefühlsüberschwang‘ und ‚träumerische Sentimentalität‘ gerade *die* Begabungen waren, denen der Sohn seine musikalische Genialität verdankte.

Alle diese Vorstellungen von patriarchaler Weiblichkeit hat Erich Neumann in ein leicht überschaubares System gebracht:

Gute Mutter – Positive Anima
Furchtbare Mutter – Negative Anima

Er gewinnt diese Weiblichkeitsbilder, wie er sagt, aufgrund von Erfahrungen, die das Männliche mit dem Weiblichen mache. Es handle sich bei seiner Arbeit um

> „den Versuch, sowohl die Eigenerfahrung des Weiblichen an sich selbst wie auch die Erfahrung des Männlichen am Weiblichen einheitlich zu interpretieren“.

Die Problematik der Projektion räumt Neumann mit der Versicherung beiseite, daß in jedem Mann ‚gegengeschlechtliche Instanzen‘ vorhanden seien, so daß er über eine „innere Eigenerfahrung‘ mit dem Weiblichen verfüge. Der offene Umgang mit dem anderen Geschlecht und „der Einblick des Psychologen in die Tiefenstruktur des Gegengeschlechts“ mache „objekte Erfahrung“ möglich.[21] Dabei sei der Mythos eine Quelle echter Erfahrung. Er bestätige die archetypische Bedingtheit der Weiblichkeitsbilder.

Sein Buch „Die Große Mutter“, in dem Neumann diese archetypischen Weiblichkeitsbilder entwickelt, heißt im Untertitel „Eine Phänomenologie der weiblichen Gestaltungen des Unbewußten". Das bedeutet: Nicht durch die reale Erfahrung des Mannes mit der Frau sind diese Bilder des Weiblichen entstanden, sondern die unbewußten männlichen Wünsche produzieren die Gute Mutter und die Positive Anima, während die Furchtbare Mutter und die Negative Anima durch unbewußte Männerängste entstanden sind.

Es liegt in der Dynamik des Unbewußten, daß seine Inhalte projiziert werden. Der Mann verwandelt seine Anima, die weiblichen Gestalten seines Unbewußten, in produktive Phantasien um und entäußert sich ihrer in schöpferischen Leistungen, mit denen er die Patriarchatskultur überschwemmt. Vom klassischen Mythos bis zum modernen Theaterstück, vom künstlerischen Erzählwerk bis zum abgegriffenen Groschenroman, vom preisgekrönten Filmschaffen bis zum billigsten Pornostreifen werden Frauen in dieser Welt, in der zu leben sie gezwungen sind, mit Bildern von Weiblichkeit konfrontiert, in denen sie sich nicht wiedererkennen. Männer konkretisieren ihre Phantasien unentwegt und erzeugen dadurch die kollektive Denknorm. In gesellschaftlichen Einrichtungen, die durch Männermacht aufrechterhalten werden, zeugen sich die Projektionsbilder des männlichen Unbewußten immer aufs Neue fort und verschaffen sich einen Realitätscharakter, der kulturbildende Funktion hat.

Jeder Mann partizipiert an der Dominanz des patriarchalen Bewußtseins und am Realitätscharakter des projizierten patriarchalen Weltbildes. Von daher gewinnt das individuelle Unbewußte jedes einzelnen Mannes Subjektcharakter auch gegenüber der Frau. Das Dilemma besteht nun darin, daß Frauen in dieser Patriarchatskultur bemüht sind, die Projektionen des Mannes aufzunehmen, ihren Charakter von den irrationalen Weiblichkeitsbildern beeinflussen und formen zu lassen und ihr Leben gemäß den männlichen Phantasien und Wünschen einzurichten. Das geschieht meist unbewußt. Und selbst, wenn die Frau bewußt auf die Signale aus der Tiefenschicht des Mannes reagiert, so hält sie ihre Anpassung für Liebe. Auch der Mann erwartet mit größter Selbstverständlichkeit, daß sich die Frau ‚aus Liebe' seinen Projektionen entsprechend verhalten soll. Dabei wird völlig übersehen, daß – obwohl das *Unbewußte* des Mannes mit dem *Bewußtsein* der Frau korrespondiert – das Männliche als Subjekt gegenüber dem Weiblichen als Objekt agiert.

Der patriarchale Mann erwartet von der Frau, selbst auf der Stufe höchster Angerührtheit durch die Liebe, vor allem, daß sie sich zuordnet und anpaßt. In der patriarchalen Liebesbeziehung gewinnt die Persönlichkeit der Frau keine Eigenständigkeit. Will sie der Projektion des Mannes entsprechen, wird sie ihre Interessen auf die des Mannes einstellen. Sie wird ganz gewiß ihren Geist verstecken, um das Überlegenheitsbedürfnis des Mannes nicht zu irritieren. Denn der patriarchale Mann erwartet, daß das Bewußtsein der Frau durch den Eros regiert werde. Nicht durch den alles durchströmenden kulturbildenden Eros des matriarchalen Bewußtseins, sondern einen gewissermaßen privaten Eros, der mit der Anima-Phantasie des patriarchalen Mannes korrespondiert. Je weniger Geist eine Frau hat – um so besser. Jung äußert sich zu dem Typ der blassen, geistig unbedarften Frauen:

> „Trotz ihrer Schattenhaftigkeit und inneren Teilnahmslosigkeit, oder vielmehr gerade deshalb, stehen sie auf dem Heiratsmarkt in hohem Kurse. Vor allem sind sie dermaßen leer, daß ein Mann schlechterdings alles in ihnen vermuten kann; sodann sind sie dermaßen unbewußt, daß das Unbewußte aus ihnen zahllose Fühler, um nicht zu sagen unsichtbare Polypenarme, ausstreckt und alle männlichen Projektionen ansaugt, was den Männern über die Maßen gefällt."[22]

Es ist auffallend, daß Jung mit dem Unbewußten des Mannes, der Brutstätte von Projektionen auf die Frau, erheblich wohlwollender umgeht als mit dem Unbewußten der Frau. Bei der Frau sieht er in wahrhaft beängstigender Weise Polypenarme ausgestreckt, um den armen, hilflosen Mann anzusaugen. Nicht den mindesten kritischen Gedanken verschwendet Jung auf das patriarchale, zu seiner Zeit noch höchst wirksame Erziehungssystem, zu dessen Herstellungsprogramm ‚leere Frauen' gehörten, was leicht dadurch erreicht worden ist, daß Mädchen rigoros von jeder Bildungsmöglichkeit dispensiert wurden.

Ob sie nun leer ist oder ihren Geist versteckt – für die an das unbewußte Seelenbild des patriarchalen Mannes angepaßte Frau erschöpft sich der Sinn des Lebens darin, die Anima des geliebten Mannes zu sein. Wir finden sie im konkreten Ehealltag im Schreibzimmer ihres Mannes wieder, Manuskripte sortierend oder mit der Reinschrift seiner Texte beschäftigt. Sie begegnet uns in den Zueignungen seiner Bücher: ‚Meiner lieben Frau gewidmet, die in aufopferungsvoller Arbeit...' dem schöpferischen Mann die Kinder und alle Störungen des Alltags vom Leibe gehalten hat. Kollektiv findet sich die Anima als Gehilfin des Mannes in den Vorzimmern der Chef-Etagen in aller Welt. Sie nimmt lächelnd allen Kleinkram auf ihre Schultern, damit der Mann, der zu ‚Höherem' berufen ist, ungestört am ‚Fortschritt der abendländischen Zivilisation' basteln kann. Im Berufsalltag konkretisiert sich noch einmal in drastischer Weise die Projektion des Anima-Wunschdenkens der Männer: Frauen sind ‚Gehilfinnen' überall. In führenden Stellungen sind sie unerwünscht. Wir treffen sie daher vorwiegend als nachgeordnete Angestellte an, als Arbeiterin und als Hilfskraft, in niedere Lohngruppen eingestuft. Die Fähigkeiten von Frauen werden gebraucht. Aber nur als unterworfene Kraft, die dem Mann hilfreich zur Verfügung steht, werden sie akzeptiert.

Nicht nur, wie ‚man als Frau' in der Welt zu funktionieren, sondern auch wie ‚man' auszusehen hat, wird durch die Projektionsmechanismen des Mannes geregelt. Wer noch daran gezweifelt hat, wie sehr Frauen dem Diktat männlicher Wünsche zu gehorchen suchen, möge die Umsatzziffern der Mode- und Frauenjournale überprüfen. In millionenfacher Auflage wird die ‚Anima-Frau' — der unbewußte Anspruch des Mannes an das Weibliche — in die Welt geworfen: Diese Frau ist immer frisch frisiert. Sie hat gepflegte Hände, die Zärtlichkeiten versprechen — eine ‚Frau für alles Schöne', die dem faszinierten Mann eine unrealistische Welt verspricht, aus der die Schattenseiten des Lebens ausgeklammert sind. Kein strampelnder Säugling bringt die Kleidung dieser Modefrauen in Unordnung, kein Fältchen um Mund oder Augen läßt an der ewigen Jugend der ‚Anima-Prinzessin' zweifeln. Unzählige unsinnige und unwirksame kosmetische Präparate verdanken ihren Milliarden-Umsatz dem Diktat unbewußter Männerwünsche, dem Frauen sich unkritisch unterwerfen. Daß dafür Tierversuche notwendig sind, daß Tiere für diesen Schwachsinn sterben müssen, machen sich die wenigsten bewußt.

Auch die Negative Anima des Mannes korrespondiert mit dem Bewußtsein der Frau. „Es kann ebensogut seine eigene schlimmste Schwäche sein, die der Mann auf diese Weise sichtbar heiratet"[23], sagt Jung. Wie sehr ein Mann darauf einwirken kann, daß seine eigenen unbewußten Schwächen durch die Partnerin verkörpert werden, beschreibt er an anderer Stelle:

> „Ich habe einmal die Bekanntschaft eines verehrungswürdigen Mannes gemacht — man könnte ihn ohne Schwierigkeiten einen Heiligen nennen — ich ging drei Tage um ihn herum

und konnte nirgends die Unzulänglichkeit eines Sterblichen an ihm entdecken. Mein Minderwertigkeitsgefühl wurde bedrohlich, und ich begann ernstlich daran zu denken, mich zu bessern. Am vierten Tage aber konsultierte mich seine Frau... und ich lernte daraus, daß jemand alles Störende durch seine Frau darstellen lassen kann, ohne daß letztere es merkt; aber sie bezahlt ihre Selbstaufopferung mit einer schweren Neurose."[24]

Auf die Neurose dieses Mannes geht Jung mit keinem Wort ein. Die Analogie zur Kulturneurose der abendländischen Menschheit liegt auf der Hand.

Mit dem Stigma bedrohlicher Sexualität behaftet, hat das patriarchale Gesellschaftssystem die Projektionsträgerinnen der Negativen Anima ins Abseits von Prostitution und Halbwelt ausgestoßen. Das Bürgertum brauchte diese Außenseiterinnen wie der neurotische Heilige seine neurotische Frau. Nur auf Kosten der projizierten, konkret gewordenen ‚Negativen Anima' konnte sich die bürgerliche Gesellschaft der Illusion ihrer Wohlanständigkeit hingeben.

Aufopferungsvolle Mütterlichkeit scheint ein geradezu unsterbliches Weiblichkeitsideal zu sein. Wieviel Frauen haben immer wieder versucht, den Anforderungen, die die patriarchale Gesellschaft an die Gute Mutter stellt, zu entsprechen. Vor allem gewährt das Mutterideal der Frau in der Patriarchatsbeziehung die einzige Möglichkeit, positive männliche Projektionen auch dann noch auf sich zu ziehen, wenn der Mann begriffen hat, daß die Realität seiner Partnerin seinem verinnerlichten Bild der ‚Anima-Prinzessin' gar nicht entspricht. Die nährende, gütige, immer hilfsbereite, nichts für sich fordernde Mutter kann dann im Mann noch einmal die Hoffnung wecken, daß diese Frau, die nun die Mutter seiner Kinder ist, seine irrationale Erwartung erfüllen kann – umso mehr, als jetzt eine Konstellation eingetreten ist, die ihm erlaubt, sich selbst wieder als Knabe zu fühlen und in den Genuß mütterlicher Fürsorge und Aufopferung zu kommen. Die den Kindern zugewandte Verwöhnung fordert der Mann auch für sich. Die Eifersucht der Väter auf ihre Kinder ist der sprechende Beweis für diese psychische Situation.

Ein Leben selbstloser Hingabe erfordert übermenschliche psychische Anstrengung, weil die eigenen Ansprüche an das Leben beständig unterdrückt und verdrängt werden müssen. Das Ideal

‚vollkommener' aufopfernder Mutterliebe beruht letztlich auf einer Lebenslüge und muß zum Zusammenbruch führen. Wenn eine Frau ständig im Dienst für andere aufgeht und auf die Erfüllung eigener Wünsche verzichtet, ist sie zum Scheitern an sich selbst verurteilt. Das häufige Vorkommen von Depressionen bei Frauen bestätigt das. Kein Mensch kann auf die Dauer für andere etwas bedeuten, wenn er nicht zuerst für sich selbst sorgt und sich selbst entfaltet. Und diesen Anspruch müssen Frauen auch entschieden dem einseitig übersetzten Mütterlichkeitsideal entgegensetzen. Durch Vergesellschaftung der Kindererziehung läßt sich das Problem nicht lösen, sondern einzig durch die Teilhabe des Mannes an den Erziehungsaufgaben. Jedoch

> „die Kämpfe der Männer um das Recht, sich auch im Leben mit Kindern zu verwirklichen, stehen bisher noch aus".[25]

In ihrem Vortrag „Tödliche Liebesphantasien" zeigt Margrit Brückner am Beispiel zweier Proletarierinnen, wie Frauen zugrunde gehen, weil sie den ‚tödlichen', den einseitigen und abgespaltenen Liebesphantasien der Männer entsprechend zu leben versuchen. Sie gehen beide unter, die eine, die sich dem Ideal vollkommener Mütterlichkeit verpflichtet hat, und die andere, die sich sexuell auslebt.[26]

Frauen, die sich mit den Anima-Projektionen des Mannes identifizieren, handeln gegen ihr eigenständiges Selbst, das werden will und in der Patriarchatssymbiose keine Gestalt gewinnen kann. Sie bedürfen des Mannes, um erlöst zu werden und müssen sich nicht wundern, wenn der Himmel, den der Mann ihnen öffnet, männlich besetzt ist. Frauen täuschen sich selbst, wenn sie vorgeben, sich dem Mann ‚aus Liebe' anzupassen. Solange ‚Anpassung' den Verzicht auf Selbstverwirklichung fordert, ist ihre tatsächliche Ursache die Angst. Angst ist uns „Aus der Zeit der Verzweiflung"[27] überkommen und übt in veränderter Form ihren psychischen Terror bis in die Gegenwart aus. In einer Welt, in der die Männer die Macht haben, die Definitionsmacht über ‚gut' und ‚böse', die Macht über Rechtsprechung und Weltdeutung, die politische Herrschaft und die Macht über die Frau, in einer Welt, in der Frauen kaum eine andere Existenzmöglichkeit haben, es sei denn als Ehefrauen, Mägde oder Dienerinnen einer patriarchalen Kirche, in einer Welt, in der Frauen auf Scheiterhaufen verbrannt werden, wenn sie sich nicht den Vorstellungen der Männer entsprechend verhalten, wird eine Frau – auch ohne Liebe – zur Identifizierung mit den Projektionsbildern des patriarchalen Bewußtseins gezwungen. Die ‚Hexe' von einst ist die ‚Emanze' der Gegenwart. Zwar droht der modernen ‚Hexe' kein Scheiterhaufen, aber die Angst, dem patriarchalen Weiblichkeitsideal nicht angepaßt zu sein, hindert viele Frauen an ihrer Selbstentfaltung. Die Angst ‚aus der Zeit der Verzweiflung' wird von den Müttern an die Töchter weitervermittelt als unnennbar dumpfe Ahnung von Heimatlosigkeit und Unbehaustheit in dieser Welt. Darum hoffen Frauen, daß die Liebe ihnen Geborgenheit und Heimat zurückgeben könne. Von all den gefürchteten realen Ängsten unserer Vorfahrinnen ist uns nur die Verlustangst geblieben. Und das ist schrecklich genug.

Die verhängnisvolle Bereitschaft der Frauen, die Projektionen des männlichen Unbewußten aufzunehmen, macht vor der Aneignung des Bildes der Furchtbaren Mutter nicht halt. Kritiklos übernimmt die Jungschülerin Esther Harding den Denkansatz der Analytischen Psychologie:

> „Wenn dieses weibliche Prinzip, oder wie der primitive Mensch es ausdrückt, diese Göttin, in der Natur wirkt, erweist sie sich als blinde Macht, furchtbar und grausam, gebärend und vernichtend zugleich. Das ist das weibliche Prinzip in seiner dämonischen Gestalt."[28]

Da ist alles beieinander: die überheblich patriarchale Projektion des Primitiven auf matriarchale Gesellschaften, die blinde – daher unbewußte – Macht der Furchtbaren Göttin und damit unausgesprochen auch die Höherwertigkeit des patriarchalen Bewußtseins. Die Verdrängung des ‚dämonischen' Prinzips und die Kultivierung einer ‚höheren Moral' sind denn auch die Lösungen, die Esther Harding vorschlägt:

> „Eine bewußt höher entwickelte Frau erkennt diese Gefahr und wacht gewissenhaft, solch verhängnisvolle Wirkung zu vermeiden. Denn nur durch Disziplinierung der Begierde kann Liebe und seelische Beziehung zwischen den Geschlechtern gewährleistet werden."[29]

Widerspruchslos bis zur Selbstauslöschung eignet sich Esther Harding das patriarchale Weiblichkeitsbild an. Eine der Hexerei angeklagte Frau hätte sich unter den Qualen der Folter nicht rückhaltloser zum ‚Bösen' bekennen können wie dies Esther Harding unter der suggestiven Gewalt patriarchaler Projektionen tut. Die ‚bewußte Frau' soll ihre unteren, bösen Charaktereigenschaften unterdrücken und sich durch ‚Disziplinierung der Begierde' den ‚höheren', dem männlichen Prinzip zugeordneten

Lichtwerten annähern. Diese Frau verdrängt ihre Leidenschaft, den lodernden Impuls zu schöpferischem Handeln in ihrer Seele. Sie verbirgt ge-Wissen-haft ihre weibliche Stärke, sogar vor sich selbst. Statt zu ihrer psychischen Ganzheit zu gelangen, soll die Frau nur ihre verdünnte, harmlose und blutleere obere Hälfte in die Waagschale des Lebens werfen. Denn die Frau hat zu bedenken, wie dämonisch ihre ‚untere' Weiblichkeit sei. Ihre ungebändigte Wildheit könnte auf den Mann bedrohlich wirken und ihre Leidenschaftsmacht eine verhängnisvolle Wirkung auf ihn ausüben. Frauen haben sich zu spalten: Ihre leicht verdauliche ‚obere' Persönlichkeit ist einem ‚männlichen Ich zuordnungsfähig'; ihre ‚untere' und daher unverdauliche Weiblichkeit muß sie sorgsam verdrängen. Diese Forderung ist keine Privatmeinung einer Jungschülerin, die ihren Meister, dessen Psychologie die Erreichung der psychischen Ganzheit verspricht, gründlich mißverstanden hätte. Bei Erich Neumann ist die ‚Herauslösung der zuordnungsfähigen Anima-Prinzessin' aus der ganzheitlichen weiblichen Psyche die entscheidende Heldentat, durch die der Mann zu seinem Ich – das heißt, zu patriarchaler Herrschaft – gelangt. Er tötet die Mutter, um die Tochter, die Kind-Frau, zu gewinnen. Dieser ‚unschuldigen Jungfrau' wird er den Reifungsweg verweigern, indem er sie lehrt, ihre ‚dämonische Seite' zu verdrängen. Durch Psychologinnen, die dieses patriarchale Leitbild kritiklos unterstützen, hat die Frauenunterdrückung eine neue Dimension bekommen. Die ‚bewußt gewordene Frau' trägt Mitverantwortung dafür, daß die Männer in dieser Welt sich mit ihrem Unbewußten und dessen Projektionen niemals wirklich auseinandersetzen müssen. Auf diese Weise wirken Frauen an ihrer eigenen Unterdrückung mit.

Aufbauend und zerstörerisch zugleich sieht die Jung-Schülerin Sibylle Birkhäuser-Oeri „Die Große Göttin in unserer Zeit":

> „Man erhält den Eindruck, als ob die Große Mutter in unserer jetzigen Epoche besonders im Vordergrund stünde, sowohl in ihrer kulturauflösenden und zugleich in ihrer Neues schaffenden Funktion. Sie ist, wie mir scheint, die Große Göttin unserer Zeit, d. h. derjenige Archetypus, welcher unsere seelische Zeitlage dominiert. Aber sie wird oft nicht bewußt als überpersönliche Macht anerkannt und beachtet, z. B. in Form des vorherrschenden Materialismus, wo sie sich dann mehr von ihrer destruktiven Seite zeigt. Die archetypische Mutter ist... heute vor allem die Ursache von lebenzerstörenden Tendenzen."[30]

Solche Projektionen der lebensfeindlichen Tendenzen auf das Weibliche sind deshalb höchst gefährlich, weil sie der Patriarchatskultur und besonders den Männern, die für diese Entwicklung verantwortlich sind, die Selbstkritik erspart. Niemand muß sich mit den Ursachen auseinandersetzen, durch die das Leben heute von allen Seiten bedroht wird. Der reißerische Titel „Die Natur spielt verrückt"[31] wirkt auf das konservative Bewußtsein wie Heilsbotschaft und Erlösungsformel. Nicht die patriarchale zivilisatorische Entwicklung ist schuld, sondern die ‚Natur' – ‚Die Große Göttin in unserer Zeit' – ist mal wieder hysterisch.

Die absurde Idee, die destruktiven Kräfte, von denen die Menschheit gegenwärtig von innen und außen bedroht wird, einem ‚Archetyp der Furchtbaren Mutter' anzulasten, wird durch die Logik des patriarchalen Bewußtseins stimmig, das seine negativen Tendenzen verdrängt und auf ‚Das Weibliche' projiziert. Dadurch entsteht die patriarchale Kulturneurose, in der das Heilige durch das männliche Prinzip, Hölle und Unterwelt durch das weibliche Prinzip vertreten werden. Die Analytische Psychologie stützt diesen neurotischen Mechanismus ab, indem sie den Geist als archetypisch männlich, die Materie als archetypisch weiblich definiert. Wenn aber ‚Das Weibliche' das Stigma der ‚Furchtbaren Todesmutter' trägt, während in der gesellschaftlichen Wirklichkeit die Tötungswerkzeuge von Männern ersonnen wurden und Männer es sind, die einander in mörderischen Kriegen zerfleischen, die in irrationaler Machtgier Tod und Elend über die Menschheit bringen, dann wird Männerschuld auf Frauen projiziert. Durch die ‚archetypischen' – das heißt durch die projizierten und für das patriarchale Bewußtsein typischen – Weiblichkeitsbilder bringt die desintegrierte Psyche ihre Angst vor Tod und Sexualität zum Ausdruck.

Es liegt im Wesen dieser Kulturneurose, daß die patriarchale Bewußtseinsentwicklung euphemistisch als ‚geistiger Fortschritt' betrachtet wird, so daß Männer sich in grenzenloser Selbstüberschätzung mit Logos, Vernunft und Bewußtseinsklarheit identifizieren. In patriarchalen Gesellschaften können Männer ihr Denken illusionistisch mit ‚Bewußtseinsklarheit' verwechseln, weil sie die Macht haben zu bestimmen, was als Realität zu gelten habe. Die ‚andere Stimme' wird unterdrückt, verlacht, überhört. Andersdenkende werden ausgerottet. Die Schuld, die mit der Machtanmaßung und gewaltsamen Machtaneignung im Patriarchat einhergeht, wird verdrängt. *Nicht die ‚Furchtbare Mut-*

ter', sondern die furchtbare Schuld der Väter ist unbewußt in unserer Kultur. Die Projektion dieses Unbewußten auf das Weibliche hat unschätzbare Entlastungsfunktion, weshalb patriarchale Männer wortgewaltig und phantasiereich dieses ‚Furchtbare Weibliche' in allen abschreckenden Farben schildern.

Solange ein unbewußter Inhalt der Psyche projiziert ist, kann – nach dem Selbstverständnis der Analytischen Psychologie – von seelischer Reife keine Rede sein. Auch die Menschheit als Ganzes ist solange primitiv, wie sie nicht in der Lage ist, ihre Projektionen zurückzunehmen. Neumann sagt:

> „Auf der Primitivstufe kann der Fortschritt zu den geforderten Werten nicht anders erreicht werden als durch Projektion des Bösen nach außen. ... Das heißt, auf dieser Stufe wird das Böse zwar nicht als eigenes, individuelles Böses, aber doch als Böses erkannt und auf kollektive Weise gelöst, indem der Hohepriester die Sünden des Volkes auf den Sündenbock als stellvertretendes Opfer überträgt."[32]

So gesehen befindet sich die patriarchale Kultur noch immer auf der Primitivstufe. Das Opfertier, das der Welt Sünden trägt, ist nicht Ziegenbock, Widder oder männliches Lamm, sondern ‚Das Große Weibliche'.

Massiver Widerstand gegen diesen Projektionsmechanismus müßte von den Frauen ausgehen. Liebe darf nicht als Anpassung unter Verzicht auf Selbstwerdung begriffen werden. Liebe verwirklicht sich durch das Aushalten der Gegensatzspannung zwischen zwei selbstbestimmten Wesen. „Dazu bedarf es aber des gigantischen Mutes, den Männern vorübergehend zu mißfallen", sagt Elga Sorge. Sie will Frauen ermutigen,

> „sich der Entfaltung des eigenen *Selbst* und der eigenen Phantasie von Weiblichkeit zu widmen und nicht darauf zu warten, daß Männer ihnen sagen, was weibliches Selbstsein und Erlösung vom Patriarchat ist".[33]

Die Analytische Psychologie suggeriert den Frauen, daß ihre persönliche Individuation – ihre Selbstfindung – ohne die ‚Erlösung vom Patriarchat' möglich sei. Damit locken sie Frauen in eine Sackgasse. Worum es in der Individuation – der Selbstfindung innerhalb des patriarchalen Bewußtseins – geht, das hat Jolande Jacobi deutlich ausgesprochen:

> „Denn nun gilt es, hineinzuleuchten in die geheimsten Falten des eigenen Wesens, in das, was das ureigenste ‚Männliche' bzw. ‚Weibliche' ist; also beim Mann das ‚geistige', bei

der Frau das stoffliche Prinzip."[34]

Diese Prinzipien werden selbstverständlich durch ‚Archetypen' vertreten: Beim Mann durch das Erscheinen des ‚Alten Weisen'.

„Sein Gegenbild im Individuationsprozeß der Frau ist die Magna Mater, die Große Erdmutter, die die kalte und sachliche Wahrheit der Natur repräsentiert."[35]

In der Partnerschaft soll gelernt werden, Projektionen zurückzunehmen, während die Analytische Psychologie als Kulturpsychologie die kollektive Projektion männlicher Ängste und Wünsche auf das Weibliche unkritisch als ‚echte Erfahrung des Männlichen am Weiblichen' tarnt. Dadurch wird das Patriarchat stabilisiert. Weibliche Selbstwerdung ist eine Forderung, die mehr nötig hat als persönliche Individuation. Sie ist keine Privatangelegenheit; denn sie verlangt nicht nur die Rücknahme der Projektionen des persönlichen Partners auf die Frau, sondern vor allem die Rücknahme der Projektionen des kollektiven patriarchalen Unbewußten auf ‚Das Weibliche'. Erlösung vom Patriarchat bedeutet die kollektive Befreiung des Weiblichen aus der Sündenbockfunktion und die Rückgabe der Verantwortung für die patriarchale Kulturentwicklung an die Männer.

Nur wenn Frauen die Kraft aufbringen, die Projektionen des patriarchalen Unbewußten abzuschütteln, können sie zu sich selbst kommen. In ihrem Persönlichkeitskern begegnen sie matriarchaler Weiblichkeit, in der sich die Idee eines vom Eros getragenen Weltbildes spiegelt. Diese Idee hat in Göttinnen wie der Metis, der Ma'at und der Mut Gestalt angenommen. Die Göttin war Seelenführerin und Wesenskern jeder matriarchalen Menschseele. Das ist viel zu gut belegt, als daß die Analytische Psychologie davon absehen könnte. Wie kann – angesichts der uranfänglichen matriarchalen Weisheitsgöttinnen – die Behauptung aufrecht erhalten werden, alle patriarchale Geistkultur habe sich aus dem Chaos matriarchaler Unbewußtheit erhoben? Mythengeschichtlich ist längst erwiesen, daß die patriarchalen Hochgötter sich die Weisheit ‚einverleibt' haben. Erich Neumann umgeht das Problem auf folgende Weise:

„Begriffssymbole wie zum Beispiel die Ma'at, die Weisheitsgöttin Ägyptens, müssen nicht Produkte einer späten Epoche sein. Sie scheinen im Gegenteil am Anfang der Entwicklung des menschlichen Geistes zu stehen, die mit dem Akzent auf die visionär geschaute Symbolfigur beginnt und mit dem abstrakten Symbol endet."[36]

Die urbildlich kosmische Idee matriarchaler Weisheit ist unter dem Einfluß der patriarchalen Bewußtseinsentwicklung in der Tat überall zum ‚abstrakten Begriff‘ verkommen:

– Sophia, die zur mittelalterlichen Philosophia wurde,
– Justitia, die für eine unbezogene, den aufgesetzten Ordnungen dienende Rechtsauffassung steht,
– Ecclesia, in deren Binnenraum die Männer eingedrungen sind, um dort fortzeugend immer nur Söhne zu gebären, und die
– Thora, die jüdische Weisheitslehre, deren Wurzeln bei den großen matriarchalen Kultheroinnen Israels zu suchen sind.

Die Göttinnen, die einst die integrierenden Kräfte des matriarchalen Bewußtseins verkörperten, erfüllen für die kollektive Patriarchatspsyche Anima-Funktionen. Sie repräsentieren das Unbewußte, auf dessen Grund die Männerkultur errichtet ist.

Die Überwindung der Patriarchatspsychologie hat in der persönlichen Begegnung zwischen Menschen schon begonnen, und dort ist die Keimzelle für die Veränderung der ganzen Gesellschaft. Es gibt – selten genug – auch Männer, die ahnen, daß sich durch die Selbst-Findung der Frau neue, reifere Formen der Begegnung und eine vom Patriarchat erlöste Kultur anbahnt:

> „Dieses... Menschentum der Frau wird dann, wenn sie die Konventionen der Nur-Weiblichkeit in den Verwandlungen ihres äußeren Standes abgestreift haben wird, zutage treten, und die Männer, die es heute noch nicht kommen fühlen, werden davon überrascht und geschlagen werden. Eines Tages wird das Mädchen da sein und die Frau, deren Name nicht mehr nur einen Gegensatz zum Männlichen bedeuten wird, sondern etwas für sich, etwas, wobei man an keine Ergänzung und Grenze denkt, sondern nur an Leben und Dasein –: der weibliche Mensch. Dieser Fortschritt wird das Liebe-Erleben, das jetzt voll Irrung ist – sehr gegen den Willen der überholten Männer zunächst – verwandeln, von Grund aus verändern, zu einer Beziehung umbilden, die von Mensch zu Mensch gemeint ist, nicht mehr von Mann zu Weib. Und diese menschlichere Liebe, die unendlich rücksichtsvoll und leise, gut und klar im Binden und Lösen sich vollziehen wird, wird jener ähneln, die wir ringend und mühsam vorbereiten, der Liebe, die darin besteht, daß zwei Einsamkeiten einander schützen, grenzen und grüßen.“[37]

Animus

C. G. Jung hat das unbewußte männliche Seelenbild in der Psyche der Frau Animus genannt. Konsequenterweise sollte sich der Animus in der Seele der Frau auf die gleiche Weise konstellieren wie sich die Anima in der Seele des Mannes anlagert.

1. Das heranwachsende Mädchen verinnerlicht seine frühen Erfahrungen mit dem Vater und verschafft sich dadurch eine unbewußte Sicherheit, was Männlichsein in dieser Welt bedeutet. Wenn die Familiensituation von der patriarchalen Denknorm geprägt ist, wenn der Vater seine überlegene Männlichkeit selbstbewußt herausstellt, wird die Tochter durch dieses Muster ihre Vorstellung von Männlichkeit entwickeln. Sie wird männliche Herrschaft für um so ‚natürlicher' halten, je mehr die Mutter den geforderten patriarchalen Verhaltensmustern gehorcht.

2. Zunächst wird ein Mädchen sich mit den patriarchalen Kulturwerten direkt identifizieren. Es will so heldisch, so tapfer, so klug, gebildet und gut werden wie die Vorbilder, die ihm vermittelt werden... bis es eines Tages erkennt, daß alle diese vorbildlichen Helden Männer sind. Wenn das Mädchen gezwungen wird, sich mit den unheldischen, dummen, ungebildeten oder sogar bösen Schwestern all dieser strahlenden Heroen zu identifizieren, wird es diese tadelsfreien Manns-Bilder als Anspruch in seiner Seele anlagern – eine geballte Ladung hochexplosiven Zündstoffs.

Die Lebensumstände von Mädchen können auch die Verinnerlichung eines negativen Manns-Bildes bewirken. Ein Abenteurer oder Verbrecher, ein Haltloser oder Don Juan wird dann die Psyche der Frau beunruhigen. Wie dem auch sei – für die patriarchale Frau wird das unbewußt männliche Seelenbild zum Anspruch an den persönlichen Partner, zur Erwartung an Männer überhaupt. Ihre Seele verlangt nach Männerherrlichkeit wie nach der Einlösung eines heiligen Versprechens.

3. Es existiert ein kollektiv vermitteltes Bild des Männlichen in der Seele der Frau, das durch die patriarchale Gesellschaftsnorm bestimmt wird. Die alltäglichen Medien prägen eine Vor-

stellung von Öffentlichkeit, die vorwiegend durch Männer repräsentiert wird. Das kulturelle Umfeld vermittelt Idealbilder des Männlichen. Männer stellen sich dar, wie sie sich gern sehen möchten: Mutig, stark und entschlossen, durchsetzungsfähig und charakterfest tritt der Typ des vorbildlichen Mannes auf. Sein Gegenspieler ist meist weniger ‚hart und männlich'. Unausweichlich ist der Kampf zwischen den Mächten des ‚Guten' und des ‚Bösen'. Und da in der Welt, die uns vorgegaukelt wird, schließlich immer das Gute siegt, führen Männerkämpfe unausweichlich zum ‚Fortschritt' und versprechen eine ‚bessere Welt'.

Wie die Anima sich als Bild der Frau in der Seele des Mannes niederschlägt, so sind es innere Männer-Bilder, durch die der Animus der Frau definiert wird. Das erscheint umso selbstverständlicher, als Beziehungskonflikte durch eben diese Innenbilder der Partner entstehen. Wenn der persönliche Mann dem verinnerlichten Männerbild der Frau nicht entsprechen kann, wird ihre Phantasie ihn mit den Attributen patriarchaler Männerherrlichkeit ausstatten, solange der Trug sich aufrechterhalten läßt. Kommt es aber zur Ent-Täuschung, hält die schöne Illusion gegenüber der Realität nicht stand, ist die Krise unvermeidbar. Ob durch schwelenden Brand oder durch gewaltige Explosion – mit der Enttäuschung am Partner kommt meist auch das patriarchale Weltbild ins Wanken. Unterschwellig gibt die eine Frau ihrer Enttäuschung Ausdruck, während die andere scharf und mit beißender Ironie ihrem Mann vermittelt, daß er ein totaler Versager sei. Frauen, die allzu gründlich gelernt haben, ihr aggressives Potential gegen sich selbst zu richten, werden depressiv. Starke Frauen beenden die Beziehung. Nur wenn beide weise und zutiefst menschlich miteinander umgehen, tragen sie einander durch die Krise hindurch und lernen, die andere Person zu lieben wie sie ist, gestehen ihr Schwächen zu und wissen sich mit den eigenen Schwächen bei ihr aufgehoben. In der therapeutischen Praxis geht es um die Auflösung der unrealistischen und daher hochgradig korrekturbedürftigen Seelenbilder.

Die Analytische Psychologie bietet in dieser Situation nur die halbe Krisenhilfe an: Die Partner nehmen ihre Projektionen zurück. Der Mann erkennt, daß er gewisse ‚archetypische' Weiblichkeitsbilder verinnerlicht und von seiner Frau die Erfüllung seiner Träume erwartet hatte. Die Frau erkennt die männliche Helden-Herrlichkeit als kollektives Muster, das Teil ihres Unbewußten ist. Beide sprechen „diesem Innen jene Realität und Anerkennung"[1] zu, die erforderlich sind, um die Symbiose aufzulösen und die Projektion zurückzunehmen. Damit ist aber nur Vergangenheitsbewältigung geleistet. Die Frage wird beantwortet, wodurch sich die Archetypen in der unbewußten Psyche konstelliert haben. Ihre Existenz wird akzeptiert und die Projektion überflüssig gemacht. Aber der Ausbruch aus dem Käfig der patriarchalen Geschlechternorm wird nicht ermöglicht. Die Partner sollen jetzt bewußt ihrer ‚natürlichen' Bestimmung entsprechen.

Es sind aber nicht unsere ‚natürlichen' Bedingungen, die uns hindern, sogenannte ‚gegengeschlechtliche' Charaktereigenschaften tatsächlich zu leben, sondern kollektiv verordnete Hemmungen. In der Kindheit und Jugend und im frühen Erwachsenenalter erzwingen Erziehung und Umwelt eine Anpassung an das kollektiv verordnete Verständnis vom Wesen der Geschlechter. In der zweiten Lebenshälfte sollen die Partner dieses Konzept bewußt wahrnehmen, das Gegengeschlechtliche als zum *innen* gehörig akzeptieren und ihre Reife dadurch beweisen, daß sie *freiwillig* unterdrücken, was sie in der ersten Lebenshälfte *erzwungenermaßen* verdrängen mußten. Die Anima bleibt im Mann, der Animus in der Frau introvertiert.

Der Charakter der unbewußten Seelenbilder gilt als ‚archetypisch' und wird nicht hinterfragt. Wenn es ein ‚ererbtes Bild' des Mannes in der Seele der Frau gäbe, welcher Realität von Männlichkeit sollte es entsprechen? Die Seelenbilder, die sich im Bewußtseinsschatten des patriarchalen Weltbildes angelagert haben, sind durch die patriarchale Kultur selbst geprägt. Wenn eine Frau ihre Projektionen zurücknimmt, sollte sie konsequenterweise auch ihre Innenbilder auf deren Realitätswert überprüfen. Das heißt, mit der Erkenntnis, daß der Partner weder ein ‚Held' noch ein ‚Märchenprinz' ist, sollte die Ernüchterung einhergehen, daß auch der ‚Archetyp des Helden' und anderer patriarchaler Männerideale Trug ist. Eine explosionsartige Veränderung des Weltbildes muß die Folge sein. Wenn Frauen zuende denken, wird die Desillusionierung patriarchaler Männerherrlichkeit in Frauenseelen zwangsläufig die Enttäuschung der Frauen am Patriarchat mit sich bringen und schließlich das Ende des Patriarchats herbeiführen.

Die Auffassung darüber, durch welche Inhalte der Animus, das unbewußte männliche Seelenbild in der Frau, zu definieren sei, hat innerhalb der Analytischen Psychologie ihre eigene Entwicklungsgeschichte. Erst die jüngeren Vertreter der Jung'schen Schule vermuten im Unbewußten der Frau alle Herrlichkeit angelagert, die das patriarchale Bewußtsein je mit dem Männlichen verbunden hat:

„Der Jung'sche Begriff ‚Animus' bezeichnet die Gesamtheit des männlichen Prinzips im Unbewußten der Frau. Der Animus ist schöpferisch-verbindender Geist, gestaltender Logos, lebendige Ordnung, erhellende Klarheit. Neben diesen zentralen Qualitäten, die ich nicht anders als mit so großen Worten benennen kann, umfaßt er aber auch mehr randständige Eigenschaften, die gewissermaßen Werkzeug-Funktionen haben: zielstrebige Aktivität, Aggressionsbereitschaft, Neigung zu Systematisierung und die Tendenz schließlich, das einmal für richtig Erkannte absolut zu setzen."[2]

Leider zitiert der Autor dieser hohen Meinung vom Animus der Frau keine Stelle im Werk Jungs, wo diese Auffassung vertreten ist.

Jung selbst beschreibt zwar das ‚männliche Prinzip' eher noch euphemistischer:

„Aus gewichtigen Gründen", sieht er „den Geist des Mannes, seine Bewußtseinsklarheit und Vernünftigkeit" durch den „Logos" repräsentiert[3];

aber der Animus der Frau ist geborgte, minderwertige Nachahmung des männlichen Prinzips, das sich der Definition fast widersetzt. Jung sagt:

„Wenn es nicht gerade eine einfache Aufgabe ist zu beschreiben, was unter Anima zu verstehen ist, so häufen sich die Schwierigkeiten bis fast zur Unmöglichkeit, wenn die Animuspsychologie dargestellt werden soll."[4]

Nicht durch das Ab-Bild des Mannes, sondern durch das Negativ des patriarchalen Logos sieht Jung den Animus der Frau charakterisiert. Er sagt:

„Der Animus ist etwas wie eine Versammlung von Vätern und sonstigen Autoritäten, die ex cathedra unanfechtbare, ‚vernünftige' Urteile aufstellen. Genauer besehen sind diese anspruchsvollen Urteile wohl in der Hauptsache Worte und Meinungen, von der Kindheit an, vielleicht unbewußt, zusammengelesen und zu einem Kanon durchschnittlicher Wahrheit, Richtigkeit und Vernünftigkeit zusammengehäuft; ein thesaurus von Voraussetzungen, der sofort, wo immer ein bewußtes kompetentes Urteil fehlt (was häufig der Fall zu sein pflegt), mit der Meinung aushilft. Bald erscheinen diese Meinungen in Form des sogenannten gesunden Menschenverstandes, bald in der Form von bornierten Vorurteilen, bald in der Form von Prinzipien, welche die Erziehung travestieren. ‚Man machte es immer so', oder ‚Jedermann sagt doch, es sei so'."[5]

Für die Frau, argumentiert Jung,

„sind persönliche Beziehungen in der Regel wichtiger und interessanter als objektive Tatsachen und Zusammenhänge. Die weiten Gebiete des Handels, der Politik, der Technik und der Wissenschaft, das ganze Reich des angewandten männlichen Geistes fällt bei ihr in den Bewußtseinsschatten."[6]

Sowenig die Anima nur im Unbewußten des Mannes wohnt, ist dieser Jung'sche Schatten-Animus eine Besonderheit der weiblichen Psyche. Die meisten Männer übernehmen vorgefaßte Meinungen von andern, unterliegen Vorurteilen und verweigern die Mühe, ein eigenes Urteil zu erarbeiten. Genau betrachtet entspricht das Denken im Schatten der Bewußtseinsklarheit der Norm. Gerade in der Wissenschaft ist es üblich, daß sich Männer auf Väter und Autoritäten berufen. Es gibt gar kein Universitätsstudium, das nicht von Ereignissen ausginge, die jene ‚Versammlungen von Vätern und Autoritäten' postuliert haben, und allzu oft werden sie ungeprüft übernommen. Ohne Zweifel fällt auch für jeden einzelnen Mann nahezu ‚das ganze Reich des angewandten männlichen Geistes' in den Bewußtseinsschatten. Sein Wissen verfügt über einen Teilausschnitt menschlicher Möglichkeiten. Der moderne Mann ist selbst innerhalb seines Fachgebietes nur am Detail beschäftigt. Er verliert bei seiner Arbeit häufig den Überblick über die Zusammenhänge, was sich katastrophal auswirken kann. Für die Pflege eines weiteren Interessengebietes, was dann zum Hobby – wörtlich Schaukelpferd, Spielerei – abgewertet wird, bleibt dem berufstätigen Mann kaum Zeit. Daher ist er für das Verständnis der Welt weitgehend auf Meinungen angewiesen, auf Urteile, die andere für ihn gefällt haben. Ganz selbstverständlich verläßt er sich auf die ‚von Kindheit an, meist unbewußt von Vätern und sonstigen Autoritäten' vorgefertigten ‚Wahrheiten, Richtigkeiten und Vernünftigkeiten'. Männer verfügen also genauso über eine Animus-Funktion wie Frauen. Der einzige Unterschied liegt in der Bewertung. Denn im allgemeinen werden in der patriarchalen Gesellschaft

Meinungen von Männern für kompetenter gehalten als Meinungen von Frauen.

Wenn beispielsweise in Deutschland ein Mann zur Klärung eines wissenschaftlichen Sachverhalts von höchster Bedeutung für das Leben der Menschheit lediglich „zahlreiche Gespräche mit Fachleuten geführt" hat, um zu einer „Meinungsbildung" zu kommen, so sollte weder sein bekannter Name noch seine fast einmalige Autorität ausreichen, um von seiner *Meinung* politische Entschlüsse abzuleiten. Wenn er seine Meinung trotzdem vor dem Bundestag vorträgt, der sich durch seinen Vortrag nur *Meinungen* aneignen kann, die zu politischem Handeln befähigen sollen, dann wird die hohe Einschätzung von Männerreden, hinter denen sich nicht mehr als übernommene Meinung verbirgt, gefährlich.

> Carl Friedrich Weizsäcker sagte am 9. März 1978 vor dem Deutschen Bundestag: „Ich bin ausgebildeter Kernphysiker, habe zwar seit 1945 nicht mehr selbst über Reaktortheorie gearbeitet, habe aber seit etwa vier Jahren systematisch zahlreiche Gespräche mit Fachleuten geführt und verdanke meiner Ausbildung wenigstens das Vokabular, in dem ich meine Gesprächspartner befragen – wie man im Umgangston sagt: ‚löchern' – konnte. Jene positive Behauptung, die ich im heutigen Vortrag aussprechen werde, habe ich zuvor der Kritik mehrerer Fachleute unterbreitet. Aber ich bekenne offen und mit Absicht, daß ich in fast keiner dieser Behauptungen hinreichenden eigenen speziellen Sachverstand besitze, um sie rein sachlich zu verteidigen. Ich bin überall mit meiner Meinungsbildung nicht nur auf mein Urteil über Sachen, sondern auch wesentlich auf mein Urteil über Menschen angewiesen. Ich muß mir bei jedem meiner Gesprächspartner selbst eine Meinung darüber bilden, welches sein Kenntnisstand, sein Partikularinteresse, seine Leidenschaft und der Grad seiner Intelligenz, seiner Selbstkritik und seiner Redlichkeit ist."
> Dazu merken kritische Stimmen an: „Viele Bürger, die ihre Meinung noch nicht gebildet hatten, haben sich unter Berufung auf diese Rede für die Kernenergie entschieden. Der Text Weizsäckers gilt heute als die wichtigste theoretisch und ethisch fundierte Grundlage für die Befürwortung der Kernenergie."[7]

Daß eine Frau, die zwar ‚über das ausreichende Vokabular' verfügte, um sich über einen Gegenstand zu unterhalten, aber ‚in fast keiner Behauptung hinreichend eigenen Sachverstand' besäße, niemals zur öffentlichen Meinungsbildung beitragen könnte, wird niemand bedauern. Es ist aber unerträglich und lebensgefährlich, daß die patriarchale Kollektivpsyche Männern diese Möglichkeit einräumt.

Die Animus-Meinungen von Frauen sind für Jung bestenfalls harmlos, eher aber lächerlich und ärgerlich:

> „Diese Meinungen haben für den Mann – insofern die Frau hübsch ist – etwas rührend Kindliches, welches ihm zu einer wohltätigen, bevaternden Lehrhaftigkeit verhilft; insofern die Frau aber die sentimentale Seite nicht berührt und infolgedessen Kompetenz und nicht rührende Hilflosigkeit und Dummheit von ihr gewünscht wird, so haben ihre Animusmeinungen für den Mann etwas Irritierendes, hauptsächlich wegen ihrer schlechten Begründung – zuviel Meinung um ihrer selbst willen – um wenigstens auch eine Meinung gehabt zu haben. Männer pflegen hier giftig zu werden; denn es ist eine unerschütterliche Tatsache, daß der Animus immer die Anima hervorlockt, wodurch jede weitere Diskussion aussichtslos wird. Bei intellektuellen Frauen veranlaßt der Animus ein kritisch sein sollendes Argumentieren und Raisonnieren, das aber im wesentlichen darin besteht, einen nebensächlichen schwachen Punkt zu einer sinnwidrigen Hauptsache zu machen. Oder eine an sich klare Diskussion wird aufs Heilloseste verwickelt durch das Hereinbringen eines ganz andern, womöglich schiefen Gesichtspunktes. Ohne es zu wissen, zielen solche Frauen bloß daraufhin, den Mann zu verärgern."[8]

Leider belegt Jung seine Ausführungen durch kein Beispiel. Das macht sie zu unbewiesenen Behauptungen, die der Beachtung nicht wert wären. Aber Jung ist eine Autorität für viele. Eine unbewiesene Behauptung aus seinem Munde wird unter Umständen zu fast so etwas wie einem religiösen Glaubenssatz. Darum lohnt sich das Nachdenken über seine Äußerungen.

Der Animus – jene Ansammlung unbewußt-unkritisch übernommener Meinungen in der Psyche der Frau – korrespondiert hier auf drei verschiedenen Ebenen mit dem Mann. Im ersten Beispiel erwähnt Jung die hübsche, junge Frau, die in rührender Kindlichkeit und Hilflosigkeit etwas Dummes sagt. Sie ruft seine ‚wohltätige, bevaternde Lehrhaftigkeit' auf den Plan, was ihm über die Maßen gefällt. Er wird in der Relation zu dieser unbedarften Kindfrau zu einem wahren Heiligen. Sie verfällt – falls diese Konstellation von Dauer ist – zwangsläufig einer Neurose, wie Jung selbst an anderer Stelle einleuchtend dargestellt hat.[9]

Im zweiten Beispiel spricht die Frau nicht die positiven Gefühle des Mannes an, sondern lockt seine ‚negative Anima' hervor. Wie ‚schlecht begründet' ihre Meinungen waren, wieviel Vor-Urteil von seiten des Mannes mitschwingen, läßt sich nicht nachprüfen. Die Frage ist für Jung völlig irrelevant. Die Notwendigkeit, das Problem auch einmal von der männlichen Seite her selbstkritisch zu betrachten, ist für Jung überhaupt nicht erwägenswert. Auf jeden Fall hat *die Frau* des Mannes launische Anima aktiviert: Er wird giftig. Mit gutem Grund – davon ist Jung überzeugt.

Im dritten Beispiel korrespondiert eine kluge Frau mit dem Mann. Sie wird nicht intelligent genannt. Jung macht da ganz feine Unterschiede. Die Frau ist nur intellektuell, daher veranlaßt ihr Animus ‚ein kritisch sein sollendes Argumentieren und Raisonnieren'. Argumentiert sie aufgrund internalisierter Patriarchen-Autorität? Das dürfte dem Mann eigentlich nicht fremd vorkommen; denn genau das ist seine Argumentationsebene. Wenn die beiden allerdings verschiedenen Patriarchen verfallen sind und die Frau nicht bereit ist, sich auf das internalisierte Weltbild des Mannes einzulassen, kann das den Beginn eines dreißigjährigen Ehekrieges anzeigen. Denn der Mann, der gewöhnt ist, daß *er* bestimmt, was Realität sei, meint, die Frau ziele ‚bloß daraufhin, den Mann zu verärgern'. Die Patriarchatspsychologie geht stillschweigend davon aus, daß eine Frau in der Ehe die Meinungen ihres Mannes zu teilen habe. Nur vor diesem Anspruch können Meinungen von Frauen, die dem Mann weder schmeicheln noch ihn bestätigen, dermaßen infam heruntergewertet und lächerlich gemacht werden.

Es liegt aber nahe, daß es *die* Frauen sind, die aufgrund einer individuellen Persönlichkeitsentwicklung die Basis der patriarchalen Wertungen verlassen haben, die ihre Partner ‚verärgern' – ganz einfach deshalb, weil *patriarchale* Männer auf keinen Fall bereit sind, sich auf eine ihnen fremde Bewußtseinsebene einzulassen. In diesem Falle liegt ein völlig anderes Problem vor: Die Frau sieht die Welt mit ‚weiblichen' Wertmaßstäben. Doch da im patriarchalen Bewußtsein in den Begriff ‚weiblich' alles investiert wird, womit Männer sich nicht identifizieren wollen, ziehe ich es vor zu sagen: Frauen, die zu sich selbst gefunden haben, beurteilen die Welt nach zutiefst verwurzelten *matriarchalen*

Wertmaßstäben. Der Mann, dessen Denken von patriarchalen Wertungen ausgeht, ist keineswegs bereit, sich mit der Frau partnerschaftlich auseinanderzusetzen, richtig hinzuhören, ihre Begründungen ernstzunehmen. Er reagiert launisch und aggressiv: Die Frau habe einen ‚nebensächlichen schwachen Punkt zu einer sinnwidrigen Hauptsache' gemacht, sie habe ‚schiefe Gesichtspunkte' – aus welchem Blickwinkel? – eingebracht.

Frauen beginnen gerade erst sich bewußt zu machen, daß ihre Einstellung zur Welt von anderen Voraussetzungen ausgeht als die Weltsicht des Mannes. „Frauen denken anders."[10] Frauen haben ein anderes moralisches Gewissen.[11] Frauen schlagen eine Brücke zur matriarchalen Vergangenheit der Menschheit, um ein Bewußtsein wiederzuentdecken, mit dem sie sich identifizieren können.[12]

Die bewußte Auseinandersetzung mit dem gegengeschlechtlichen Unbewußten in der eigenen Psyche ist ein wichtiger Schritt auf dem Weg zur Individuation. Was aber bedeutet die Forderung der Analytischen Psychologie, eine Frau müsse ihren Animus integrieren? Jung sagt dazu:

> „Die Technik der Auseinandersetzung mit dem Animus ist im Prinzip dieselbe wie im Fall der Anima, nur sind es die Meinungen, welche die Frau kritisch von sich halten sollte, nicht um sie zu verdrängen, sondern um durch die Erforschung ihrer Herkunft in ihren dunklen Hintergrund einzudringen, wo sie dann auf die Urbilder stoßen würde. Der Animus gehört nicht in die bewußte Beziehungsfunktion, sondern er sollte die Beziehung zum Unbewußten ermöglichen. Anstatt daß man sich zu äußeren Situationen Meinungen einfallen läßt – zu Situationen, über die man bewußt nachdenken sollte –, müßte der Animus als Einfallsfunktion nach innen gekehrt werden, wo er die Inhalte des Unbewußten einfallen lassen könnte."[13]

Jung meint keineswegs, die Frau dürfe ihren Animus zur ‚Höhe männlicher Bewußtseinsklarheit' entwickeln. Die Frau soll ihre Meinungen für sich behalten; denn wenn sie sie äußert, gibt es nur Ärger:

> „Alle diese ebenso bekannten wie unliebenswürdigen Erscheinungen rühren einzig und allein von der *Extraversion des Animus* her."[14] (Hervorhebung Jung)

Der Animus gehört nach innen. Mit dem Logos hat die Frau keine Chance, sie „wird stets unsicher sein im Reich des Logos“.[15] Männeransichten über die geistigen Fähigkeiten des weiblichen Geschlechts müssen sich auf Frauen geradezu wie eine hypnotische Lähmung auswirken. Emma Jung, die kluge, 1955 verstorbene Ehefrau C. G. Jungs, schreibt:

> „Was nun das eigentlich Schöpferische des Geistes betrifft, so ist dies bekanntlich bei der Frau etwas sehr Seltenes. Es gibt viele Frauen, die ihr Denk- und Unterscheidungsvermögen, ihre Kritik schon weitgehend entwickelt haben, aber nur wenige, die geistig schöpferisch sind, wie es der Mann ist. Böse Zungen sagen, die Frau besitze so wenig Erfindungsgabe, daß, wenn der Mann den Kochlöffel nicht erfunden hätte, sie heute noch mit dem Stock in der Suppe rühren würde.“[16]

Trotzdem vermag der Animus ‚schöpferische Keime hervorzubringen‘, die eine Frau aber nicht zur Entwicklung eigener kreativer Fähigkeiten einsetzen wird, sondern um den Mann zu inspirieren:

> Der Animus „ist auch ein zeugendes schöpferisches Wesen, allerdings nicht in der Form des männlichen Schaffens, sondern er bringt etwas hervor, was man einen ‚logos spermaticos‘, ein zeugendes Wort nennen könnte. Wie der Mann sein Werk als ganzes Geschöpf aus seinem innern Weiblichen hervorgehen läßt, so bringt das innere Männliche der Frau schöpferische Keime hervor, welche das Weibliche des Mannes zu befruchten vermögen. Das wäre die ‚femme inspiratrice‘.“[17]

Wendet die Frau dem Manne aber ihren unbewußten Animus, diesen Rechthaber und Prinzipienreiter, zu, wird sie dem Mann zur Qual. Die Möglichkeit, daß die Frau sich von Meinungen und Vorurteilen frei machen könnte, um den Logos zur Entwicklung eigener geistiger Fähigkeiten einzusetzen, wird von Jung nicht in Betracht gezogen. Eine Frau, die ihren Animus integriert hat, entwickelt im günstigsten Fall ‚Logos-Keime‘, mit denen sie den Mann befruchtet. Die Geschlechter ergänzen sich also in glücklichster Weise. Der Mann verhilft der Frau durch sein Zeugen zum leiblichen Kind, die Frau dem Mann durch den ‚logos spermaticos‘ zum geistigen Kind.

> „Ist sich die Frau dessen aber erst einmal bewußt geworden, weiß sie mit ihrem Unbewußten umzugehen und sich von der Stimme ihres Innern leiten zu lassen, so liegt es in ihrer Möglichkeit, ‚femme inspiratrice‘ oder rechthaberische Prinzipien-

reiterin, die Beatrice oder die Xanthippe des Mannes zu werden."[18]

Eine moderne, selbstbewußte, Persönlichkeit gewordene Frau wird weder das schemenhafte Abbild einer Männerphantasie sein wollen wie Beatrice, die niemals ins reale Leben des geliebten Mannes eingetreten ist, noch wird sie, des gemeinsamen Lebens überdrüssig, in einer abgegriffenen, zur Qual gewordenen Ehe leben wollen wie Xanthippe, die in wütender Verzweiflung ihrem verehelichten Sokrates den Inhalt eines Nachttopfs über den Kopf gegossen haben soll. Niemand hat bisher gefragt, warum aufgrund dieser Überlieferung Xanthippe als böses, zänkisches Weib in die Geschichte eingegangen ist. Ebensogut hätte diese Anekdote dazu beitragen können, den Namen des Sokrates zum Synonym für einen unerträglich schlampigen Mann zu prägen, der noch nicht einmal seinen eigenen Nachttopf ausleert.

Jung betrachtet den Animus der Frau grundsätzlich als die inferiore Schattenfunktion der männlichen Bewußtseinsseite. Er beschreibt den Animus als

„quasi-intellektuelles Wesen, welches mit dem Wort ‚Vorurteil' am allerpassendsten charakterisiert ist". Der Animus der Frau bestehe „aus minderwertigem Urteil oder besser: Meinen". Und weiter: „Der Animus auf niederer Stufe ist ein minderwertiger Logos, eine Karikatur des differenzierten männlichen Geistes."[19] „Daher äußert sich der minderwertige Logos im Animus der Frau als gänzlich unbezogenes und darum unzulängliches Vorurteil, oder als eine Meinung, die mit dem Wesen des Objekts in irritierender Weise nichts zu tun hat."[20]

Wenn bisher noch nicht deutlich geworden ist, daß die Analytische Psychologie nur an der Ganzheit des *Mannes* interessiert ist – Jungs Animus-Psychologie räumt jeden Zweifel darüber aus. Wenn dem Mann die Kommunikation mit seinem schöpferischen weiblichen Unbewußten geglückt ist, bringt er sein Werk hervor und führt es ans Licht. Hat die Frau aber gelernt, mit ihrem Unbewußten umzugehen, so erschöpft sich der Sinn ihrer Introspektion in einer Verbindung ihres Unbewußten mit dem ‚weiblichen Unbewußten des Mannes'. Sie stellt eine Beziehung von Unbewußtem zu Unbewußtem her. In der Sprache des modernen abendländischen Bewußtseins wiederholt die Animus-Psychologie das Paulus-Gebot: Das Weib schweige in der Gemeinde. Die patriarchale Gesellschaftspraxis, die Frauen an Kinder, Küche und Kirche fesselt und ihre Entwicklung hemmt, wird psychologisch untermauert und gefestigt. Jungs Lehren haben für den abendländischen Menschen geradezu religiösen Charakter. Er macht nicht den gesellschaftlich verordneten Ausschluß der Frauen aus ‚dem Reich des angewandten männlichen Geistes' verantwortlich dafür, daß ‚Politik, Handel, Technik und die weiten Gebiete der Wissenschaft' in den Bewußtseinsschatten der weiblichen Psyche fallen, sondern ihre ‚Veranlagung'. Frauen internalisieren Männerphantasien und die durch Männer verordnete Denknorm und sind schließlich selbst davon überzeugt, daß die Frau von ‚Natur aus stets unsicher' sei ‚im Bereich des Logos'. Nicht nur das weibliche Bewußtsein, sondern auch das weibliche Unbewußte spiegelt das patriarchale Weltbild. Der Mann kann daher in der Psyche der *patriarchalen* Frau nichts Überraschendes finden – nichts, was seiner Anima fremd wäre.

Die Systematik der Quaternio täuscht eine Ausgewogenheit vor, die durch die ungleichgewichtigen Qualitäten der vier Funktionen der weiblichen und männlichen Psyche, wie Jung sie definiert, ad absurdum geführt wird.

Trotzdem brechen Frauen seit einem halben Jahrhundert in das Reich des angewandten männlichen Geistes ein. Sie entwickeln konsequent ihren Logos. Sie stellen unter Beweis, daß die logisch denkende Frau keinen Widerspruch in sich bedeutet. Kluge Frauen sind keine Ungeheuer, sondern seelisch gesunde Persönlichkeiten. Sie denken nicht daran, den Animus zu introvertieren, sondern sie extravertieren ihn – nicht als minderwertigen Schatten eines den Männern vorbehaltenen Logos, sondern als entwickelte Funktion. Allerdings müssen sie mehr leisten als Männer, um zu beweisen, daß sie würdig und geeignet sind, einen Platz in der Öffentlichkeit zu beanspruchen. Frauen stehen ihren Mann. Sie stehen in den meisten Fällen zusätzlich ihre Frau. Dieser Tatbestand, soweit er auf die soziologische Fragestellung begrenzt ist, wird mit dem Begriff ‚Doppelbelastung' abgedeckt. Den psychologischen Aspekt der Belastung der Frau macht Neumann deutlich. Er sagt:

> „Während von diesem (dem Mann) nur Männlichkeit, werden von ihr Weiblichkeit und Männlichkeit verlangt."[21]

Damit rückt die außerordentliche Fragwürdigkeit der in Gang

gekommenen Entwicklung ins Bild. Zeigt es sich doch, daß in jeder Hinsicht – soziologisch und psychologisch – die notwendige, im Zusammenhang mit der gegenwärtigen Menschheitskrise Not wendende, gesellschaftliche Veränderung auf den Schultern von Frauen ausgetragen wird. Männer halten sich da raus. Vom Mann wird nur Männlichkeit verlangt, sowohl hinsichtlich seiner sozialen Rolle wie hinsichtlich seines psychischen Selbstverständnisses. Die Persönlichkeitsentwicklung der Frau hat Jungs Konzept der Animus-Psychologie längst gesprengt. Frauen treten selbstbewußt auf, genauso wie Männer. Frauen tragen Hosen, genauso wie Männer. Sie treten in die Männergesellschaft ein und identifizieren sich mit dem patriarchalen Bewußtsein. Unter dem Gesichtspunkt einer emanzipatorischen Gleichberechtigung integrieren Frauen sich heute zunehmend in die von Männern geschaffene Welt, ergreifen Männerberufe, nehmen teil am männlichen Wissenschaftsbetrieb, streben bislang den Männern vorbehaltene Machtpositionen an – wo sie womöglich noch machtvollkommener herrschen als die Männer. Frauen widerlegen Jungs Modell der Geschlechterpsychologie auf ganzer Front: Sie sind voll und ganz in der Lage, im Sinne der patriarchalen Denknorm logisch zu argumentieren. Dabei wird allerdings die patriarchale Abwertung weiblicher Lebensqualität durch diejenigen Frauen, denen die Integration in die Männerwelt gelungen ist, direkt oder indirekt noch intensiver betrieben. Die Gesellschaft wird unter *diesem* emanzipatorischen Druck der Frauen noch patriarchaler als sie ohnehin schon ist; denn Frauen ergreifen Männermacht und treten mit Männern in Konkurrenz.

Dieser Entwicklung trägt Erich Neumann Rechnung. Er bedauert die „Gefangenschaft des Weiblichen im Patriarchat“[22] und gibt die Entmündigung zu, die Frauen in der Patriarchatskultur zu erdulden hatten:

> „Mit der Einordnung des Weiblichen in das Patriarchat und mit seiner Unterordnung unter dessen Werte wird der Mann für die Frau zum Vertreter des Bewußtseins und der Bewußtseinsentwicklung.“[23]

Und Neumann sagt weiter:

> „Dadurch, daß das Weibliche zu einem eindeutigen Weiblichsein gezwungen wird, die Bewußtseinswerte der patriarchalen Kultur aber männlich sind, bleibt es in diesem Bereich unterentwickelt und auf die Hilfe des Männlichen dauernd angewiesen.“[24]

Unausgesprochen klingt hier an, daß die Frau der Hilfe des Männlichen nicht mehr bedürfen wird, wenn sie sich von dem Zwang zu einem ‚eindeutigen Weiblichsein' befreien kann. Es hat den Anschein, daß Neumann wirklich das Endziel einer Erlösung vom Patriarchat anstrebt, wenn er sagt:

> „Das Männliche bedeutet für das Weibliche Erlösung zum Bewußtsein, das Weibliche für das Männliche Erlösung vom Bewußtsein."[25]

Fast sieht es so aus, als käme der Frau in Neumanns Interpretation der Quaternio eine ebenbürtige Funktion zu. Sie hat nicht mehr nur die Aufgabe, in ihrem Unbewußten zeugende Keime für das schöpferische Unbewußte des Mannes zu entwickeln; denn, so sagt Neumann:

> „Hier endet die Psychologie des Patriarchats, und es beginnt die Psychologie der Begegnung, der Selbst-Hingabe und Individuation, der Selbstfindung des Weiblichen."[26]

Diese Entwicklung der mann-weiblichen Beziehung bringt eine Fülle neuer, bisher ungeahnter Schwierigkeiten mit sich, deren

> „komplizierte Vielfältigkeit der psychischen Beziehungen faktisch fast unübersehbar" ist.[27]

Daher sei für Paare, die aus der Patriarchatssymbiose herauswachsen, kein Rückgriff auf irgendwelche Erfahrungen möglich. Sie sind allein auf sich selbst und ihre Individualität gestellt. Ja, Neumann geht sogar noch einen Schritt weiter und stellt die Gültigkeit der patriarchalen Werte in Frage:

> „Werden die eigenen gegengeschlechtlichen psychischen Instanzen, Anima und Animus, in den Prozeß der Integration, welcher die ursprüngliche Doppelgeschlechtlichkeit jeder individuellen Psyche wiederherstellt, mit eingeschlossen, muß die Orientierung an der patriarchalen Wertewelt aufgegeben werden. Damit gerät das Individuum in die Situation, den eigenen Weg finden zu müssen, ohne daß ihm die Kollektivinstanzen dabei noch behilflich sein könnten."[28] Hat Neumann die Ansätze feministischer Psychologie vorweggenommen, wenn er schreibt:

> „Eine weitere Konsequenz der weiblichen Grundsituation aber ist, daß das ‚Gewissen', soweit es durch die Wertungen des patriarchalen Kollektivs gebildet wird, bei der Frau keine volle Resonanz findet, da es als Ausdruck der patriarchalen Kultur oft im Gegensatz zu den Wertungen des weiblichen Selbst steht. Das Weibliche empfindet sich bei der Identifizie-

rung des Ich mit dem patriarchalen Bewußtsein niemals ganz als ‚sich selbst'."[30]

Frauen fühlen sich von dieser Psychologie verstanden. Ihre Probleme werden hier auf den Punkt gebracht. Bisher Unausgesprochenes kommt endlich zur Sprache. Gleich einem genialen Arzt, der erstmals die Ursache eines Übels beim Namen nennt, diagnostiziert Neumann die Entwertung und Entmündigung des Weiblichen im Patriarchat, die

„sich für das weibliche Kind, das in diese patriarchale Wertung und in seine eigene Selbstentwertung hineinzuwachsen hat, katastrophal auswirken" muß. „Das tägliche Morgengebet des jüdischen Mannes, der Gott dankt, nicht als Frau geschaffen worden zu sein, ebenso wie die auf den ‚Penisneid' des Weiblichen aufgebaute Psychologie bei Freud sind extreme Äußerungsformen dieser patriarchalen Situation und der Gefährdung des Weiblichen in dieser Kultursymbiose."[31]

Spricht Neumann den Frauen nicht aus der Seele, wenn er sagt, daß die Patriarchatsehe einem Harem gliche und

„daß in einer derartigen Ehe nicht nur das patriarchale Bewußtsein der Frau unentwickelt bleibt, sondern daß sie auch das ihr eigentümliche matriarchale Bewußtsein aufgibt, weil es den patriarchalen Wertungen nicht entspricht resp. ihnen entgegengesetzt ist."[31]

Mit diesem Eingehen auf weibliche Seelenprobleme suggeriert Neumann den Frauen, er sei innerhalb der Analytischen Psychologie ein bedeutender Vertreter der Frauenbefreiung, der die Wiedereinsetzung des Weiblichen in seine Rechte gesamtgesellschaftlich vorantriebe. Die Auffassung, daß Erich Neumann sogar die Re-Integration des Weiblichen ins Gottesbild denkbar mache, ist bei Vertreterinnen der feministischen Theologie verbreitet.[32]

Für Neumann jedoch ist die Entwertung des Weiblichen im Laufe der patriarchalen Bewußtseinsentwicklung, die er so einfühlsam schildert, eine zwar bedauerliche aber unvermeidbare Nebenerscheinung auf dem Siegeszug des patriarchalen Geistes:

„Die Ablösung der matriarchalen durch eine patriarchale Epoche ist ein archetypischer Prozeß, d. h., sie ist allgemein und notwendig innerhalb der Menschheitsgeschichte."[33]

Das Männliche mußte die Identifizierung mit dem Mondgott überwinden und zum Tagesbewußtsein durchdringen. Die Sonne als Symbol des männlichen Geistes wurde zum beherrschenden

Lichtprinzip. Dabei mußte ‚die Göttin zur Gattin' entwertet werden, ‚die nur noch den Familienbezirk verwaltet'. Die Entwicklung

> „von der Vorherrschaft des Weiblichen in der Gruppe bis zum Männerstaat ist nicht ohne negative Akzentuierung des Weiblichen durch das Männliche zu erreichen".[34] „Dieser archetypischen Konstellation haben die Partner in der Ehe zu entsprechen, indem der Mann symbolisch den Himmel, die Frau die Erde vertritt."[35]

Ein bißchen Machtanwendung mußte schon sein, um dem ‚Licht des patriarchalen Geistes' zum Durchbruch zu verhelfen. Das müssen Frauen verstehen, und ein freundlich-väterliches Verständnis für ihre Nöte suggeriert den Frauen, ihre Unterdrükkung könne unter den bestehenden patriarchalen Gesellschaftsbedingungen überwunden werden. *Die analytische Psychologie, die angetreten ist, den Menschen mit seinem Unbewußten zu konfrontieren, ermöglicht erst die gigantische Täuschung, Patriarchate seien auf die Macht des Geistes und nicht auf den Geist der Macht gegründet. Sie verdrängt die wirkliche Ursprungsgeschichte des Patriarchats, die eine Geschichte brutaler Gewalt gewesen ist, in den Bewußtseinsschatten.*

Selbst die Einsicht, daß die „Gefährdung der heutigen Menschheit... auf der einseitig-patriarchalen Bewußtseinsentwicklung des männlichen Geistes" beruhe[36], hindert Neumann nicht, von der „Notwendigkeit dieser Bewußtseinsentwicklung bis zu ihrem ‚patriarchalen Extrem'" zu sprechen.[37] Nur um die Gefahr dieser eindimensionalen Kulturentwicklung aufzufangen, wird der Wiederanschluß an das Weibliche gesucht, das in die patriarchale Welt ‚fruchtbar einbezogen' werden soll. Das Ich und das Bewußtsein bleiben bei Neumann unangefochten männlich;

> „denn die Träger dieser Entwicklung sind die Männer mit den für sie charakteristischen Wertsetzungen".[38]

Die Befreiung der Frau wird – nach Neumanns Auffassung – dadurch erreicht, daß ihr, der man bisher „einen echten Anteil an der patriarchalen Kultur unmöglich" gemacht hat[39], nun der Eintritt in die Patriarchatskultur gestattet werde. Durch die Entfaltung des *männlichen* Bewußtseins-Ich kann die Frau zu einem vollwertigen Partner in der Beziehung werden;

> „denn das Bewußtsein hat auch bei der Frau dem Unbewußten gegenüber männlichen Charakter. Die Zuordnung von Be-

> wußtsein-Licht-Tag und die von Unbewußtsein-Dunkel-Nacht gilt unabhängig vom Geschlecht".[40]

Der Keim des ‚männlichen Bewußtseins-Ich', der bisher unbewußt im Animus der Frau verborgen war, kommt nun zu voller Entfaltung. Im Gegensatz zu der Auffassung Jungs, der die Animus-Qualität als minderwertigen Logos verstanden hat, sieht Neumann die Gesamtheit der patriarchalen Bewußtseinsfunktion im Animus der Frau keimhaft angelegt. Neumann gibt die Auffassung Jungs, wonach das Bewußtsein der Frau durch den Eros repräsentiert sei, nicht auf; aber die moderne Frau entwikkelt nun auch ihre Animus-Funktion zu höchster Bewußtseinsqualität. Während vom Mann ‚nur Männlichkeit, werden von ihr Weiblichkeit und Männlichkeit verlangt'. Die Frau gelangt zu ihrer höchsten Reife, zu ihrer Individuation, indem sie Anteil an der Patriarchatskultur hat und auf allen Ebenen mit dem Männlichen in Beziehung tritt. Endet hier wirklich die Psychologie des Patriarchats, um von einer Psychologie der Begegnung abgelöst zu werden? Bei Neumann entsteht *der unauflösbare Widerspruch, daß eine Frau, um die Psychologie des Patriarchats zu überwinden, patriarchales Bewußtsein zu ihrem eigenen machen muß.*

Obwohl eine Frau bei der Identifizierung ihres Ich mit dem patriarchalen Bewußtsein ‚niemals ganz bei sich selbst' sein kann, wird sie

> „zugunsten ihrer Bewußtseinsentwicklung zur Selbstentfremdung gedrängt. Sie wird gezwungen, auch die männliche Seite zu entwickeln, ohne welche eine Kulturleistung nicht möglich ist."[41]

Damit wird zugleich *der zweite Widerspruch deutlich, der darin besteht, daß seelische Ganzheit für die Frau mit dem Zwang zur Selbstentfremdung erkauft werden muß.*

Hat die Frau mit Hilfe ihrer Selbstentfremdung männliche Bewußtseinsqualität entfaltet, ist der von Jung gesteckte Rahmen der Quaternio-Psychologie gesprengt. Der Animus der Frau muß bei Jung um jeden Preis introvertiert bleiben; denn alle Querelen und ‚unliebenswürdigen Erscheinungen rühren von der Extraversion des Animus her'. Es besteht also ein Widerspruch zwischen dem Denkansatz Jungs und dem Neumanns. Neumann hat der Tatsache Rechnung getragen, daß die Frau patriarchales Bewußtsein entwickelt und ihre ‚Unsicherheit im Reich des Logos' überwunden hat.

Eine wichtige Instanz patriarchaler Männlichkeit wird in der Psychologie Erich Neumanns durch das „patriarchale Helden-Ich" repräsentiert.[42] Dieser Held, der sich von der Bindung an die Große Mutter löst, begeht den befreienden Muttermord. Nun wird er den Himmel für den patriarchalen Hochgott erobern und auf der Erde die Herrschaft über das Weibliche antreten. Er ‚befreit' die Anima – das Weibliche, das er sich als Geliebte und Seele zuordnen will – vom mütterlichen Urdrachen. Dieser Held, den Neumann in seinem gesamten Werk als den Erlöser vom weiblichen Ur-Chaos versteht, ist angetreten, dem patriarchalen Ich-Bewußtsein zum Durchbruch zu verhelfen. Er treibt den Sieg der patriarchalen ‚Geist-Kultur' über die matriarchale Eros-Kultur voran.

In diesem patriarchalen Helden sieht Neumann eine archetypische männliche Symbolgestalt, die zur Animusfunktion jeder weiblichen Psyche gehöre. Nicht nur der unentwickelte Logos, sondern auch der schlummernde Held seien Anteile des weiblichen Animus. Die moderne Frau wird nun – so Neumann – auch den Weg dieses patriarchalen Helden beschreiten. Ebenso wie der Mann zur Durchsetzung der patriarchalen Kultur dieses Helden bedurfte, kann auch die Frau *nur* mit Hilfe der patriarchalen Helden-Instanz zu ihrem Bewußtseins-Ich gelangen.

Diesen Gedanken führt Neumann in seinem 1942 erschienenen Bändchen über „Amor und Psyche" aus. Er deutet das aus dem zweiten nachchristlichen Jahrhundert stammende Märchen des römischen Isis-Priesters Apuleius aus tiefenpsychologischer Sicht. Im Schicksal des Mädchens Psyche sieht Neumann wie eine Ahnung und Zukunftsvision den Reifungsweg der modernen Frau archetypisch vorgezeichnet. Er sagt:

> „Es ist dabei zu betonen, daß der Psyche-Mythos archetypisch und in dem Sinne historisch urbildlich ist, d. h., er kündigt eine künftige Entwicklung an, die im individuellen Menschen der Antike noch nicht stattgefunden hat."[43]

Sehr verkürzt, ist der Inhalt des Märchens von Amor und Psyche folgender:

> Das Mädchen Psyche, ‚dessen so vorzügliche und höchst herrliche Schönheit... mit der Armut der menschlichen Rede nicht ausgedrückt und nicht einmal genügend gepriesen werden konnte', stand vor der Aufgabe, den Gott Amor zu erlösen. Psyche vollbrachte zahlreiche Heldentaten und besiegte schließlich sogar die Mächte der Unterwelt. Glücklich barg sie

eine geheimnisvolle Dose, die alle Schönheit der Welt enthielt, aus dem Hades. Doch gegenüber dem Gebot, diese Dose fest verschlossen zu halten, scheiterte Psyche. Begierig, ihrem Geliebten auf ewig zu gefallen, wollte sie den Inhalt der Dose für sich. Kaum aber hatte sie den Deckel gelüftet, als nicht Schönheit, sondern Todesschlaf sich über sie breitete. Nun war es an Amor, dem Gott, die Geliebte zu erlösen. Er flog aus dem Fenster des Turmzimmers, wo Aphrodite seine Wunden geheilt hatte, und begab sich eilends zu Psyche. Behutsam wischte er die Hülle des unterweltlichen Schlafs von ihrem Antlitz hinweg. Dann begab er sich zum Göttervater Zeus, um für Psyche zu flehen. Zeus, angerührt von der Schönheit der irdischen Braut des Eros, reichte Psyche den Trank der Unsterblichkeit. Zur Göttin erhoben, hielt sie ihren Einzug im Olymp.

Hätte Psyche ihren Heldenweg bis zum Ende durchgehalten – so meint Neumann – sei dies

> „ein sehr fraglicher Erfolg, wie entsprechende weibliche Entwicklungen zur Genüge demonstrieren. Denn derartige siegreiche männliche Entwicklungen mit dem Preis ihrer erotischen Anziehungskraft zu bezahlen, wäre für eine weibliche Psyche, deren Tun im Zeichen der Liebe, im Zeichen des Eros stand, ein katastrophaler Ausgang."[44]

Im Sinne einer ‚Psychologie der Begegnung' müßte es *beiden* – Frau *und* Mann – erlaubt sein zu versagen. Neumann argumentiert jedoch nicht, daß Psyche versagen *dürfe*, sondern daß sie versagen *müsse*, ‚um ihre Weiblichkeit zu bewahren'. Patriarchale Weiblichkeit heißt aber immer auch, sich einem Männlichen unterlegen zu fühlen und sich führen zu lassen.

> „Sie ist einen Heldenweg gegangen... sie hat Bewußtsein entwickelt, so stark und radikal, daß sie darüber den Geliebten verloren hat. Nun aber – am Ende – einen Schritt vor dem Ende – stürzt sie sich in die tödliche Gefahr. Und das alles um nichts, um fast nichts, dies alles nur, um Eros zu gefallen."[45]

Erst durch die ‚paradoxe Sieg-Niederlage von Psyches Versagen' erfüllt Psyche – im Sinne Erich Neumanns – die Bedingungen einer reifen mann-weiblichen Beziehung. Psyche lebt ihre Liebe nicht mehr im Dunkel unbewußter Abhängigkeit und dumpfer Bindung. Sie ist selbständig geworden. Sie hat bewiesen, daß sie ‚mit gewaltig tapferem Mut und einzigartiger Klugheit begabt ist'. Eros seinerseits hat sich von seiner Mutter Aphrodite gelöst und seine Männlichkeit entwickelt. *Seine Männlichkeit aktualisiert sich an Psyches Versagen.* Genau in dem Augenblick, als Psyche leblos zusammensinkt und nur *weil* sie jetzt seine Hilfe braucht, ist er in der Lage, selbständig zu werden und zum Manne zu reifen.

> „Das einzigartige an Psyches Weg besteht darin, daß sie nicht direkt, sondern indirekt erreicht, was ihr aufgetragen ist, daß sie zwar mit Hilfe des Männlichen, aber nicht als Männliches die ihr gestellten Aufgaben löst. Sie bleibt auch da, wo sie die männliche Seite ihrer Natur sich anzueignen gezwungen wird, ihrer Weiblichkeit treu."[46]

Sie gibt sich dem Männlichen anheim, um nun, zu ihrem Selbst gereift, in Verbindung mit Zeus, dem männlichen Hochgott zu treten, durch den sie Unsterblichkeit erlangt.

Es ist folgerichtig, daß innerhalb der Patriarchatspsychologie eine Frau der Führung des Männlichen bedarf, um mit dem Transzendenten, das im männlichen Hochgott Gestalt geworden ist, in Verbindung zu treten.[47] Mit seiner Auslegung des Märchens von Amor und Psyche spiegelt Neumann am antiken Beispiel die Forderung des Paulus:

> „Die Frauen seien untertan ihren Männern als dem Herrn. Denn der Mann ist des Weibes Haupt, gleichwie Christus das Haupt der Gemeinde."[48]

Neumann deutet den antiken Text im Sinne patriarchaler Erlösungstheologie, bei der die Frau ihre Existenz nur durch einen Mann hindurch auf einen männlichen Hochgott hin transzendieren kann. Wenn die Gottheit männlich ist, kann die Frau nicht ohne Vermittlung des Mannes mit ihr in Verbindung treten. Vom patriarchalen Selbstverständnis her betrachtet, ist das Pauluswort ebenso stimmig wie Neumanns Anliegen, daß eine Frau ‚diesen Heldenweg nicht bis zu Ende gehen' dürfe.

Wer die Patriarchatskultur erhalten will, muß konsequenterweise fordern, daß die Frau ihre Potenzen nicht voll entfalten und vor allem nicht zu ihrer eigenen Selbstverwirklichung gebrauchen dürfe. Neumann argumentiert in diesem Sinne völlig konsequent, wenn er einen ‚katastrophalen Ausgang' befürchtet. Daß Frauen ihr weibliches Selbst zur vollen Reife entfalten, dürfte sich allerdings weniger katastrophal für die Menschheit als für die Patriarchatskultur auswirken. Deshalb versichert Neumann eindringlich, daß es sich bei dem Handlungsablauf im Märchen des Apuleius

„um ein Geschehen im archetypischen Raum handelt... um vorbildliches Geschehen überhaupt".[49]

Der Erlösungsweg der Frau ist durch eine Liebe vorgezeichnet, die im entscheidenden Augenblick auf ihren eigenen Heldenweg verzichtet und die eigene Kraft klug verleugnet, um die Männlichkeit und das Führungs-Ich des Partners hervorzulocken.

Geradezu unüberwindlich steht hier das Postulat, daß es sich um einen ‚archetypischen Prozeß' handle. Was archetypisch vorgezeichnet ist, wird als Entwicklungsprogramm, als innewohnende Struktur beurteilt. Es sind gewissermaßen die DNS-Informationen der Psyche, die im archetypischen Reifungsweg wirksam werden. Das klingt dermaßen großartig, daß es nun nicht mehr nur suggestiv wirkt, sondern hypnotisch. Und da Frauen tatsächlich erleben, daß sie Schaden nehmen an ihrer Seele, wenn sie den Weg des patriarchalen Helden und des patriarchalen Logos allzu weit gehen – welche andere Möglichkeit verbleibt ihnen?

Frauen bleiben ‚Gefangene des Patriarchats', selbst wenn sie patriarchales Bewußtsein entwickelt haben. Solange sie die patriarchale Denknorm internalisiert haben, dienen sie der Patriarchatskultur nur auf einer anderen Ebene als bisher. Neumann, der die Dominanz des patriarchalen Bewußtseins wortgewandt verteidigt, fordert selbstverständlich von den Frauen, daß sie den kulturellen Überbau – den männlich besetzten Himmel eingeschlossen – akzeptieren. Von der Aufrechterhaltung dieser Hierarchie hängt der Bestand der Patriarchatskultur ab. Darum kommt es der Analytischen Psychologie auch gar nicht darauf an, die Projektionen des kollektiven Unbewußten aufzulösen.

Eine vom individuellen Mann enttäuschte Frau soll ihre auf diesen Partner projizierten patriarchalen Männerbilder nur zurücknehmen, um sie desto intensiver auf das transpersonal Männliche zu projizieren. Das liegt völlig in der Absicht der Analytischen Psychologie. Deshalb fordert Neumann:

Wenn es „in einer modernen Entwicklung" zu einer „Enttäuschung am persönlichen Partner" und zur „Aufgabe der persönlichen Beziehung zu diesem Mann oder zum Mann überhaupt" kommt, dann sollte „die seelische Entwicklung zu einer erlösenden Beziehung zum Transpersonalen, z. B. in einer religiösen Form" führen.[50]

Auf gar keinen Fall darf die Frau dem Zirkel des patriarchalen

Denkens entkommen. Für Neumann ist es wichtig festzustellen: „Das Ichbewußtsein als solches hat männlichen Charakter, auch bei der Frau."[51] Und ebenso soll die heldische Instanz, die diesem männlichen Bewußtseins-Ich zum Sieg verhilft, von der Frau als männlich begriffen werden.

> „Die ‚Unerlösten' des Patriarchats, ... Frauen, in denen die Enttäuschung am Patriarchat deutlich wird", werden daran erinnert, daß der Held „archetypisch männlich" sei. „Er wird vom Weiblichen archetypisch als sonnenhaft und transpersonal-geistig erfahren, ... wird mit Willen, dem Bewußtsein und der Entwicklung zum männlichen Geist identifiziert."[52]

Wie kann Neumann das behaupten? Nur eine am patriarchalen Geist kranke Frau kann sich mit diesem patriarchalen Helden identifizieren, der durch Vergewaltigung und Muttermord das Matriarchat bekämpft, um die patriarchale Geistkultur durchzusetzen.

Die Frage nach dem matriarchalen Helden wird in Neumanns Psychologie nicht gestellt. Es blieb einer Frau überlassen, das Heldische im matriarchalen Bewußtsein neu zu definieren. Heide Göttner-Abendroth sagt: „Jede Frau, die frei über ihre weiblichen Kräfte verfügte, erkannte in sich auch das Prinzip des Männlichen als des Heroischen." Und das Integrationssymbol für das matriarchale Bewußtsein ist die „Göttin mit ihrem Sohn in den Armen".[53] Dieser Sohn und Held, der Heros der matriarchalen Kulturen, hat weder einen Muttermord begangen noch eine Frau vergewaltigt. Draußen in der Welt ebenso wie als männliches Prinzip in der Psyche von Frauen diente seine aggressive Potenz der Erhaltung des Lebens. Dieses matriarchale Heldentum war zu allen Zeiten in der Psyche von Frauen beheimatet. Eine Frau bringt heldischen Mut auf, um ein Kind zu gebären. Sie setzt matriarchalen Logos, matriarchale Vernunft und matriarchale Bewußtseinsklarheit ein, wenn sie das Gebären verweigert. Denn die Ökologie des Lebensraums macht Geburtenregelung sinnvoll, wenn nicht Ausdehnung und heilloser Existenzkampf die Folge sein sollen. Der matriarchale Held, der matriarchales Bewußtsein vorantreibt, handelt folge-richtig: Er bedenkt die Folgen. Frauen und Männer brauchen Tag um Tag – gerade heute – matriarchalen Heldenmut, um den Lebenskampf zu bestehen.

Immer wieder wird bei Neumann deutlich, daß er die Patriarchatskultur als solche für eine Errungenschaft von geschichtlicher Größe und Einmaligkeit hält, an deren Überwindung überhaupt nicht gedacht werden dürfe. Ohne das männliche Bewußtsein, behauptet Neumann, sei „eine Kulturleistung nicht möglich".[54] Und „Wissen" werde „durch das Dominieren des patriarchalen Bewußtseins überhaupt erst möglich".[55] Das sind Suggestivbehauptungen, die jederzeit widerlegbar sind. Sie sollen aber dazu dienen, die patriarchale Wertehierarchie und das patriarchale Weltbild zu stabilisieren – auch und gerade angesichts der Tatsache, daß der Ausbruch der Frauen aus der ‚Gefangenschaft des Patriarchats' nicht mehr aufzuhalten ist. Allerdings sind viele Frauen derart angerührt allein von dem Angebot, in die Patriarchatskultur ‚einbezogen' zu werden, daß sie, die bisher immer abseits gestanden haben, dem Suggestivgeflüster der Patriarchatspsychologie zum Opfer fallen.

Wenn Frauen aber entdecken, daß beide – der patriarchale Logos ebenso wie der patriarchale Held – Sklaven der Macht sind, die sie verachten, werden sie sich von ihnen abwenden und ihre seelische Kraft für ihre eigene Selbstfindung einsetzen. Für Frauen, die am persönlichen Partner enttäuscht sind, steht – falls sie zu Ende denken – das gesamte Patriarchat zur Disposition. Wenn sich die *Herr*-lichkeit des individuellen Mannes als Trug erweist, werden sie auch den Herrschaftsanspruch der gesamten Patriarchatskultur zurückweisen. Sollte das Ganze qualifizierter sein als die Summe seiner Teile? Dazu stellt sich das Patriarchat als solches zur Disposition. Nicht sein Geist, sondern sein Zerstörungspotential ist durch den ‚Fortschritt der patriarchalen Wissenschaften' menschheitsbedrohlich überrepräsentiert. Nur meinen viele – und Erich Neumann gehört zu ihren wortgewandtesten Vertretern – Rettung sei durch das ‚Weibliche' möglich, das hilfreich und ausgleichend die einseitige patriarchale Entwicklung aus ihren Extremen zu einer menschlichen Mitte zurückführen könnte. Es sind aber gerade die bewußt gewordenen Frauen, die erkennen, daß patriarchale Weiblichkeit kein Äquivalent ist gegen Männermacht. Zärtlichkeit und Mutterliebe richten gegen Atombomben und Umweltzerstörung *gar nichts* aus. Tausende von Frauen, die für den Frieden demonstrieren, können durch einen einzigen Polizeieinsatz hinweggefegt werden. Und durch einen einzigen atomaren Vernichtungsschlag können Millionen Menschen getötet werden, die Mütter ins Leben gesetzt haben. Nicht von patriarchal definierter ‚Weiblichkeit', sondern von matriarchaler

Menschlichkeit kann der erlösende Impuls ausgehen.

Im Lauf der patriarchalen Bewußtseinsentwicklung ist der ‚Logos' philosophisch zu einem ‚universalen Wesen' hochstilisiert worden. Dieser Logos, den Jung zur Definition des männlichen Prinzips benutzt, ist im Griechischen eher schillernd, bedeutet Mitteilung, Sprechen und Rede, Erzählung, Nachricht, Gerücht. Die Dimension des Schöpferisch-Göttlichen, die Voraussicht, Lehre und Weisheit mit einbezieht, bekam der Logos-Begriff erst in der Begegnung mit der ägyptischen Kultur. Voraussicht, Lehre und Weisheit gehörten aber einst zum Charakter der Ma'at und wirkten wie eine allen Dingen übergeordnete und ebenso innewohnende Kraft. Heraklit hat diese Auffassung von matriarchaler Weisheit *wörtlich* für die Definition des Logos-Begriffes übernommen. In den Logos-Begriff fließen nun alle Eigenschaften urbildlich matriarchaler Weisheit ein. Philo, ein um die Zeitenwende lebender jüdischer Philosoph, betrachtete den Logos als Vermittler zwischen Gott und Welt – eine Vorstellung, die ebenfalls von der Beziehung der matriarchalen Göttinnen zu ihren Geschöpfen übernommen ist. Das frühe Christentum, vor allem die johanneische Theologie, griff auf diese Vorstellung zurück. Aber sie sah im Logos das zeugende Wort, eine abstrakte Idee, die über das stoffliche Prinzip hoch erhaben ist.

Dadurch verlor die transpersonale Idee ihre Vermittlerrolle zwischen ‚Gott und Welt'; denn der Logos ist nun das ganz andere, der Welt letztlich entgegengesetzte, und alle patriarchalen Philosophien können nicht darüber hinwegtäuschen, daß der Logos im patriarchalen Gesellschaftszusammenhang zum Sklaven männlicher Machtdurchsetzung verkommen ist.

Wer Macht als Realität akzeptiert, gerät unweigerlich in Sachzwänge, dadurch wird es logisch, vernünftig und rechnerisch richtig, daß die Rüstungseskalation schließlich die Bewaffnung des Weltraums erzwingt. Vernunft wird Wahnsinn, wenn sie der Macht unterworfen ist.

Deshalb ist die nachdenklich und kritisch gewordene Frau heute weder bereit noch in der Lage, zu dem transpersonal-patriarchalen Geistbezirk eine positive Beziehung herzustellen. Sie widerstrebt dem eindimensionalen Vatergott-Begriff ebenso wie den Wertbegriffen des patriarchalen Bewußtseins, die – wie Neumann dargelegt hat – nicht die ihren sind. Die Frage, ob die patriarchale Wertehierarchie überhaupt dem Menschen gemäß sei, wird im übrigen auch in zunehmendem Maße von Männern gestellt.

Zwar bietet die Analytische Psychologie mit dem Konzept der Quaternio ein Strukturbild an, das auf genial vereinfachende Weise deutlich macht, wie bedeutsam die Signale aus dem Unbewußten in die Beziehung zweier Individuen hineinspielen; aber eine ‚Psychologie der Begegnung', das heißt, eine ausgewogene ebenbürtige Beziehung zwischen Frau und Mann und zwischen Männlichem und Weiblichem in der Kultur wird durch die Beziehung zwischen Bewußtem und Unbewußtem nicht ermöglicht. Die Dominanz des Männlichen wird durch die Kommunikation mit dem Unbewußten nicht aufgehoben.

„Mann und Frau haben sich bewußt ebenso auf die weibliche wie auf die männliche Seite des Mannes zu beziehen"[56],

sagt Neumann. Ich muß gestehen, daß ich diesen Satz zweimal lesen mußte, bevor ich ihn verstanden habe. Er bringt alle Elemente zur Sprache: ‚Mann und Frau' und die ‚weibliche und die männliche Seite'. Macht er also eine Aussage über die Gleichgewichtigkeit der Geschlechter? Erst beim zweiten Lesen habe ich begriffen, daß Neumann sagt, daß sich beide – Mann und Frau – mit der Gesamtpsyche des *Mannes* auseinandersetzen müssen, und zwar sowohl mit seiner bewußten männlichen Seite wie mit seiner unbewußten weiblichen. Im Mittelpunkt des Interesses steht nur der Mann.

Es verrät nicht nur Neumanns männliche Sichtweise, wenn er diesen Satz nicht auch spiegelbildlich formuliert – etwa: Frau und Mann hätten sich gemeinsam auf das Bewußte und Unbewußte der Frau zu beziehen. Diese spiegelbildliche Bezogenheit hat unter den bestehenden Ungleichheitsbedingungen gar keinen Sinn. Die gesamte Patriarchatskultur ist einseitig damit beschäftigt, sich auf das Bewußte *und* das Unbewußte *des Mannes* zu beziehen. Alle die starken Helden und schwachen Frauen, denen wir in der Kunst und Literatur begegnen, sind Projektionen des männlichen Unbewußten. Patriarchale Phantasien verschaffen sich Geltung im geforderten unterschiedlichen Ausdrucksverhalten von Mann und Frau. Ob der Choreograph Tänze leichtgewichtiger Frauen mit kraftstrotzenden Männern oder der Werbefotograf die ‚angemessene' Haltung von Frauen und Männern einübt, überall werden die Phantasien der Männer konkretisiert und schaffen ein Verhaltensdiktat, das bestimmt, wie ‚man als Mann und Frau' in dieser Welt zu funktionieren hat. Das macht vor den weiten Gebieten der Wirtschaft und Werbung nicht halt, wo Frauen die Rolle vertreten, die ihnen vom patriarchalen Geschlechtsverständnis zudiktiert wird. Weibliche Berufsbilder sind Projektionen der Männerpsyche. Auf diese Weise entsteht das kulturelle Umfeld, von dem Frauen, die zu ihrem Selbst gefunden haben, sich mißverstanden und beleidigt fühlen. Die Frau muß sich in der Tat – in der persönlichen Beziehung genauso wie in der Gesellschaft – mit der männlichen bewußten und der weiblichen unbewußten Seite des Mannes und der Männerkultur auseinandersetzen.

Ausgewogenheit wird erst dann erreicht, wenn Frauen zu ihrer Persönlichkeitsmitte, zum Zentrum ihres matriarchalen Bewußtseins, gefunden haben und zielbewußt die Gestaltwerdung matriarchaler Psyche in der Kultur fordern. Wenn Männer bereit sind, mit dem matriarchalen Bewußtsein der Frau und dem unbewußt in der Frau wirksamen ‚matriarchalen Helden' in Beziehung zu treten, kann es nicht ausbleiben, daß diese Instanzen in der Psyche von Frauen gesellschaftswirksam werden. Denn das Ernstnehmen des matriarchalen Bewußtseins wird dazu führen, daß sich matriarchale Weisheit und der matriarchale Heros gesellschaftlich konkretisieren.

Diese Weisheit, die immer auf das Ganze bezogen ist, kann ihrem Helden, dem ‚göttlichen Sonnensohn', nicht erlauben, sich als Logos abzuspalten und absolut zu setzen. Wird er doch ins All geschleudert, in die Sinnlosigkeit, in die Leere, ins Nichts, wenn er seine vorgeschriebene Bahn verläßt. Gleich einem ausgerissenen, von seinem Organismus abgetrennten Auge ist der verabsolutierte Logos blind für Zusammenhänge und unbezogen auf das Wunder der Schöpfung, dem er sich verdankt. In seiner irdischen Verkörperung ist er nichts als ein Homunkulus, ein künstlicher, kalter Rechner, zur Analyse fähig und zur Diskrimination.

Die Goldene Blüte - die umfassende kosmische Liebesidee gestaltet sich in Träumen

Auf der Suche nach der Ganzheit ihrer Seele gestalten Menschen aus der schöpferischen Tiefe ihrer Persönlichkeit immer wieder das Symbol des Kreises. Wer ganz bei sich selbst angekommen ist, fühlt sich ‚rund'. Aber auch umgekehrt: Wer das ‚Runde' zu gestalten vermag, zentriert sich bei der Arbeit um die eigene Mitte. Wo die Idee des Vollkommenen in der persönlichen Psyche konkret wird, formt sich zwischen Ahnung und Gewißheit das individuelle Selbst-Bild – die Vorstellung von einem Entwurf oder Plan, dem gemäß jede Psyche sich entfalten soll.

Die Überzeugung, daß die Seele nicht einfach eine Funktion des Körpers, sondern daß sie auf eine transpersonale Kraft bezogen sei, ist universell. Sie gehört zur Grundüberzeugung aller Völker. Die Ägypter zum Beispiel glaubten, daß jedes Lebewesen einen ‚Ka' besitze, ein zweites Wesen, ein ‚Doppel-Selbst' gewissermaßen, das – zugleich mit der Erschaffung der Person entstanden – im Jenseits bliebe, von wo aus es als gestaltende Kraft auf die Entwicklung der Persönlichkeit einwirke. Die Analytische Psychologie nennt diese psychische Instanz, die bei der Reifung der Persönlichkeit eine so bedeutende Rolle spielt, das ‚Selbst'.

In dem 1929 erschienenen Buch „Das Geheimnis der Goldenen Blüte" veröffentlichte C. G. Jung zehn Bilder, die von seinen Patientinnen und Patienten in der therapeutischen Praxis gemalt wurden: Blüten- und Kreis-Motive, mikroskopische Spiegelungen der umfassenden Weltidee vom ‚Ganzen'. Dazu bemerkt er:

> „Wenn meine Patienten solche Bilder entwerfen, so geschieht dies natürlich nicht aus Suggestion, denn solche Bilder wurden gemacht, lange bevor mir ihre Bedeutung oder ihr Zusammenhang mit den mir damals gänzlich fremden Praktiken des Ostens bekannt waren. Sie entstanden spontan und zwar aus zwei Quellen. Die eine Quelle ist das Unbewußte, welches spontan solche Phantasien erzeugt, die andere Quelle ist das

Leben, das – mit völliger Hingabe gelebt – Ahnung vom Selbst, vom individuellen Leben gibt."[1]

Wer in Bildern, Träumen oder aktiven Imaginationen das Runde gestaltet – sei es als Spirale, Kreis oder Blüte – unterwirft sich einem Exerzitium, der Einübung in das meditative Gespräch mit dem Persönlichkeitskern, der immer auch Mikrokosmos ist. Wie der Aufbau eines Atoms der Struktur des Sonnensystems vergleichbar ist, das Sonnensystem wiederum vergleichbaren Gesetzen gehorcht wie die um ihren Mittelpunkt kreisende Galaxie, so spiegelt jede Menschenseele das Runde, den Kreis als die universale kosmische Idee von ‚Vollkommenheit'. Umgekehrt ist die umfassende schöpferische Kraft, die Summe aller Erscheinungen und der ihnen innewohnenden Ordnung durch das Symbol des Kreises, in dem sich die ‚Weltenseele' spiegelt, repräsentiert.

Rund ist der Weltenschoß, der Ursprung der Schöpfung. Rund entfaltet sich die kosmische Blüte bei der Geburt des Helden, des Königs, des Gottes. Inmitten einer tausendblättrigen Lotosblüte, dem Symbol des weiblichen Geschlechts, erscheint Brahma am Tage der Weltengeburt. Eine Lotosblüte öffnet sich auch bei Buddhas Geburt.

Die Lotosblüte hat die Eigenart, sich bei Sonnenuntergang zusammenzufalten und unter die Wasseroberfläche abzusinken. Mit den ersten Strahlen der Sonne taucht sie wieder auf und breitet ihre Blütenblätter zu einem vollkommenen Rund. Sie ist ein Abbild der Himmelsgöttin, die im Weltenmeer badet, um sich zu verjüngen. Sie ist der Mikrokosmos, in dessen Mutterschoß an jedem Morgen glitzernde Sonnen sich spiegeln, neugeborene Kinder ihrer schöpferischen Kraft. Der ägyptische König als Sonnensohn ist der Lotos-Geborene.[2] Die entfaltete Blüte kehrt im tibetanischen Mandala und später in den buddhistischen Kultbildern wieder – als Symbol, in das die Gläubigen sich meditierend versenken, wenn sie mit dem Kosmos und mit ihrem individuellen Selbst in Einklang kommen wollen. Die Fensterrosen gotischer Kathedralen sind Mandala-Blüten-Symbole von erschütternder Schönheit.

Im matriarchalen Urbild trat die kosmische Idee der Einheit sinnfällig zutage. Der Kreis, das Runde, Lotos und Mandala sind Symbole einer verlorenen Welt, der paradiesischen Wirklichkeit der Seele, und die Menschen haben eine unauslöschliche Erinnerung bewahrt an die verlorengegangene komsiche Ordnung, in der sie aufgehoben waren. Die matriarchalen Urbilder spiegeln eine *Realität*, die das patriarchale Bewußtsein unentwegt zu verdrängen sucht: daß die Menschheit als Teil der Schöpfung den Gesetzen der Natur unterworfen ist.

Die Vorstellung vom kosmischen Ursprungsschoß der Großen Weltenschöpferin mit ihrem Sohn im Kelchmittelpunkt wird allmählich verdrängt. Die Blüte, Sinnbild der kosmischen Idee des Vollkommenen, des Runden, des Ganzen, Integrationssymbol für das Weibliche, in dem sich das Männliche geborgen weiß, wird unter dem Druck patriarchaler Weltdeutung durch männliche Bedeutungsinhalte besetzt und überlagert. Das Meditationszentrum der künstlerisch vollendeten Mandalas im tibetanischen Buddhismus ist nur noch der Buddha oder der Gott Schiwa selbst.

Im Kelchmittelpunkt der Lotosblüte wird allein der Sohn wahrgenommen, der Geborene, das Geschöpf, und die patriarchale Weltdeutung sieht als höchste Verkörperung des ‚Selbst', als das ‚Ziel der Schöpfung' ‚Den kosmischen Menschen' an. Dabei handelt es sich nicht um die abstrakte Idee ‚Des' Menschen als Mann und Frau, sondern um die Idee des patriarchalen Lichtprinzips, in dessen Schlagschatten das Weibliche zur Nicht-Existenz verkommt.

> „Gewisse religiöse Bewegungen der Antike nannten den kosmischen Menschen einfach Anthropos. Alle diese symbolischen Gestalten weisen auf ein gleiches Geheimnis hin: den uns unbekannten Sinn der menschlichen Existenz."[3]

Diese symbolischen Gestalten mann-menschlicher Weltdeutung spiegeln deutlich *den* ‚Sinn', den das patriarchale Bewußtsein in jeder menschlichen Existenz sieht: Es geht um die Verabsolutierung des patriarchalen Geist-Prinzips mit dem Ziel, „unzerstörbar dem unteren Naturverlauf entzogen zu sein..., verbunden mit dem Vater, dem ewigen und unveränderlichen Geistvater."[4]

> „Nach Ansicht der Hindu wird der Purusha als der ‚große Mensch' im Sinne eines innerseelischen Bildes erkannt, ... das in jedem einzelnen menschlichen Individuum lebt und als einziges an ihm unsterblich ist. Dieser ‚innere große Mensch' kann auch den einzelnen erlösen, indem er ihn aus der Schöpfung und ihren Leiden zum ewigen Ursprung zurückführt; doch kann er das nur tun, wenn man ihn erkennt und innerlich aufwacht, um sich von ihm führen zu lassen. In der Symbolwelt der Inder heißt diese Gestalt Purusha, das heißt

‚Mensch', ‚Person'. Es lebt außen im Kosmos und auch zugleich als etwas Inneres, Unsichtbares in jedem einzelnen Menschen."[5]

Die Vergegenwärtigung ‚Des Menschen' durch den Erdensohn, die Verabsolutierung des Männlichen zur Idee des Menschseins schlechthin kommt in der jüdischen Legende deutlich zum Ausdruck, die Adam als ‚kosmischen Menschen' auffaßt, als die transzendente Integrationsfigur, in der alle Seelen der Menschen seit jeher enthalten sind.

Die Analytische Psychologie sieht in den einseitig männlich besetzten Mandala-Symbolen eine Spiegelung *des* transpersonalen ‚Selbst', des allgemein menschlichen Persönlichkeitskerns, in dem sich die Idee vom Menschen überhaupt spiegelt. Sie anerkennt und stabilisiert eine Vorstellung vom menschlichen ‚Selbst', in der das Männliche absolut gesetzt ist. Marie-Louise von Franz sagt mit bezug auf die Gestalt des ‚kosmischen Menschen': „Im Alten Testament taucht dieselbe Gestalt als ‚Menschensohn' auf."[6] Dabei vernachlässigt sie die mythengeschichtliche Analyse, die beweist, daß dieser Menschensohn im Alten Testament das Geschöpf der Großen Göttin war, ihr Sohn, der Heros und Heiland seines Stammes.[7]

Die Gestalt des ‚kosmischen Menschen' sieht Marie-Louise von Franz im chinesischen Mythos durch P'an Ku vertreten, der als göttlicher Mensch das ‚Grundprinzip des Universums' verkörpere. Sie berichtet,

> daß P'an Ku es war, „der Himmel und Erde ihre Gestalt gab. Wenn er weinte, entstanden der Gelbe Fluß und der Yangtsekiang; wenn er atmete, wehte der Wind; wenn er sprach, rollte der Donner; wenn er um sich blickte, entstanden die Blitze. War er guter Laune, so wurde das Wetter gut; wenn er verstimmt war, wurde es bedeckt. Als er starb, fiel er auseinander, und aus seinem Körper entstanden die fünf heiligen Berge Chinas; sein Kopf wurde der T'ai-Berg im Osten, sein Rumpf der Sung-Berg im Zentrum, sein rechter Arm der Heng-Berg im Norden und sein linker Arm der Heng-Berg im Süden, und seine beiden Füße bildeten den Hua-Berg im Westen, seine Augen wurden Sonne und Mond."[8]

Dieser ‚Gott' ist sterblich, wie alle Söhne der kosmischen Göttin. Sein Erd-Charakter ist eindeutig, seine Abstammung aus dem Ursprungsmythos, wo er das uranfängliche Mannesgeschöpf der Großen Göttin repräsentiert, steht außer Zweifel. Trotzdem wird er von der Analytischen Psychologie pars pro toto als Personifikation der transpersonalen Idee ‚Des kosmischen Menschen' übernommen.

Die Erinnerung an P'an Ku, den großen chinesischen Erdgott, weckt einige Zweifel daran, daß im weiblichen Yin-Prinzip seit Anbeginn die ‚chthonische Körperseele', mythologisch gesprochen, die Erdseite, repräsentiert gewesen sei.

Für die abendländische Menschheit gilt Christus als der kosmische Mensch. Mittelalterliche Darstellungen zeigen ihn im Zentrum des Mandalas, von den vier Evangelisten umgeben. In ihm, der als ‚Licht in der Dunkelheit' verehrt wird, kehrt die Auffassung wieder, daß ‚Gott' der präexistente Archetyp von Licht überhaupt sei. Das Geschöpf der Großen Göttin, ihr Sonnensohn und ihr Mond-Geliebter, wird zum Anfang aller Dinge, und das zuletzt Gedachte, wird als ‚Archetyp' in die aller Schöpfung vorangegangene Urweltzeit projiziert. Erst im Verlauf der Entwicklung zum patriarchalen Bewußtsein wird der menschliche Persönlichkeitskern und dessen transpersonale Entsprechung, die Weltenseele, ausschließlich nur noch durch das Männliche repräsentiert. Die Symbolik der integrierenden weiblichen Kraft verliert – selbst dort, wo sie als Blüte, als Lotos, als hervorbringender Urschoß in der bildlichen Darstellung noch erhalten ist – ihren ursprünglichen Sinn.

Die am zerlegenden, differenzierenden und analysierenden patriarchalen Denken orientierte Analytische Psychologie hindert die ‚Erinnerung' an das ganzheitliche kosmische Selbst- und Welt-Bild. Daher werden Frauen und Männer, die auf der Suche sind nach ihrem ‚Selbst', nach dem intakten Persönlichkeitskern jeder Psyche, in der therapeutischen Praxis widersprüchlicherweise mit einer Unzahl von ‚Archetypen' konfrontiert statt mit dem verborgenen Sinnbild des Ganzen. Die Analytische Psychologie sieht in vielerlei Gestalten, im Kind und Heranwachsenden, herausragende Persönlichkeiten, Mädchen und Knaben, in Pflanzen oder hilfreichen Tieren „Erscheinungen des Selbst".[9] Irritiert durch das desintegrierende abendländische Bewußtsein ersetzt die Seele auf der Suche nach ihrer Persönlichkeitsmitte das ‚Vollkommene' durch ein geeignetes Teil-Bild, das sie als Kristallisationskern zur Anlagerung ihrer Sehnsucht benutzen oder einfach für das Ganze halten kann. Gleichzeitig sucht sie nach einem ‚andern Land' jenseits der Zerrissenheit ihrer Psyche, so als wisse sie um das ‚verlorene Paradies', die matriarchale Ursprungseinheit der Seele. In ihren Träumen überquert die Seele Flüsse und Bäche, sie überwindet Abgründe, sie steigt empor aus den Tiefen und läßt das gelebte Leben hinter sich – und das alles, um der großen Weltenseele zu begegnen, die um den Sinn des Lebens weiß.

Frauen sind eher als Männer dazu disponiert, die Ursprungssymbole einer verlorenen Eroskultur in ihrer seelischen Tiefenschicht wieder bewußt zu machen und die Widersprüche des Daseins als Pole zu akzeptieren, unter deren Spannungsbogen das Leben pulsiert. Sie lösen ihre Persönlichkeitsprobleme durch ein Bewußtsein, das – im Widerspruch zur geltenden Denknorm – durch keine hierarchische Wertung der Geschlechter aus dem Gleichgewicht gebracht wird. Die unterschiedlichen Kräfte ihrer Psyche durchdringen sich gegenseitig zu dem schöpferischen Impuls, durch den ihre individuelle Seele ihre Lebendigkeit zurückgewinnt.

Bei ihrer Selbstfindung müssen Frauen notwendig in Gegensatz zum patriarchalen Weltbild und zu den Wertungen des patriarchalen Bewußtseins treten. Dabei stellen sie die Beziehung zu den verschütteten Werten und zur Ganzheitlichkeit des matriarchalen Bewußtseins wieder her. Erich Neumann hat aus der therapeutischen Arbeit mit einer Patientin eine Traumserie veröffentlicht[10], die für den emanzipatorischen Prozeß des weiblichen Unbewußten beispielhaft ist. Diese Träume gehören zu jenen bedeutsamen Erfahrungen, die viele Frauen heute stellvertretend für die ganze Gesellschaft machen. Die Träumerin ist anonym, und ihre persönliche Stellungnahme zu der Traumdeutung der Analytischen Psychologie läßt sich nicht gewinnen.

Ich habe zu den Inhalten der Träume einen direkten Zugang und setze mich mit ihrer Analyse auseinander, als ginge es um die Verarbeitung meiner eigenen unbewußten Psyche. Wenn ich den Traumdeutungen Erich Neumanns den Widerspruch des matriarchalen Bewußtseins entgegenhalte, so bringe ich meine ganz persönliche Betroffenheit zum Ausdruck, weil ich mich mit der Träumerin zutiefst identifiziere. Die Analytische Psychologie kann bei der Bemühung der modernen Frau, die auf der Suche ist nach den matriarchalen Wurzeln ihres Bewußtseins, wenig hilfreich sein, wie der nachfolgende Bericht einer Therapie deutlich macht:

Der erste Traum:

„Über mich beugt sich eine riesige Gestalt. Zuerst glaube ich, daß es ein Mann ist, dann erkenne ich sie als Frau, die mich aus unerhört tiefen, wie aus einer andern Welt erleuchteten Augen fixiert. Der Blick der Frau hat solche über jede menschliche Fassungskraft gehende Bedeutsamkeit, solche fordernde Eindringlichkeit, daß ich einerseits weiß, daß vor ihrem Anruf keine Weigerung bestehen kann, andererseits wage ich noch immer nicht, mich ihr ganz auszuliefern. Ihr Dienst fordert ganzen Einsatz, über menschliches Maß hinausgehende Hingabekraft – und der Anfang fordert Durchhalten bis zu einem unübersehbaren Ende. Wo soll ich die Kraft hernehmen, da sie von mir fordert und fordert, und ich schon jetzt ausgesogen unter ihrer Übermacht zusammenbreche."

Die Träumerin befindet sich in einer bedrohlichen seelischen Konfliktsituation. In dieser Gefahr begegnet sie dem Numinosen. Selbstverständlich glaubt sich die Frau zunächst mit dem Männlichen konfrontiert, denn man hat sie gelehrt, daß im Himmel ein Vatergott wohne. Aber das Numinose präsentiert sich in weiblicher Gestalt, und es ist daher berechtigt, von der Erscheinung der Göttin zu reden. Diese Göttin gibt sich mit aller Eindringlichkeit zu erkennen. *Sie* allein ist die rettende Kraft. Die Träumerin versteht den Anruf sofort. Sie beschreibt den Blick der Göttin, deren Augen ‚wie aus einer anderen Welt erleuchtet' sind. Offenbar ist es die erste Begegnung dieser Frau mit der matriarchalen Göttinnenkraft. Sie kann es nicht fassen: ‚Über jede menschliche Fassungskraft' geht die *Bedeutsamkeit* dieses Anrufs. ‚Vor *ihrem* Anruf gibt es keine Weigerung.' Zugleich fordert die Göttin Hingabekraft und ganzen Einsatz. Das heißt, ohne eigene Anstrengung ist Hilfe nicht zu haben. Gerade darin erweist sich die matriarchale liebende Bezogenheit: *echte Begegnung* erfordert Gegenseitigkeit. Das aber stimmt nicht mit der Erwartung überein, die die Patientin im Augenblick hat. Sie fühlt sich überfordert, ausgesogen. Sie ist fix und fertig. Sie hat jetzt mit einer ‚Hilfe' gerechnet, die nur gibt und nichts fordert. Wahrscheinlich ist sie mit dieser Einstellung in die Therapie gegangen. Statt dessen signalisiert ihr erster Traum: Du bist gefordert, du sollst durchhalten bis ‚zu einem unübersehbaren Ende'. Die Träumerin hat Angst vor der ‚Übermacht' der Göttin. „Wo soll ich die Kraft hernehmen?" fragt sie.

„Die Erscheinung", berichtet Neumann, „wurde dann gemalt,

> und zwar als Brustbild einer Nonne, deren Augen überaus starr und gefährlich blickten. Das Bild war von äußerster Unheimlichkeit, die Gestalt hielt in der Hand eine schwarze Perle, ein Symbol, das im Gegensatz zur weißen Perle nefast wirkte; die andere Hand war warnend, drohend erhoben."[11]

An anderer Stelle sagt Neumann:

> „Das Bild der weißen Frau stellt den zweideutigen und bedrohlichen Aspekt des Selbst dar. Die Gespenstigkeit des gemalten Bildes ebenso wie die schwarze Perle symbolisieren die archetypische Seite des weiblichen Selbst, das uns als Archetyp der furchtbaren Mutter bekannt ist."[12]

Hier scheinen mir einige kritische Anmerkungen angebracht. Neumann berichtet, wie das Bild auf *ihn* wirkt. *Er* entdeckt ‚äußerste Unheimlichkeit', ‚starr und gefährlich blickende Augen'. *Der Therapeut projiziert das ‚archetypische Bild der Todesmutter'* in das Traum-Bild seiner Patientin. Er allein ist es, der hier Gespenstigkeit wahrnimmt, den ‚zweideutigen und bedrohlichen Aspekt' des weiblichen Selbst. Die Patientin läßt er überhaupt nicht zu Wort kommen. Ob Augen, die die Träumerin ‚wie aus einer andern Welt erleuchtet' ansahen, vom Wachbewußtsein bildlich darstellbar sind, möchte ich bezweifeln. Selbst eine große Künstlerin könnte vor einer solchen Aufgabe versagen. Der Arm, den Neumann ‚drohend erhoben' empfindet, könnte für die Patientin eine Geste des Grußes bedeuten, Aufforderung zu echter Begegnung, zu liebender Bezogenheit. Auf *Erich Neumann* wirkt die schwarze Perle in der Hand der Göttin ‚nefast'. Ich denke, daß sie den Dunkelmond darstellt und für die Patientin ‚von einer über jede menschliche Fassungskraft gehende Bedeutsamkeit' ist. Neumond ist die Zeit der weiblichen Menstruation, die Zeit weiblicher Wandlung und Erneuerung. Tief verdrängt ist die Erinnerung daran, daß matriarchale Frauen einst ihr Blut gegeben haben als Wachstumskraft für viele. Trotzdem stellt sich das Neumond-Symbol im Traum dar. Die Perle in der Hand der Göttin signalisiert einen Aufbruch: die Befreiung von Männerinterpretation dessen, was mit der Frau und ihrem Körper geschieht. Die Patientin, die seelisch an ihrem Tiefpunkt ist, keine Kraft mehr hat, der jede Forderung zu viel ist, hat – symbolisch gesprochen – ‚Neumondzeit'. Die schwarze Perle in der Hand der Göttin will der Patientin Mut machen; denn durch alle ‚Menstruation' hindurch erneuern sich Frauen und gewinnen wieder Kraft.

Die Göttin kehrt zurück und erscheint der Träumerin in einem zweiten Traum.

„Eine Frau (Ich?) steht über einem sich krümmenden Lindwurm. Die gesamte Erscheinung ähnelt den Madonnenbildern, die sie als Besiegerin des Drachens darstellen... Ich beobachte die Frau näher und sehe, daß sie den Lindwurm nicht tötet, sondern ihn wie einen Hund mit der Lanze lenkt und leitet. Das Bild ist von einer erschütternden Einfachheit und Anspruchslosigkeit, doch von großer Bedeutungstiefe."

Männliche Helden pflegen den Drachen zu töten. Die Frau hat eine Lanze in der Hand, ein aggressives Instrument, dessen Symbolik eindeutig männlich ist. Aber sie tötet das Tier nicht. Sie geht mit ihrer aggressiven Potenz positiv um. Mit ‚erschütternder Anspruchslosigkeit' lehrt der Traum diese Frau das einfachste von der Welt – die Weisheit des Handelns, die für matriarchale Menschen selbstverständlich ist, den integrierten Umgang mit der Aggression. Eine Frau lernt die liebende Bezogenheit auf ihre Instinkte, den freundlichen Umgang mit dem Bedrohlichen. Sie lernt, daß sie in ihrer Situation mehr Kraft hat als sie glaubt. Das bedeutet auch die Offenheit gegenüber der eigenen Schattenexistenz, das Zulassen ihrer negativen Seiten.

Neuman sieht in dem Bild die Doppelheit des weiblichen Selbst, die Gute und die Furchtbare Mutter. Er sagt:

„Die Madonna, die positive Aspektseite des weiblichen Selbst, steht als gute Mutter der furchtbaren gegenüber. In dem Traumbild steht sie auf dem Drachen, der sie selbst ist als furchtbare Mutter und als Todesmutter. Nur dank der offenbaren Befreundetheit der Madonna mit dem Lindwurm ist der Drache bereit, die Madonna zu tragen und sich von ihr lenken zu lassen."[13]

Das Verhalten der Träumerin entspricht nicht der patriarchalen Denknorm. Es steht in auffälligem Gegensatz zu der männlichen Position des heldischen Sieges über den Drachen. Diesen spezifischen Aspekt der Freundschaft mit dem Unteren, der Drachenseite des Weiblichen, habe die Träumerin nicht erfaßt, sagt Neumann, gerade aber in ihm liege der individual-mythische Zug, der das einzigartige Bild von dem kollektiv-mythischen Bild der Madonna unterscheide.[14] Die Träumerin erkenne die Gefahr nicht und könne ihr deshalb nicht gerecht werden.

Als ‚kollektiv-mythisch' gelten die Inhalte des *patriarchalen* Bewußtseins. Sie spiegeln sich in der ‚Position des heldischen

Sieges über den Drachen'. Die ,offenbare Befreundetheit der Madonna mit dem Lindwurm' paßt nicht in dieses Konzept. Neumann nennt diesen Zug daher ,individual-mythisch'. Es ist aber ganz offensichtlich, daß hier matriarchales Bewußtsein und matriarchale Symbolik zum Ausdruck kommt. Dieses allerdings ist dem Therapeuten dermaßen fremd und ungewöhnlich, daß er glaubt, seine Patientin mißverstehe ihre gefährliche Situation ganz und gar. Sie habe das Böse nicht ernst genommen, sie habe die ,Furchtbare Mutter' im Drachen nicht erkannt. Durch dieses „Mißverstehen" – so sieht es Neumann – sei es nun zum Zusammenbruch gekommen: „Der zweite, anscheinend so positive Traum hat offenbar zu einer Inflation geführt."[15] „Das Schlimme ist, daß sie den Drachen nicht genügend respektiert hat."[16]

Es bleibt nicht ohne negativen Einfluß auf den Ablauf einer Therapie, wenn der Therapeut seine patriarchalen Weiblichkeitsbilder in die Behandlung einbringt, wenn er der Patientin – bewußt oder unbewußt, laut oder leise – *seine Angst* vor dem Weiblichen, *seine* ,nefasten' Eindrücke mitteilt. Im dritten Traum setzt sich die Patientin daher direkt mit ihrem Therapeuten auseinander.

> Sie träumt: „Ich zeige Ihnen das Bild von der Frau, das ich neulich zeichnete. Doch statt des doch immer noch einige Plastizität enthaltenden Bildes ist da ein hohles Gespenstergesicht, das nur durch Linien umrissen ist, die durch Kettenglieder gebildet werden. Ich versuche zu verstehen, was hier geschehen ist, doch bevor ich Sie fragen kann, belebt sich das Bild, gewinnt noch höhnischeren Ausdruck – durch alle Linien geht ein Reißen, die Kette fällt an vielen Stellen auseinander, so daß die Glieder fast wie sich krümmende Würmer wirken. Jemand sagt: ,Das Fleisch (oder der Körper) fällt, der Geist ist frei.'"
>
> Die Träumerin rätselt nun, ob sich ein positiver Geist aus einem negativen Körper gelöst oder umgekehrt, ob ein böser Geist seine Ketten gesprengt habe und ihr von irgendwoher wieder gefährlich werden könne.

Die persönliche Auseinandersetzung mit dem Therapeuten ist eindeutig. *Ihm* zeigt sie im Traum das Bild, das sie gemalt hat, dieses Bild, auf das *er* negativ reagiert hat. Aus der Göttin ist das ,weiße Gespenst' geworden – patriarchale Bewußtseinsentwicklung im Zeitraffertempo. Die Träumerin erkennt jetzt selbst nur noch ein Gespenstergesicht, das schließlich zerreißt. „Ich versuche zu verstehen, was hier geschehen ist." Sie begreift nicht, warum der Therapeut, dem sie vertraut, ihr Innenbild ablehnt, die hilfreiche Instanz, vor deren ‚Anruf keine Weigerung bestehen kann'.

Welche Möglichkeiten hat die ‚Göttin in uns' gegen die patriarchale Denknorm, die uns innen und außen überschwemmt? Der Gesichtsausdruck des Innenbildes wirkt höhnisch, als verzweifle die Göttin, weil ihre Menschentochter das patriarchale Bewußtsein nicht durchbrechen kann, weil sie es nicht abstreifen kann wie eine überflüssige, zu eng gewordene Haut. Die Konturen des Bildes zerfallen in Stücke, die wie Würmer wirken. Die Frau hätte auch zu ihrem Therapeuten sagen können: „Du hast mir etwas madig gemacht." Die Sprache verfügt über die gleichen drastischen Bilder wie der Traum. Für die Patientin hatte das Bild ‚eine über jede menschliche Fassungskraft gehende Bedeutsamkeit' gehabt. In dem Augenblick, als mit dem Bild der Göttin auch deren integrierende Kraft zerbricht, sagt eine Stimme: „Der Körper fällt, der Geist ist frei." Dieses Symbol aus der patriarchalen Bewußtseinswelt wird von Neumann auch sofort als ‚archetypische Auffassung' interpretiert, eine Auffassung, wonach „die Persönlichkeit aus einem Geist bestehe, der in einen Körper gefahren ist, und nach der Leben immer eine Art Geistbesessenheit darstellt". Die zweite Überlegung der Träumerin – ein negativer Geist könne sich befreit haben, rückt Neumann nun in den Mittelpunkt der Trauminterpretation:

> „Als die Einheit des Gesichtes zerspringt, wird der Destruktionscharakter des negativen Geistes frei, und die bis dahin in den Linien des Antlitzes der Furchtbaren Mutter eingekettete und eingefangene mythische Welt löst sich nun auf, das Gesicht zerfällt in die Miniaturdrachen, Larventeile und Würmer."[17]

Neumann interpretiert die ‚Furchtbare Mutter' geradezu gewaltsam in das Traumgeschehen hinein, obwohl sich die Traumbilder diesem Deutungsmuster der Analytischen Psychologie widersetzen. Er begegnet dem Dilemma mit einer Hilfskonstruktion:

> „Die Furchtbare Mutter kann also auch bei der Frau als furchtbare Geist-Seite auftauchen"[18], – eine ungewöhnliche Erscheinung, die sonst nur „aus der männlichen, jüdisch-christlichen Psychologie bekannt ist".[19]

Die Furcht der Träumerin, es könne sich um einen negativen

Geist gehandelt haben, der ihr vielleicht irgendwie wieder gefährlich werden könne, wird

„zum Deutungsansatz, der hier weiterführt; denn in ihm war erstmalig der Aspekt des ‚negativen Geistes' aufgetaucht, von dem bis dahin noch keine Rede gewesen war"… und „indem das Ich die Gefahr des Besessenwerdens realisierte, setzte es bereits eine neue Konstellation in Bewegung".[20]

Daß die Patientin den bösen Geist als solchen realisiert hat, sei ein Fortschritt gegenüber dem freundlichen Umgang mit dem gefährlichen Drachen. Neumann sieht die seelische Katastrophe in dem Traum von

„der Madonna auf dem Drachen, dessen falsche Interpretation die Gefahr zum Ausbruch gebracht hatte". Erst im Erkennen des bösen Geistes sieht Neumann „Das Durchhalten des Ich", das „in der Gefahr des Drachenkampfes zur Wandlung und zur Wiedergeburt" führt.[21]

Diese Frau hat weder mit einem Drachen gekämpft noch auch nur in der Begegnung mit dem Drachen eine Gefahr gesehen, wie es diese Interpretation suggerieren will.

In ihrem nächsten, dem vierten Traum siegt das Ich dieser Frau endgültig – nicht das patriarchale Ich, ‚das archetypisch männlich' ist, sondern das andere, das dieser Auffassung widerspricht und immer wieder tröstlich durchbricht, jenes Ich, das urbildlich matriarchal ist.

Die Träumerin kämpft mit sich, ob sie in ein Konzert oder zu einem Tanz gehen soll. Nach einer ‚inneren Diskussion' findet sie sich schließlich in der Tanzgruppe ein.

„Die Leiterin der Gruppe tritt hinzu und es vollzieht sich eine völlige Situationsänderung. Es ist eine Tanzgruppe, die um mich spielt – ein weiter Kreis, in dem zentral angeordnete autonome Kreise sich befinden. Von außen droht eine Gefahr. Die Frage ist einerseits, ob es gelingt, sie so lange fernzuhalten, bis jede der einzelnen Kugeln (Eier, Larven, in sich gekrümmte, noch nicht handlungsfähige Lebewesen) die ihr enthaltene Lebenskraft enthüllt, andererseits, ob es gelingt, auf diese einzuwirken, so daß sie schneller zur Aktivierungsfähigkeit gelangen. Erst wenn jeder der autonomen Teile nach seinen Gesetzen zu handeln beginnt, besteht die Möglichkeit, den Ring so zu schließen und zu schützen, daß keine Gefahr zum Mittelpunkt vordringen kann.

Die Leiterin der Gruppe tanzt einen symbolischen Erwekkungstanz, auch ich als einziges miterlebendes Wesen versuche, von meiner Energie auf nahe liegende Kreise einströmen zu lassen und sie zur Entwicklung zu bringen. Nur die gemeinsame Abschlußhandlung wird genügen, der Einbruchsgefahr zu begegnen."

Die Entscheidung ist gefallen – gegen das ‚Konzert'. In genialer Schlichtheit verdichtet die Träumerin patriarchale Ordnung und Organisationsform auf die symbolische Traumvorstellung des ‚Konzerts'. Da ist einer, der dirigiert. Viele sind es, die ihm gehorchen, und die Masse hört schweigend zu, rezipiert, fühlt sich erhoben allein durch die passive Teilhabe. Die Leistung eines ‚Großen Einzelnen' tröstet über die eigene nichtssagende Existenz hinweg. Das ‚Konzert' bietet in aller Eindrücklichkeit die patriarchale Heilslehre an, durch Identifikation mit dem Namhaften sich einen Namen zu erwerben: Untertan eines großen Königs, Arbeiter in einem Weltkonzern, Gattin eines erfolgreichen Mannes zu sein. Im ‚Konzert' sitzen zufällig zusammengewürfelte Teilseelen, unbezogene Einzelne, nur durch eine willkürliche, äußerliche Ordnung in ein System ohne innere Zusammengehörigkeit gebracht. Welch abschreckendes Symbol für eine Seele, die auf der Suche nach ihrem ganzheitlichen Selbst ist.

Die Träumerin hat sich gegen das Konzert entschieden. Leider übergeht Neumann die ‚innere Diskussion' seiner Patientin, die zu diesem Entschluß geführt hat. Die Entscheidung gegen das Patriarchat und für die matriarchale Weisheit, die in jedem Individuum ein souveränes Ich achtet, zu verfolgen – das wäre wichtig und interessant gewesen. Statt der wörtlichen Wiedergabe faßt Neumann diesen wichtigen Anfang des Traumes nur kurz zusammen. Bei der Untersuchung des gesamten Trauminhaltes erwähnt er dessen Anfang mit keinem einzigen Wort. Dabei kommt diese ‚innere Diskussion' einer seelischen Krise von höchster Gefährlichkeit gleich. Es geht um Leben und Tod – um Untergang des Weiblichen im Patriarchat oder um dessen Selbständigkeit durch die Selbstfindung. Diese Frau entscheidet sich für das matriarchale Tanzritual. In der ‚Leiterin' begegnet sie ihrer Seelenführerin, der transzendenten Entsprechung ihres individuellen Selbst. Sie, die unsterbliche Göttin in der Seele einer jeden Frau, ‚tanzt einen symbolischen Erweckungstanz'. Die hilfreiche Herrin belebt die ‚noch nicht handlungsfähigen Lebewesen und entfaltet ihre Lebenskraft'. Hier taucht in einem neuen Symbol das matriarchale Neumondritual wieder auf: Die Frauen verströmen ihre Energie, und die Träumerin, die anfangs noch fürchtete, vor der Übermacht der Göttin zusammenzubrechen, läßt ‚ihre Energie auf naheliegende Kreise einströmen, um sie zur Entwicklung zu bringen'.

Als patriarchaler Mann kann Neumann den Traum nur auf patriarchale Mütterlichkeit hin interpretieren. Er sagt:

> „In der Belebung und Entwicklung der Eierlarven durch die Hinlenkung der weiblichen Kraftströme realisiert sich... der Archetyp der Madonna. Die mütterlich nährende Zuwendung zum ‚kleinen Wurm' bringt hier das archaisch Unentwickelte zu seiner positiven Entfaltung."[22]

Wie sollte aber diese abgespaltene ‚obere' Mütterlichkeit Rettung aus der Krise bringen? Widerspricht es nicht der Erfahrung, wenn Neumann behauptet:

> „Die Psyche besteht ihrer Natur nach aus Teilseelen, aus psychischen Zelleinheiten, die autonom sind und von sich aus kein einheitliches System bilden."[23]

‚Zelleinheiten, die sich autonom verhalten', wuchern in einem Organismus und bilden Krebs. Ihrer ‚Natur nach' sollte die Seele heil sein und keines Therapeuten bedürfen, der ihr zum Leben verhilft. Die ‚Einbruchsgefahr', die die Patientin in ihrem Traum durch den magischen Tanzkreis bannt, droht von dem zerlegenden patriarchalen Bewußtsein, gegen das sie ‚den Ring schließen' muß, um sich zu ‚schützen, daß keine Gefahr zum Mittelpunkt vordringen kann'. Darin kommt die so gänzlich andere matriarchale Auffassung zur Sprache, die auch den einzelnen nicht isoliert, sondern in ein System eingebettet weiß. Der Therapeut erfüllt tröstlicherweise oft eher die Funktion eines Katalysators, der die psychischen Prozesse nur auslöst. So gelingt es der Patientin, sich ihrer Persönlichkeitsmitte durch Bilder, die Neumann ‚individual-mythisch' nennt, anzunähern. In ihrem letzten Traum findet sie schließlich ganz zu ihrem Selbst:

> „Ich stehe in einem von hohen Mauern umgebenen Hof, dem innersten Hof eines Gebäudekomplexes. Ich wurde vielleicht mit verbundenen Augen oder durch Dunkelheit, denn ich kann mich keiner visuellen Eindrücke des Weges entsinnen, aus einer Menschengruppe herausgerufen. Ich wurde geführt von einem alten Mann, der mich einer Frau überantwortete; nach ihr schienen wieder die Führer zu wechseln. Ich wurde in den Hof wie in ein Gefängnis geführt, hinter mir schließen

sich die Tore. Ich will noch rufen und fragen, als mein Auge auf eine Goldblume im Mittelpunkt des runden Raumes fällt. Hier spalten sich meine Eindrücke: Einerseits halte ich sie in Händen und spüre, wie eine neuartige, zärtliche Freude mich immer stärker mit ihr verbindet; während ich über die zart geformten Blätter streiche, strömt ihr Wesen in mich ein, und ich spüre gleichsam, wie ihr Bild sich in mir ausprägt, eigenes Leben gewinnt und sich entfaltet. Andererseits spüre ich mich wie zwischen weichen Blättern (so, als sei ich die Blüte, die von weichen Händen umfaßt wird), die mich mit Zärtlichkeit umhüllen. Es besteht eine völlige Harmonie zwischen ihrem und meinem Entgegenkommen, ich erlebe, wie ich gleichsam in sie verströme, aber zugleich mich im Kelchmittelpunkt von neuem kristallisiere."

Das Traumbild bezeugt mit erschütternder Schönheit und Überzeugungskraft integrierendes matriarchales Bewußtsein. Die Träumerin erlebt symbolisch ihr Selbst als Kristallisationskern, als Kelchmittelpunkt der Goldenen Blüte. Gleichzeitig transzendiert sie ihr Selbst und spürt sich von der Blüte als dem kosmisch umgreifenden Ganzheitssymbol gehalten und getragen. Die Spaltung der Psyche in Gegensätze ist in der Integrationserfahrung von Hand, Blüte und Blütenkelch rückgängig gemacht. Männliches und Weibliches, Geist und Materie stehen nicht in einem Doppelsymbol nebeneinander, um miteinander die Ganzheit zu bilden. Die Spaltung der menschlichen Psyche ist nicht überwunden, sondern aufgehoben – die Seele ist sowohl Blüte wie Hand, sie ist Blütenblatt und Kelchmittelpunkt zugleich, sie bedarf nicht des Gegensatzprinzips zu ihrer Ergänzung. Sie ist von sich aus heil und ganz. Die Träumerin ist nicht auf einen ‚Seelenführer' angewiesen, der allein die Verbindung der Frau zum patriarchalen Vatergott herstellen konnte; ‚wechselnde, einander ablösende Führer' geleiten sie zum Mysterium.

Neumann verfremdet diese Integrationserfahrung seiner Patientin zu einer Vereinigung des männlichen und weiblichen Prinzips, zur „Wandlungssymbolik, in der haltende Hand und Blüte, Traum-Ich und Selbst, sich als Shiwa und Shakti umspielen."[24] In dem ganzheitlichen Blütensymbol, das die Persönlichkeitsmitte samt seiner kosmischen Entsprechung darstellt, entdeckt Neumann sogleich einen Teilaspekt:

„Dabei kehrt die Komponente des Weich-Enthaltenden, der Zärtlichkeit und des Strömens, die wir dem Mütterlichen der

Madonna zuzusprechen haben, hier auf höherer, um nicht zu sagen höchster Ebene wieder. Das heißt, in allen diesen Träumen handelt es sich um Manifestationen eines Selbst, dessen Symbolik und Ausdrucksweise weiblich-mütterlich betont ist. Natürlich ist die ‚Goldene Blüte' wie die Rose und der Lotos ein Symbol der Madonna."[25]

Das Urbild der Blüte, das den Schoß der matriarchalen Göttin und ihrer hervorbringenden Kraft symbolisiert, ist als archetypisches Attribut der Madonna zum Symbol der Reinheit und Unberührtheit verdünnt, verwässert und der ursprünglichen Wucht und Bedeutungsschwere seines Inhaltes beraubt wie auch die Madonna selbst, deren Gestalt alle ursprüngliche matriarchale Kraft verloren hat. Dazu rückt Neumanns hierarchische Bewertung diese Selbsterfahrung in geradezu unerreichbare Ferne: ‚Zärtlichkeit, die wir dem Mütterlichen der Madonna zuzuschreiben haben' – als sei eine Menschenmutter aus Fleisch und Blut keiner Zärtlichkeit fähig! Mütterlichkeit auf ‚hoher und höchster Ebene', stellt ein ebenso verstiegenes wie abgespaltenes Ideal patriarchaler Weiblichkeit in den Raum, unter dessen Anforderungen Frauen depressiv werden, weil sie dem Bild niemals zu entsprechen vermögen.

Das desintegrierende Bewußtsein, das die Psyche in ‚Freien Geist' und ‚Unfreien Körper' zerlegt, hat bei der Deutung des Trauminhalts ‚Gefängnis' Pate gestanden:

„Nur wer die ganze Bitterkeit dieser Selbsterfahrung gekostet hat, kann auch begreifen, warum immer wieder in der Menschheitsgeschichte der Körper, diese augenscheinliche und faktische Verkörperung der Individualität, als Grab und als Leiche, als Gefängnis und als Verbannung, als Ort der Verstrikkung und der Fessel, der Gebundenheit und der Unerlöstheit vom ‚freien Geist' erfahren wird und erfahren werden muß."[26]

Unvereinbar stehen sich patriarchale und matriarchale Erlösungsvorstellung gegenüber. Während sich der patriarchale Geist von der Natur, vom Körper, von seinem Ich wie von Grab, Leiche und Gefängnis umschlossen fühlt, kommt die matriarchale Weisheit im Zentrum des Kreises bei sich selbst an. Die patriarchale Erlösungsidee strebt danach, die Bedingungen der menschlichen Existenz zu sprengen. Sie zielt damit auf die Zerstörung der Naturgrundlage des Lebens. Die matriarchale Weisheit geht davon aus, daß die Natur Bedingung *und* Erlösung der Menschheit ist. Mythologisch gesprochen erfahren matriarchale Menschen Erlösung *durch* Tod und *durch* Eros, während der patriarchale Mensch Askese und Kasteiung einsetzt, um den Geist vom Körper zu befreien und dadurch Erlösung *vom* Tod und *vom* Eros zu erreichen.

Für die Träumerin und ihre Eigenerfahrung steht die matriarchale Erlösungsidee im Vordergrund. Sie ist in ihrem von hohen Mauern umschlossenen ‚Gefängnis' angekommen wie in einer Heimat. Alles Umgreifende schützt uns nicht nur, es grenzt uns auch ein. Das ist eine Menschheitserfahrung, der sich das matriarchale Bewußtsein anheimgibt. Innerhalb des Kreises befindet sich das ‚Paradies', in dem die ‚Goldene Blüte' blüht. Ein Paradiesesgarten ist unser blauer Planet, aber er ist auch unser Gefängnis, begrenzter Lebensraum, ein Sandkorn im All. Der von Mauern umschlossene Hof umgibt ‚einen runden Raum', in dessen Mitte die Goldblume liegt. Darin wird das matriarchale Kreissymbol wiederholt, das die Ordnung der Natur zum Bewußtsein bringt, die Grenzen von Raum und Zeit, in die menschliche Existenz eingebunden ist. Sie stellen dem patriarchalen Freiheitsanspruch die Realität seiner Bedingtheiten entgegen. Freiheit besteht in der geglückten Anpassung an die Voraussetzungen unseres Seins, in der geglückten Erfahrung unserer Ganzheit als dem Kreis, dem Runden und der Blüte, Integrationssymbolen, die den Persönlichkeitskern und seine transzendente Entsprechung in genialer Einfachheit verschlüsseln.

Wer lehrt in dieser Interaktion zwischen Träumerin und Therapeut und wer wird unterrichtet? Ist nicht die Patientin längst zur Lehrerin geworden, die den Therapeuten in die Symbolsprache des matriarchalen Bewußtseins einführt? Ihre Träume produzieren keine Archetypen, keine Inhalte, die sich aus dem kollektiv-mythischen Erfahrungsbereich – das heißt aus dem Bereich der patriarchalen Mythenredaktion – auf den die Analytische Psychologie ihre Deutungen stützt, erklären lassen. Neumann weicht vor der entscheidenden Einsicht aus, indem er das Problem wegerklärt:

> „Bei aller Eindrücklichkeit und Eindringlichkeit sind diese Träume individual-mythisch, das heißt aber, sie haben Wirklichkeit nur für den Einzelnen, in dem sie stattgefunden haben."[27]

Neumann stößt in atemberaubender Weise an die Grenzen des patriarchalen Bewußtseins, wenn er sagt:

„Der Begegnungsort zwischen Mensch und Numinosem ist nicht dem körperlosen Geiste offen und nicht dem Tier, er liegt nicht im Unbewußten, aber auch nicht im Bewußtsein, das konstelliert die Paradoxie der Ich-Selbst-Beziehung, auf die wir immer wieder gestoßen sind. In dieser Ich-Selbst-Beziehung des Individuationsgeschehens aber wird, so scheint es uns, ein Stadium erreicht, in dem das menschliche Dasein sich zeitweise, vielleicht auch nur momentweise, zu einer übermythischen und außermythischen Wirklichkeit erhebt."[28]

‚Außer', ‚über' oder jenseits des patriarchalen Mythos aber liegt die matriarchale Wirklichkeit, und dort ist in der Tat der zeitlose ‚Begegnungsort zwischen Mensch und Numinosem' angesiedelt. Er ist ‚dem körperlosen Geist nicht offen' – in der Tat nicht; denn das matriarchale Bewußtsein kennt nur den erspürbaren, erfahrbaren ‚Geist', Wind, Lufthauch und Lebensatem. Und diese stellen die Beziehung zwischen Göttin und Menschen her. „Er liegt auch nicht im Unbewußten", sagt Neumann. Die Fehlinterpretation des matriarchalen Bewußtseins als des a priori Unbewußten erschwert den Denkschritt. Denn gerade dort, wo die Analytische Psychologie ‚Das Unbewußte' ansiedelt, im *matriarchalen Bewußtsein,* ist der ‚außermythische' Ort für die ganzheitliche Begegnung mit dem Selbst. Selbstverständlich ist diese Begegnung dem patriarchalen analysierenden, zerlegenden und desintegrierenden Bewußtsein nicht offen. Paradoxien entstehen erst durch die Unlogik der patriarchalen Symbole. Im matriarchalen Bewußtsein gibt es keine ‚Paradoxie der Ich-Selbst-Beziehung'.

Eine Ahnung von der Übereinstimmung zwischen Ich-Instanz, Persönlichkeitsmitte und ihrer kosmischen Entsprechung kann die Auffassung der uralten astrologischen Weisheit vermitteln. Dort entspricht das individuelle Ich dem ‚Medium Coeli', dem ganz individuellen Himmelsmittelpunkt im Augenblick der Geburt – eine Auffassung, die die psychologische Idee des Selbst und ihrer kosmischen Entsprechung vorwegnimmt. Nicht durch Paradoxie, sondern durch Entsprechung ist die Beziehung zwischen dem Ich und dem Selbst – dem individuellen Lebensentwurf – von dieser ältesten psychologischen Wissenschaft der Menschheit gekennzeichnet.

Die brennende Frage, wo die Seele angekommen ist, die von diesem ‚übermythischen' Geschehen ergriffen wird, kann – solange das Denken im patriarchalen Käfig gefangen sitzt – nicht beantwortet werden. Daher ist es folgerichtig, daß Neumann eingestehen muß:

> „Aber gerade hier, wo es darum gehen müßte, die Existenz des Selbst in seiner Unabhängigkeit von der mythischen Welt und vom Einzelnen zu fassen, gerade da versagt die Möglichkeit unserer Darstellung und unserer Formulierung."[29]

Statt dessen beschreibt Erich Neumann am Ende seiner Betrachtungen ein Bild, von dem er zugibt, er habe sich dessen Faszination nicht entziehen können, seit er es das erste Mal sah: Den „Flöte blasenden Krishna mit der Schlange". Neumann beschreibt das Bild:

> „Das mächtige Dasein der Urschlange, die mythische Welt, ist sein Fundament, es umgibt ihn und überdacht ihn in gewaltiger Wölbung. Aber diese Gestalt ist nicht mehr nur Krishna, der Gott, sondern sie ist ebenso der Mensch als Einzelner in seiner irdisch-göttlichen Doppelheit, der hier als Herz, Mitte und Frucht dieser Schlange erscheint, als ihr Sohn und als ihr Meister. Aber auch damit ist noch nicht das Eigentliche seiner Existenz gefaßt. So wie er dasteht, ruhig angelehnt an die hinter ihm stehende Kuh, das Symbol der fruchtbaren Welt, ist sein Wesentliches, daß er all dies, Schlange und Kuh und sich selber transponiert und wandelt in eine neue und höhere Welt des Seins."[30]

Die Schlange ist im Orient das Symbol der Großen Göttin. Schützend krönt sie das Haupt der ägyptischen Könige. ‚Hathor', die Himmelskönigin, „wird bereits in den Sargtexten als Schlange angerufen".[31] Schlangen finden sich in den Händen der kretischen Göttin. Im Tempel von Jerusalem wurde die Schlangengöttin noch bis zur Zerstörung des Tempels und der Gefangenschaft der jüdischen Oberschicht in Babylon verehrt.[32] Eine Schlange ist nicht nur das *Fundament* des Gottes Krishna auf dem Bild, von dem Neumann so fasziniert ist, sie umgibt ihn von allen Seiten. Sie schließt ihn ein ‚in gewaltiger Wölbung'. Und würde Neu-*Mann* dieses Bild nicht mit den Augen des patriarchalen Bewußtseins betrachten, könnte er davon absehen, in Krishna ‚den Sohn und auch den *Meister*' zu sehen. Könnte er von der patriarchalen Weltanschauung abstrahieren, die aller Menschen Ziel auf ‚eine neue und *höhere* Welt des Seins' ausrichtet, so hätte er in Krishna das *Geschöpf* entdeckt, den Geliebten der kosmischen Herrin, der von allen Seiten umgeben ist von der Göttinnenkraft. Krishna steht im Zentrum, umschlossen vom Großen Runden, dem ewigen Urbild matriarchaler Ordnung.

Daß Männer von solchen Bildern ergriffen werden, beweist, daß auch sie ihrem Selbst im matriarchalen Urbild begegnen. Dort, wo die Dichotomie von männlich und weiblich, oben und unten, Geist und Materie, Bewußtheit und Unbewußtheit, von Subjekt und Objekt aufgehoben ist, sind beide – Frauen wie Männer – beheimatet.

C. G. Jung und Erich Neumann haben genügend Bilder und Traumreihen von männlichen Patienten veröffentlicht, hinter denen das integrierende matriarchale Ursymbol aufleuchtet. Es wäre eine lohnende Aufgabe, diese Visionen und Träume auf die verborgene Sprache der männlichen Psyche zu untersuchen, auf Symbole, die der kollektivpsychologischen Erfahrung des Archetypischen widersprechen. Dort, wo das Weibliche nicht ‚archetypisch' aufgespalten ist in die positive und negative Anima, in die Gute und die Furchtbare Mutter, ruht in jeder männlichen Psyche das Wissen um kraftvolle, ganzheitlich matriarchale Weiblichkeit, die sinnvoll ist im Geben und Nehmen, die einfach Leben bedeutet und Dasein. Dort ließe sich die zentrale Sehnsucht auch der männlichen Seele entdecken, in Einklang zu kommen mit der versöhnenden kosmischen Idee liebender Bezogenheit.

Aber das ist Männersache.

Anhang

WIE DIESES BUCH ENTSTANDEN IST

Die Kritik an der Archetypenlehre C. G. Jungs beschäftigt mich seit mehr als zehn Jahren. Überall, wo Frauen auf der Suche nach sich selbst sind, kommen sie in Konflikt mit den Weiblichkeitsbildern des patriarchalen Bewußtseins, die durch die Analytische Psychologie festgeschrieben werden. So entstanden die ersten Entwürfe zu diesem Buch in Gesprächen mit den Frauen in der Frauengruppe und durch die Zusammenarbeit mit feministischen Psychologinnen auf der Suche nach einer frauengemäßen Therapie. Dann begann ich mit einer systematischen Forschungsarbeit, um die klassischen Mythen auf ihre Ursprünge zu untersuchen. Durch Jahre hindurch habe ich die Ergebnisse meiner Studien in die Arbeit im Verein *Frauen lernen gemeinsam* am Frauenzentrum in Freiburg und später an der Volkshochschule eingebracht, bevor ich mich entschloß, darüber ein Buch zu schreiben.

Ich habe vielen Frauen zu danken, die ihre Sorgen und Probleme, ihren Ärger und ihre Irritation mit mir besprochen haben; denn sie haben nicht weniger teil daran, daß dieses Buch entstehen *mußte*, als die Frauen, mit denen ich an einer ‚Theorie des Patriarchats‘ gearbeitet habe.

Mein besonderer Dank gilt zwei Frauen, die mit ihrer konstruktiven Kritik wesentlich zur endgültigen Fassung der Texte beigetragen haben: Susanne Kahn-Ackermann und Eva Steinbach. Für die einfühlsame Gestaltung des Einbandes mit dem matriarchalen Integrationssymbol des shen-Rings danke ich Ine Guckert. Diese Darstellungsweise des shen-Rings geht auf älteste Überlieferungen Ägyptens zurück, als Frauen ihre Symbole aus gedrehten Schnüren verfertigten. In Stein geritzte Zeichnungen dieser Schnur-Symbole zeugen davon.

Und nicht zuletzt danke ich meinem Sohn Adrian, der seine gesamte Computer-Anlage in meine Hütte transportiert hat, um mir die Arbeit an der redaktionellen Endfassung zu erleichtern. Dadurch haben mir Textänderungen, Berichtigungen und die notwendigen Vervielfältigungen kaum Mühe gemacht; Literaturverzeichnis und Anmerkungen – die üblicherweise sehr viel Arbeit verursachen – entstanden fast ‚nebenbei‘: Die Maschine diente dem Menschen.

GLOSSAR

ADEPT, Gehilfe des Meisters, in Geheimnisse Eingeweihter, Jünger, besonders in der Alchemie.

ALCHEMIE, uraltes Wissen der Ägypter um die Verwandtschaft und die Veränderbarkeit der Stoffe, von den Arabern nach Europa gebracht. C. G. Jung hat hinsichtlich der Verwandlungsfähigkeit der Inhalte Parallelen zwischen Alchemie, mittelalterlicher hermetischer Philosophie und der modernen Psychologie gezogen.

ALMA MATER, wörtlich ‚nahrungspendende Mutter', Bezeichnung für Universitäten und Hochschulen.

BAUBO, aus Kleinasien stammend, in der griechischen Mythologie ein altes Weib, das Demeter, als sie um ihre Tochter Kore trauerte, durch obszöne Gesten zum Lachen brachte. Sie stöhnte wie in Wehen und zauberte unter ihrem Rock Demeters eigenen Sohn Iakchos hervor. Erich Neumann veröffentlicht drei Baubo-Figuren, die in Priene, nördlich von Milet, gefunden wurden, wo von 1885 bis 1898 umfangreiche Ausgrabungen stattfanden. Diese Figuren bestehen nur aus Kopf und Beinen („Die große Mutter", Tafel 48).

BLUST, früher allgemeiner Ausdruck für Blühen, heute nur noch in der süddeutschen und Schweizer Mundart gebräuchlich.

CHALCEDON, Mineral, Quarz-Abart.

CHTHONISCH, unterirdisch, der Erde gehörend. Chthonische Götter sind zunächst Erdgötter, später auch dunkle Erdgeister und Unterweltsgötter, wie zum Beispiel Hades oder Pluto.

DICHOTOMIE, Zweiteilung, Gabelung.

DNS-INFORMATION, Abkürzung von Desoxyribonukleinsäure, Träger des Erbgutes.

EUPHEMISTISCH, beschönigend, den wahren Charakter einer Sache verhüllend.

GNOSIS, Erlösungsvorstellungen, die – im Gegensatz zur Dogmatik der offiziellen Religion – das Heil des einzelnen von der Einsicht in göttliche Geheimnisse abhängig gemacht haben, gab es im hellenistischen, jüdischen und besonders im christlichen Denken.

INDISCHES GRABMAL, der Tadsch Mahal bei Agra, den Schahdschahan für seine Lieblingsfrau Mumtaz-Mahal, die bei der Geburt eines Kindes gestorben war, errichten ließ.

INTERNALISIEREN, die kollektive Denknorm unkritisch für die eigene Person als verbindlich übernehmen.

LARSA-PERIODE, Larsa war eine jener zahlreichen Stadtstaaten Babyloniens, deren Ursprünge bis ins 4. vorchristliche Jahrtausend zurückreichen. Zur höchsten Blüte gelangte die Larsa-Kultur etwa um 2000 v. Chr. Um 1700 v. Chr. besiegte Hammurabi von Babylon Rimsin, den letzten König von Larsa.

LAZUR, blau, abgeleitet von Lazulith (Blauspat), einem blauen Mineral.

MYSTE, Geheimnisträger, Eingeweihter in einen Mysterienkult.

NEFAST, vom Lateinischen ‚nefastus' gleich unheilvoll, unglücklich, unheilig, sündhaft.

NUMEN, göttliches Wesen, wirkende transpersonale Macht ohne feste Gestalt.

NUMINOS, unbegreiflich, göttlich wirkend, zugleich Vertrauen und Schauder weckend.

ONTOGENESE, die Entwicklung des Einzelnen von der Eizelle bis zum geschlechtsreifen Zustand.

PARTHENOGEN, jungfräulich, Geburt eines Gottes aus einer Jungfrau, biologisch Fortpflanzung durch unbefruchtete Keimzellen.

PHÄNOMENOLOGIE, Wissenschaft von den Erscheinungen, streng objektive Beschreibung des Gegebenen.

PHYLOGENESE, Wissenschaft von der Entwicklung einer Art, Stammesgeschichte.

SA'IR, archaische Gottheit, die im Alten Testament zum Dämon verkommen ist. Kultische Opfer und Tanzrituale fanden ihr zu Ehren statt. Das hebräische ‚sa'ir' – Plural ‚se'irim' – bedeutet wörtlich ‚der Haarige' und soll im übertragenen Sinn Ziegenbock bedeuten. Im 3. Buch Mose 17.7. heißt es: „Und sie werden ihre Schlachtopfer nicht mehr den se'irim darbringen, hinter denen sie Unzucht verüben." Nach 2. Könige 23.8. gab es an den Stadttoren Jerusalems Heiligtümer für die se'irim.

SEDIMENT, Ablagerung, Bodensatz.

SISTRUM, altägyptisches Musikinstrument, Rassel, wobei mehrere, mit Blechen besetzte Drahtstangen durch Schütteln in klirrende Bewegung versetzt werden konnten. Ursprünglich Kultinstrument der Hathor. Segnungen gingen vom Klang der Sistren aus, die nur in den Händen von Frauen – Göttinnen, Priesterinnen, Königinnen und Sängerinnen – dargestellt wurden.

STELE, Grabsäule mit Inschrift.

SYNKRETISMUS, meist unter politischem Druck zustande gekommene Verschmelzung verschiedener Gottheiten oder Religionen, wobei die ursprüngliche Glaubensaussage und Einheitlichkeit der Auffassung verlorenging.

SKARABÄUS, Ateuchus sacer, der heilige Käfer, der zur Gruppe der Mistkäfer gehört, den Ägyptern heilig. Er wurde wegen seiner scheinbar geschlechtslosen Vermehrung als ‚Chepre' – ‚der von selbst wurde'/‚der aus Erde entstand' – verehrt.

THESAURUS, Schatz, Sammlung.

TRAVESTIEREN, einen Inhalt in verkleideter, unpassender, lächerlicher Form darbieten.

BILDNACHWEIS

Abb. 1	aus Erich Neumann: Die Große Mutter, Olten 1974, S. 81
S. 36	Ausschnitt aus Theodore M. Davis: The Tomb of Siphtah, S. 55
Abb. 2	aus Adolf Erman: Die Religion der Ägypter, Berlin 1934, Abb. 15
Abb. 3	aus Schafik Allam: Hathor – Beiträge zum Hathorkult bis zum Ende des Mittleren Reiches, München 1963
Abb. 4	Echnaton als Urgott, Nationalmuseum Kairo
Abb. 5	Eje als Nilgott, Museum of Fine Arts, Boston
Abb. 6	aus Erich Neumann: Die Große Mutter, a.a.O., S. 137, 138, 139, 140 a) Tempelrelief, Istrien, ca. 700 – 300 v. Chr. b) Siegelzylinder, Lagasch, Babylonien c) Siegelzylinder, Ur, Babylonien d) Isis auf dem Schwein, Terrakotta
Abb. 7	aus Erich Neumann: Die Große Mutter, a.a.O., S. 124
S. 123	Hathor, aus Anne Kent Rush: Mond Mond, München 1977, S. 127
Abb. 8	Athena im Weltenmantel der Gorgo, Zeichnung der Autorin
Abb. 9	Perseus, Werbeplakat der Schaubühne Berlin
Abb. 10	aus Erich Neumann: Die Große Mutter, a.a.O., Bildtafel 126
S. 155	aus Henry Frankfort: Archiv für Orient-Forschung Bd. XII, Berlin 1937 bis 1939, S. 131
S. 174	Frau im Fenster, Badisches Landesmuseum, Karlsruhe

ANMERKUNGEN

VORGETÄUSCHTE VERSÖHNUNG

ERINNERUNGEN AN DIE ZUKUNFT

1 Meadows, Die Grenzen des Wachstums;
Mansholt, Die Krise, Europa und die Grenzen des Wachstums.
2 Steinmeyer, Das Industriesystem produziert seine Opfer.
3 Gruhl, Ein Planet wird geplündert.
4 Taylor, Das Selbstmordprogramm.
5 Schumacher, Die Rückkehr zum menschlichen Maß, S. 258.
6 ders., Es geht auch anders, S. 49.
7 ebd., S. 75.
8 Zwölfer, Ökologische Vorschriften gegen den Fortschritt, in: Bild der Wissenschaft I/77, S. 104.
9 Leyhausen, Ökologische Vorschriften..., S. 104.
10 Faulkner, Das Klagelied des Ipuwer, S. 53 f.
11 Leyhausen, Ökologische Vorschriften..., S. 100.
12 Lovins, Sanfte Energie.
13 Vester, Titel des Radiovortrags im DRS über sein Buch „Neuland des Denkens".
14 Capra, Wendezeit, S. 440.
15 ebd., S. 471.
16 Neumann, Die Große Mutter, S. 16.
17 Neumann, Das Kind, passim.

ARCHETYPEN SIND KEINE URBILDER

1 Platon, Politeia, 507, b.
2 ders., Phaidros.
3 ders., Gesetze VI, 781, a.
4 ders., Politeia, 455, e.
5 ebd., 459, a, b.
6 ebd., 459, e.
7 ebd., 460, c.
8 ebd., 461, a, b.
9 ebd., 516, b.
10 ebd., 518, d, e.
11 Jung, Psychologische Betrachtungen, S. 43.
12 ders., Wurzeln, S. 95.
13 ders., Psychologische Betrachtungen, S. 44.
14 ebd., S. 45.
15 Jung, Wurzeln, S. 94.
16 ebd., S. 90.

17 Jung, Psychologische Betrachtungen, S. 54.
18 Neumann, Ursprungsgeschichte, S. 8.
19 ebd., S. 8.
20 Jung, Psychologische Betrachtungen, S. 47 f.
21 Neumann, Die Große Mutter, S. 21 f.
22 ebd., S. 22.
23 ebd., S. 34.
24 ebd., S. 22.

ERICH NEUMANN – SEIN LEBEN UND SEIN WERK

1 Jung, Wurzeln, S. 94.
2 Neumann, Große Mutter, S. 272 ff. und 282 f.
3 ebd., S. 113, Anm. 30.
4 Neumann, Kulturentwicklung und Religion, S. 10.
5 ebd., S. 35.
6 ebd., S. 88.
7 Neumann, Stadien, S. 52.
8 ebd., S. 63.
9 ebd., S. 64.
10 ebd., S. 38.
11 Neumann, Das Kind, S. 92.
12 ebd., S. 90.
13 ebd., S. 96.
14 ebd., S. 79.
15 Neumann, Kunst und schöpferisches Unbewußtes.
16 ders., Stadien, S. 40.
17 ders., Kulturentwicklung und Religion, S. 35.
18 ders., Stadien, S. 28.
19 ebd., S. 26.
20 ebd., S. 29.

DER ENTEIGNETE MYTHOS

ICH BIN DIE WEISHEIT, DIE VON ANFANG WAR

1 Gardiner, Egyptian Grammar, S. 522; Sign List V9 und 10, S. 74.
2 Erman, Religion der alten Ägypter, S. 76.
3 Neumann, Die Große Mutter, S. 33, Anm. 2.

VERGEWALTIGUNG UND MUTTERMORD

1 Ranke-Graves, Griechische Mythologie, 31.1.
2 ebd., 32.2.
3 Kerényi, Mythologie, S. 179.
4 ebd., S. 179.
5 Göttner-Abendroth, Die Göttin und ihr Heros, S. 38.

6 Kerényi, Mythologie, S. 177.
7 ebd., S. 177.
8 Sprüche Salomonis 30, 18 f.
9 Weiler, Ich verwerfe im Lande die Kriege, S. 22 und öfter, s. Index.
10 Sjöö/Mor, Die Wiederkehr der Göttin, S. 33.
11 Ranke-Graves, Griechische Mythologie, 31.2.
12 ebd., 31.7.
13 Neumann, Ursprungsgeschichte, S. 69.
14 Ranke-Graves, Griechische Mythologie, 24, c.
15 Kerényi, Mythologie, S. 191 ff.
16 ebd., S. 192.
17 Eitrem, Eleusinia, S. 140 ff.
18 Kerenyi, Mythologie, S. 196.
19 Göttner-Abendroth, Die tanzende Göttin, S. 13 f.
20 Kerényi, Mythologie, S. 193.
21 ebd., S. 193.
22 ebd., S. 199.
23 Neumann, Die Große Mutter, S. 288.
24 ders., Stadien, S. 27 f.
25 ders., Zauberflöte, S. 155.
26 ders., Die Große Mutter, S. 299.
27 ders., Amor und Psyche, S. 69.
28 ebd., S. 68 f.
29 Neumann, Zauberflöte, S. 170.
30 Neumann, Die Große Mutter, S. 195 f.
31 Hauser-Schäublin, Frauen in Kararan, S. 227.
32 5. Mose 13.7.
33 Hauser-Schäublin, Frauen in Kararan, S. 244.
34 ebd., S. 227.
35 Neumann, Ursprungsgeschichte, S. 258.
36 ders., Die Große Mutter, S. 191.
37 ebd., S. 205.
38 ebd., S. 199.
39 Neumann, Ursprungsgeschichte, S. 136.
40 ebd., S. 80.
41 ebd., S. 81.
42 ebd., S. 83.
43 Neumann, Die Große Mutter, S. 289.
44 ders., Zauberflöte, S. 170.
45 Neumann, Ursprungsgeschichte, S. 8.
46 ders., Die Große Mutter, S. 46.
47 Jung, Wurzeln, S. 116.

DIE WUNDERSAME VERWANDLUNG DES MANNES ZUR JUNGFRÄULICHEN MUTTER

1 Weiler, Ich verwerfe im Lande die Kriege, S. 62.
2 Pyramidenspruch 782.
3 Erkes, Götter in China, S. 264.

4 Bonnet, Ägyptische Religionsgeschichte, S. 512.
5 ebd., S. 536.
6 Weiler, Ich verwerfe im Lande die Kriege, S. 144 ff.
7 ebd., S. 194 ff.
8 Haber, Gefangen in Raum und Zeit, S. 62.
9 ebd., S. 88.
10 ebd., S. 88.
11 Hesiod, Theogonie, 126 – 133.
12 ebd.
13 Ranke-Graves, Griechische Mythologie, 33.1.
14 Homer, Ilias XX 223.
15 Ranke-Graves, Griechische Mythologie, 1, c.
16 Pyramidentext 1248.
17 Roeder, Urkunden, S. 108.
18 Pyramidenspruch 1587.
19 Allam, Hathor, S. 102.
20 Pyramidenspruch 546.
21 Allam, Hathor, S. 129.
22 Sethe, Pyramidentexte III, 26.
23 Allam, Hathor, S. 130.
24 Bonnet, Ägyptische Religionsgeschichte, S. 72.
25 ebd., S. 256.
26 Weiler, Ich verwerfe im Lande die Kriege, S. 154 ff.
27 Bonnet, Ägyptische Religionsgeschichte, S. 71.
28 Neumann, Ursprungsgeschichte, S. 27.
29 ebd., S. 28.
30 ebd., S. 29.
31 Lukas 3.22.
32 Westendorf, Amenophis IV. in Urgottgestalt, S. 273 f.
33 Bonnet, Ägyptische Religionsgeschichte, S. 627.
34 Neumann, Ursprungsgeschichte, S. 21.
35 ebd., S. 23.
36 Westendorf, Amenophis IV. in Urgottgestalt, S. 274.
37 ebd., S. 276.
38 Vandenberg, Nofretete, Echnaton und ihre Zeit, S. 77; Hornung, Der Eine und die Vielen, S. 165.
39 Westendorf, Amenophis IV. in Urgottgestalt, S. 269.
40 Weiler, Ich verwerfe im Lande die Kriege, S. 129.
41 Pyramidenspruch 32.
42 Spiegelberg, Königsstatuen unter dem Bilde des Nilgottes; Otto, Ernst, Analecta Orientalia, Bd. 17, S. 28.
43 Helliger, Weibliche Aspekte im Gottesbild, S. 31.
44 Neumann, Ursprungsgeschichte, S. 37.
45 ebd., S. 32 f.
46 Neumann, Die Große Mutter, S. 139.
47 ebd., S. 136.

MA-GIE – MA-TRIARCHALE ENER-*GIE*

1 Gross, Farbsymbolik im Wandel der Jahrtausende, S. 24.
2 König, Die Frau im Kult der Eiszeit, S. 122.
3 Gross, Farbsymbolik im Wandel der Jahrtausende, S. 64.
4 Neumann, Die Große Mutter, S. 45.
5 Briffault, The Mothers, Bd. II, S. 444.
6 Neumann, Die Große Mutter, S. 275.
7 Briffault, The Mothers, Bd. II, S. 543 ff.
8 Kerényi, Einführung in das Wesen der Mythologie, S. 7.
9 Briffault, The Mothers, Bd. II, S. 543 ff.
10 Angeli, Wilhelm, Die Venus von Willendorf, Naturhistorisches Museum Wien, Flugblatt Nr. 14, 14. März 1961.
11 Hauser-Schäublin, Vom Terror und Segen des Blutes, S. 9.
12 Kluge/Götz, Wörterbuch der deutschen Sprache, S. 88.
13 Briffault, The Mothers, Bd. II, S. 548 f.
14 nach Roeder, Urkunden zur Religion des Alten Ägypten, S. 143 ff.
15 Neumann, Die Große Mutter, S. 264 f.
16 ebd., S. 265.
17 ebd., S. 192.
18 ebd., S. 192.
19 Neumann, Ursprungsgeschichte, S. 134.
20 ebd., S. 134.
21 Deubner, Attische Feste, S. 100.
22 Ranke-Graves, Griechische Mythologie, 27, a.
23 Bachofen, Das Mutterrecht, S. 220 ff.
24 ebd., S. 318.
25 Neumann, Ursprungsgeschichte, S. 77.
26 ders., Die Große Mutter, S. 194.
27 Shuttle/Redgrove, Die weise Wunde Menstruation, S. 186.
28 Neumann, Die Große Mutter, S. 195.
29 Hauser-Schäublin, Vom Terror und Segen des Blutes, S. 97.
30 ebd., S. 97.
31 ebd., S. 94.

DIE GEFÄSSGÖTTIN

1 Troja, Ausstellungskatalog, S. 29.
2 Neumann, Die Große Mutter, S. 123, zitiert nach Hoernes-Menghin, Urgeschichte der bildenden Kunst, S. 362.
3 Neumann, Die Große Mutter, S. 123, zitiert nach Hoernes-Menghin, Urgeschichte, S. 362.
4 Jung, Die Archetypen und das Unbewußte, S. 111 f.
5 Neumann, Die Große Mutter, S. 126.
6 ebd., S. 309.
7 ebd., S. 309.
8 Jung, Der archaische Mensch, S. 158.
9 Schumacher, Rückkehr zum menschlichen Maß.

NACHTHIMMELGÖTTIN UND MONDMYTHOLOGIE

1 Neumann, Ursprungsgeschichte, S. 23.
2 ebd., S. 25.
3 ebd., S. 57.
4 Neumann, Die Große Mutter, S. 209.
5 Tompkins, Cheops, passim.
6 vergl. Weiler, Ich verwerfe im Lande die Kriege, S. 43 und 99.
7 Neumann, Die Große Mutter, S. 181, Anm. 138.
8 ebd., S. 152.
9 ebd., S. 152.
10 ebd., S. 167.
11 ebd., S. 148.
12 Erman, Die Religion der Ägypter, S. 30 f.
13 ebd., S. 30.
14 Bonnet, alle Zitate: Ägyptische Religionsgeschichte, S. 277 ff.
15 Neumann, Die Große Mutter, S. 152.
16 Neumann, Die Große Mutter, S. 36, 87, 152, 163, 184, 214, und Ursprungsgeschichte, S. 63 f.
17 ders., Die Große Mutter, S. 163.
18 ders., Ursprungsgeschichte, S. 58.
19 Erman, Die Religion der Ägypter, S. 437 f.
20 Bonnet, Ägyptische Religionsgeschichte, S. 470.
21 Tutanchamun, Ausstellungskatalog, Abb. S. 145.
22 Jacobsen, Die dogmatische Stellung des Königs in der Theologie der alten Ägypter, S. 22.
23 Ungnad, Die Religion der Babylonier und Assyrer, S. 165.
24 Weiler, Ich verwerfe im Lande die Kriege, S. 37 ff.
25 ebd., S. 367 f.
26 Bachofen, Das Mutterrecht, S. 133.
27 ebd., S. 132 ff.
28 ebd., S. 52.
29 Neumann, Mond, S. 76.
30 Ranke-Graves, Griechische Mythologie, 42.1.
31 Bachofen, Das Mutterrecht, S. 426.
32 Usener, Götternamen, S. 27.
33 Erman, Die Religion der Ägypter, S. 438 f.
34 Bachofen, Das Mutterrecht, S. 133.
35 Erman, Die Religion der Ägypter, S. 419 ff.
36 Müller, Die stillende Gottesmutter in Ägypten, S. 21.
37 Rush, Mond, Mond, S. 63.
38 ebd., S. 127 f.
39 Göttner-Abendroth, Die Göttin und ihr Heros, S. 57.
40 Neumann, Mond, S. 88.
41 ebd., S. 88.
42 ebd., S. 87 f.
43 Bonnet, Ägyptische Religionsgeschichte, S. 493.
44 Sirach, 24. 5 ff.
45 Neumann, Mond, S. 79.

46 ebd., S. 83 f.
47 ebd., S. 85 f.
48 ebd., S. 86.
49 ebd., S. 116.
50 Neumann, Kunst und schöpferisches Unbewußtes, S. 16.
51 ebd., S. 15.
52 ebd., S. 15.
53 Neumann, Mond, S. 73 f.
54 Borheim, Athena, S. 41.
55 Lutz, Frauenzukünfte, S. 190.
56 ebd., S. 190.

DIE FURCHTBARE MUTTER

1 Neumman, Die Große Mutter, S. 148 f.
2 ebd., S. 147.
3 ebd., S. 148.
4 Jung, Wurzeln, S. 116.
5 Homer, Odyssee III, 306 ff.
6 Weiler, Ich verwerfe im Lande die Kriege, S. 319 f.
7 Jung, Wurzeln, S. 116.
8 Hesse, Narziß und Goldmund, S. 184.
9 Barz, Männersache, S. 113.
10 Neumann, Die Große Mutter, S. 148.
11 ebd., S. 165 f.

DAS GEHEIMNIS DER GORGO MEDUSA

1 Hesiod, Theogonie 278 f.
2 Herodot IV, 180.
3 Erman, Zeitschrift für ägyptische Sprache Nr. 38, S. 130.
4 Ranke-Graves, Griechische Mythologie, 8.2.
5 Apollodor, II 4,3,8; Lykius, 838.
6 Apollonios Rhodios IV, 1310.
7 Herodot, IV, 180.
8 Paulys Real-Enzyklopädie der klassischen Altertumswissenschaften, Band 7.2, Spalte 1632.
9 Diodor, III 52.4, 54.7, 55.3.
10 Ranke-Graves, 9.5.
11 Herodot, IV, 139.
12 Borbein, Athena, S. 41.
13 Apollidor, Buch II, Kap. 4, 5 und 10.
14 vergl. Richter 6, 36 – 40.
15 Lucanus IX, 655 ff.
16 Ranke-Graves, Griechische Mythologie, 50.3.
17 Levezow, Gorgonen-Ideal.

LILITH – EINE GÖTTIN WIRD ZUR VERDERBERIN

1 Gardiner, Egyptian Grammar, S. 522, Sign List V 9 und V 10, Detail-Abb. S. 74.
2 Frankfort, The Burney-Relief, S. 129.
3 Opitz/Van Buren, Die vogelfüßige Göttin auf dem Löwen, S. 350.
4 ebd., S. 350.
5 Hurwitz, Lilith, S. 36.
6 zitiert bei Hurwitz, Lilith, S. 34 f.
7 Opitz/Van Buren, Die vogelflüßige Göttin, S. 271.
8 Hurwitz, Lilith, S. 19.
9 Neumann, Die Große Mutter, S. 82; s. oben Abb. 1.
10 ebd., S. 145.
11 ebd., S. 146 und Anm. 80.
12 Jesaja 34.2.
13 Jesaja 34.9 – 14.
14 Hurwitz, Lilith, S. 20.
15 Eisenstein, Ozar Midraschim, S. 35.
16 Weiler, Ich verwerfe im Lande die Kriege, S. 117 ff.
17 Schmidt, Thronfahrt Jahwes;
Volz, Das Neujahrsfest Jahwes; Widengren, Sakrales Königtum im Alten Testament.
18 Weisheit Salomos 8.2 – 18.
19 Wolf-Graaf, Frauenarbeit, S. 361.
20 Hurwitz, Lilith, S. 36.
21 ebd., S. 37.
22 ebd., S. 38.
23 ebd., S. 37.
24 5. Mose 32.17.
25 Hurwitz, Lilith, S. 38.
26 Sohar I 55 a.
27 Hurwitz, Lilith, S. 106.
28 Jung, Das Geheimnis der Goldenen Blüte, S. 145.
29 ebd., S. 146.
30 Hurwitz, Lilith, S. 66.
31 ebd., S. 163.
32 Neumann, Die Große Mutter, S. 16.
33 ebd., S. 159.
34 ebd., S. 163.
35 Firestone, Frauenbefreiung, S. 147.
36 Hurwitz, Lilith, S. 171.
37 ebd., S. 171; Zitat Neumann, Die Große Mutter, S. 48.
38 ebd., S. 144.
39 ebd., S. 145.
40 ebd., S. 135 f.
41 ebd., S. 173.
42 ebd., S. 141.
43 Radforth Ruether, Frauenbefreiung und Wiederversöhnung mit der Erde, S. 201.

DIE KÖNIGIN IM FENSTER

1 Hurwitz, Lilith, S. 43.
2 ebd., S. 42.
3 Thimme, Jürgen, Phönizische Elfenbeine, S. 22.
4 ebd., S. 23.
5 Sethe, Beiträge zur ältesten Geschichte Ägyptens, S. 133 f.
6 Vandenberg, Nofretete, Echnaton und ihre Zeit, S. 206.
7 2. Könige 9.32.
8 2. Könige 9.33 ff.
9 2. Könige 10.31.
10 Josua 2.15.
11 Ranke-Graves, Griechische Mythologie, 73.6.
12 Böhl, Der Gott mit den fünfzig Namen, S. 191 ff.
13 Jesaja 51.9; Hiob 9.13; Hiob 26.12.
14 Hurwitz, Lilith, S. 39.
15 Gilgamesch-Epos, S. 15.
16 Bettelheim, Kinder brauchen Märchen, S. 132.
17 ebd., S. 46.
18 Neumann, Ursprungsgeschichte, S. 283.
19 ebd., S. 283.
20 ebd., S. 282 f.

DIE JUNGFRAU MUSS GENOMMEN WERDEN

1 Scherr, Die Hexe von Glarus, S. 201 ff.
2 Meulenbelt, „Nein, Vater, hör auf!“, S. 151.
3 Sölle, Aufrüstung tötet auch ohne Krieg, S. 7 f.
4 Neumann, Die Große Mutter, S. 48.
5 Bachofen, Das Mutterrecht, S. 235.
6 Neumann, Ursprungsgeschichte, S. 76.
7 Neumann, Die Große Mutter, S. 48.
8 ebd., S. 187.
9 4. Mose 31.7,9 und 14 – 18.
10 Neumann, Kind, S. 198.
11 Barz, Männersache, S. 102.

PERSÖNLICHKEITSMITTE UND SELBSTFINDUNG DER FRAU

ANIMA

1 Jung/Wilhelm, Das Geheimnis der Goldenen Blüte, S. 42.
2 Neumann, Das Kind, S. 106.
3 Kast, Paare.
4 Jung, Beziehungen, S. 83.
5 Jung/Wilhelm, Goldene Blüte, S. 45.
6 Kast, Paare.

7 Göttner-Abendroth, Die Göttin und ihr Heros, S. 174.
8 ebd., S. 174.
9 Neumann, Ursprungsgeschichte, S. 12, Anm.
10 ders., Stadien, S. 33.
11 ders., Ursprungsgeschichte, S. 182.
12 ebd., S. 183.
13 Brecht, Kalendergeschichten, S. 129 f.
14 Neumann, Die Große Mutter, S. 309.
15 Jung, Gesammelte Werke 9/1, S. 200.
16 Neumann, Das Kind, S. 96.
17 Jung, Wurzeln, S. 99.
18 ders., Eranos-Jahrbuch 1938, S. 407.
19 Rehberg, Robert Schumann, S. 12.
20 ebd., S. 15.
21 Neumann, Die Große Mutter, S. 39.
22 Jung, Wurzeln, S. 108.
23 ders., Beziehungen, S. 82.
24 ebd., S. 87.
25 Holzkamp/Steppke, Erziehung als Wissenschaft, S. 77.
26 Brückner, Tödliche Liebesphantasien, S. 216 ff.
27 Becker/Bovenschen u.a., Aus der Zeit der Verzweiflung.
28 Harding, Frauenmysterien, S. 255.
29 ebd., S. 290.
30 Birkhäuser-Oeri, Die Mutter im Märchen, S. 287.
31 Titel einer Life-Buch-Serie.
32 Neumann, Ethik, S. 39.
33 Sorge, Religion und Frau, S. 73.
34 Jacobi, Die Psychologie von C. G. Jung, S. 193.
35 ebd., S. 192 f.
36 Neumann, Die Große Mutter, S. 309.
37 Rilke, Briefe an einen jungen Dichter, S. 41 f.

ANIMUS

1 Jacobi, Die Psychologie von C. G. Jung, S. 189.
2 Barz, Männersache, S. 128.
3 Jung/Wilhelm, Das Geheimnis der Goldenen Blüte, S. 44.
4 Jung, Beziehungen, S. 100.
5 ebd., S. 102.
6 ebd., S. 101.
7 de Witt, Zeit zum Umdenken, S. 20 f. und S. 2.
8 Jung, Beziehungen, S. 103.
9 ebd., S. 87; vergl. oben S. 211.
10 Wisselinck, Frauen denken anders.
11 Gilligan, Die andere Stimme;
Eichenbaum/Orbach, Feministische Psychotherapie;
dies., Ganz Frau und wirklich frei.
12 Göttner-Abendroth, Die Göttin und ihr Heros;
dies., Die tanzende Göttin;

Weiler, Ich verwerfe im Lande die Kriege.
13 Jung, Beziehungen, S. 103.
14 ebd., S. 103.
15 Jacobi, Die Psychologie von C. G. Jung, S. 181.
16 Jung, Emma, Animus und Anima, Zürich 1967, S. 30 f.
17 Jung, Beziehungen, S. 104.
18 Jacobi, Die Psychologie von C. G. Jung, S. 188 f.
19 Jung/Wilhelm, Das Geheimnis der Goldenen Blüte, S. 45.
20 ebd., S. 46.
21 Neumann, Stadien, S. 56 f.
22 ebd., S. 35.
23 ebd., S. 30.
24 ebd., S. 34.
25 ebd., S. 26.
26 ebd., S. 51.
27 ebd., S. 53.
28 ebd., S. 56.
29 Eichenbaum/Orbach/Gilligan, vergl. Anm. 11.
30 Neumann, Stadien, S. 57.
31 ebd., S. 35.
32 Mulack, Die Weiblichkeit Gottes;
Wolff, Jesus, der Mann;
Wagner-Feller, Die Muttergottheit bei Erich Neumann.
33 Neumann, Ursprungsgeschichte, S. 195.
34 ders., Stadien, S. 28.
35 ebd., S. 32.
36 Neumann, Die Große Mutter, S. 16.
37 ders., Stadien, S. 30.
38 ebd., S. 3.
39 ebd., S. 34.
40 Neumann, Ursprungsgeschichte, S. 45.
41 ders., Stadien, S. 26.
42 ders., Ursprungsgeschichte, S. 112 ff.
43 ders., Amor und Psyche, S. 11.
44 ebd., S. 147.
45 ebd., S. 132.
46 ebd., S. 120.
47 ebd., S. 156.
48 Brief des Paulus an die Epheser 5.22 f.
49 Neumann, Amor und Psyche, S. 152.
50 Neumann, Stadien, S. 49.
51 Neumann, Ursprungsgeschichte, S. 45.
52 ebd., S. 47.
53 Göttner-Abendroth, Die Göttin und ihr Heros, S. 8.
54 Neumann, Stadien, S. 26.
55 ebd., S. 48.
56 ebd., S. 53.

DIE GOLDENE BLÜTE – DIE UMFASSENDE KOSMISCHE LIEBESIDEE GESTALTET SICH IN TRÄUMEN

1 Jung, Das Geheimnis der Goldenen Blüte, S. 26.
2 Tut-anch-Amun-Katalog, Abb. 141.
3 Franz, Das Selbst, S. 203.
4 Neumann, Ursprungsgeschichte, S. 198.
5 Franz, Das Selbst, S. 202.
6 ebd., S. 203.
7 Weiler, Ich verwerfe im Lande die Kriege, S. 116, 124, 168, 179 und öfter.
8 Franz, Das Selbst, S. 206 ff.
9 Neumann, Religion, S. 114 ff.
10 ebd., S. 116.
11 ebd., S. 118 f.
12 ebd., S. 121 f.
13 ebd., S. 122.
14 ebd., S. 118.
15 ebd., S. 122.
16 ebd., S. 120.
17 ebd., S. 123.
18 ebd., S. 123, Anm. 21.
19 ebd., S. 124.
20 ebd., S. 125.
21 ebd., S. 127.
22 ebd., S. 127 f.
23 ebd., S. 131.
24 ebd., S. 131.
25 ebd., S. 129 f.
26 ebd., S. 114.
27 ebd., S. 133.
28 ebd., S. 135.
29 ebd., S. 135.
30 Bonnet, Ägyptische Religionsgeschichte, S. 846.
31 Weiler, Ich verwerfe im Lande die Kriege, S. 325 f.

WERKE VON CARL GUSTAV JUNG

Psychologische Typen, Gesammelte Werke, Bd. 6, Olten 1950 (Erstveröffentlichung 1921)

Die Beziehung zwischen dem Ich und dem Unbewußten, Ges. Werke, Bd. 7, Olten 1964 (1928)

Über die Energetik der Seele, Ges. Werke, Bd. 8, Olten 1967 (1928)

C. G. Jung/Richard Wilhelm: Das Geheimnis der Goldenen Blüte. Ein chinesisches Lesebuch, Olten 1971^{3} (1929)

Seelenprobleme der Gegenwart, Ges. Werke, Bd. 16, Zürich 1950^{5} (1931)

Zur Empirie des Individuationsprozesses, Ges. Werke, Bd. 9/I, Olten 1978^{3}, (Eranos-Jahrbuch 1933)

Wirklichkeit der Seele, Zürich 1947^{3}, (1934)

Über die Archetypen des kollektiven Umbewußten, Ges. Werke, Bd. 9/I, Olten 1978^{3} (Eranos-Jahrbuch 1934)

Die Erlösungsvorstellungen in der Alchemie, Ges. Werke, Bd. 12, Olten 1952 (Eranos-Jahrbuch 1936)

Die psychologischen Aspekte des Mutterarchetypus, Ges. Werke, Bd. 9/I, Olten 1978^{3} (Eranos-Jahrbuch 1938)

C. G. Jung/Karl Kerényi: Einführung in das Wesen der Mythologie, Zürich 1951 (1941)

Psychotherapie und Weltanschauung, Ges. Werke, Bd. 16, Olten 1958 (1943)

Psychologie und Alchemie, Ges. Werke, Bd. 12, Olten 1952 (1944)

Psychologische Betrachtungen, hrsg. von Jolande Jacobi, Olten 1971 (1945)

Zur Psychologie des Geistes, Zürich 1946 (Eranos-Jahrbuch 1945)

Die Psychologie der Übertragung, Ges. Werke, Bd. 16, Olten 1958 (1946)

Psychologie und Erziehung, Ges. Werke, Bd. 17, Olten 1972 (1946)

Antwort auf Hiob, Ges. Werke, Bd. 11, Olten 1963 (1952)

Von den Wurzeln des Bewußtseins, Zürich 1954

Mysterium Conjunctionis, Ges. Werke, Bd. 14, Olten 1968 (1955/56)

WERKE VON ERICH NEUMANN IN CHRONOLOGISCHER REIHENFOLGE

Ursprungsgeschichte des Bewußtseins, Tb., München 1974² (Erstveröffentlichung 1949)

Tiefenpsychologie und neue Ethik, München 1973 (1949)

Betrachtungen über den Schatten, in: *Der Psychologe,* Schwarzenburg/Bern 1949-1964; 1950²

Urbeziehung zur Mutter, in: *Der Psychologe 3,* 1951

Amor und Psyche, Zürich 1952

Umkreisung der Mitte, Zürich 1953: Band I: Kulturentwicklung und Religion
Band II: Zur Psychologie des Weiblichen; Die psychologischen Stadien der weiblichen Entwicklung; Über den Mond und das matriarchale Bewußtsein; Zu Mozarts Zauberflöte
Band III: Kunst und schöpferisches Unbewußtes; Leonardo da Vinci und der Mutterarchetyp; Bemerkungen zu Marc Chagall

Symbolik des Märchens, in: *Der Psychologe 6,* 1954

Narzißmus, Automorphismus und Urbeziehung, in: *Studien zur Analytischen Psychologie C. G. Jungs,* Zürich 1955

Die Große Mutter, Olten 1974 (1956)

Freud und das Vaterbild, in: *Merkur 8,* 1956, Deutsche Zeitschrift für europäisches Denken, Stuttgart

Tod, Auferstehung, Weltordnung, in: *Der Psychologe 9,* 1957

Chagall und die Bibel, in: *Merkur 8,* 1958

Das Gericht – Kafka-Kommentar in Geist und Werk, Zürich 1958

Die Angst vor dem Weiblichen, in: *Die Angst – Studien aus dem C. G. Jung-Institut,* Zürich 1958/59

Der schöpferische Mensch, Zürich 1959

Das Schöpferische als Zentralproblem der Psychotherapie, in: *Acta Psychotherapeutica et Psychosomatica,* Basel/New York 1960

Die archetypische Welt Henry Moores, Zürich 1961

Krise und Erneuerung, Zürich 1961

Die Deutung des genetischen Aspekts für die Analytische Psychologie, in: *Current Trends in Analytical Psychology,* London 1961

Gewissen, Ritual und Tiefenpsychologie, in: *Der Kult und der heutige Mensch,* München 1961

Das Kind – Struktur und Dynamik der werdenden Persönlichkeit, Zürich 1963

ERANOS-VORTRÄGE
(veröffentlicht in den Eranos-Jahrbüchern Rhein-Verlag, Zürich)

Der mystische Mensch, 1948
Die mythische Welt und der Einzelne, 1949
Über den Mond und das matriarchale Bewußtsein, Sonderband 1950
Zur psychologischen Bedeutung des Ritus, 1950
Kunst und Zeit, 1951
Die Psyche und dieWandlung der Wirklichkeitsebenen, 1952
Die Bedeutung des Erdarchetypus für die Neuzeit, 1953
Der schöpferische Mensch und die Wandlung, 1954
Die Erfahrung der Einheitswirklichkeit und die Sympathie der Dinge, 1955
Der schöpferische Mensch und die große Erfahrung, 1956
Die Sinnfrage und das Individuum, 1957
Frieden als Symbol des Lebens, 1958
Das Bild des Menschen in Krise und Erneuerung, 1959
Die Psyche als Ort der Gestaltung, 1960

LITERATURVERZEICHNIS

ALLAM, Schafik: Beiträge zum Hathorkult bis zum Ende des Mittleren Reiches, in: Münchner Ägyptologische Studien Nr. 4, Berlin 1963

Analecta Orientalia, Rom 1931 ff.

BACHOFEN, Johann Jakob: Das Mutterrecht, Tb., Frankfurt/Main 1978[2]

BARZ, Helmut: Männersache – Kritischer Beifall für den Feminismus, Zürich 1984

BECKER, Gabriele, BOVENSCHEN, Silvia, u. a.: Aus der Zeit der Verzweiflung – Zur Genese und Aktualität des Hexenbildes, Frankfurt/Main 1977

BETTELHEIM, Bruno: Kinder brauchen Märchen, Tb., München 1980

BIRKHÄUSER-OERI, Sibylle: Die Mutter im Märchen – Deutung der Problematik des Mütterlichen und des Mutterkomplexes am Beispiel bekannter Märchen, hrsg. von Marie-Louise von Franz, Stuttgart 1976

BÖHL, Franz M. Th.: Die fünfzig Namen des Marduk, in: *Archiv für Orientforschung,* Bd. XI, 1936/37

BONNET, Hans: Reallexikon der ägyptischen Religionsgeschichte, Berlin 1971

BOOKCHIN, Murray: Ökologie der Freiheit – Wir brauchen keine Hierarchien, Weinheim 1985

BORHEIM, Adolf H.: Die Athena Rospigliosi, in: *Marburger Winckelmann-Programm,* Berlin 1970

BRECHT, Bert: Kalendergeschichten, Hamburg 1960

BRIFFAULT, Robert: The Mothers, 3 Bände, London/New York 1927

BRÜCKNER, Margrit: Tödliche Liebesphantasien – Frauenbilder zwischen Jungfrau Maria und der Verführerin Eva, in: *Frauen und Macht – der alltägliche Beitrag der Frauen zur Politik des Patriarchats, Berlin* 1984

CAPRA, Fritjof C.: Wendezeit – Bausteine für ein neues Weltbild, München/Bern 1983

DEUBNER, Ludwig: Attische Feste, Berlin 1932

EICHENBAUM, Luise und ORBACH, Susi: Feministische Psychotherapie – auf der Suche nach einem neuen Selbstverständnis der Frau, München 1984

dies.: Ganz Frau und wirklich frei, Düsseldorf/Wien 1984

EISENSTEIN, J. D.: Ozar Midraschim, New York 1928

EITREM, Samson: Eleusinia – les mystères et l'agriculture, in: *Symbolae Osloenses XX,* Oslo 1940

ERKES, Eduard: Geisteswandel der Götter in China, in: *Forschungen und Fortschritte,* Berlin, Dezember 1947

ERMAN, Adolf: Die Religion der Ägypter, Berlin/Leipzig 1934

FAULKNER, R. O.: Das Klagelied des Ipuwer, in: *Journal of Egyptian Archaeologie,* Bd. 51, London 1965

FIRESTONE, Sulamith: Frauenbefreiung und sexuelle Revolution, Frankfurt/Main 1975

FRANKFORT, Henry: The Burney-Relief, in: *Archiv für Orient-Forschung,* Bd. XII, Berlin 1937-1939

FRANZ, Marie-Louise von: Das Selbst, in: *Der Mensch und seine Symbole,* Olten/Freiburg 1980

GARDINER, Alan H.: Egyptian Grammar – being an introduction to the study of Hieroglyphes, London 1964
GILGAMESCH-EPOS, Reklam, Stuttgart 1958
GILLIGAN, Carol: Die andere Stimme – Lebenskonflikte und Moral der Frau, München 1984
GÖTTNER-ABENDROTH, Heide: Die Göttin und ihr Heros, München 1980
dies.: Die tanzende Göttin – Prinzipien einer matriarchalen Ästhetik, München 1982
GROSS, Rudolf: Farbsymbolik im Wandel der Jahrtausende – Warum die Liebe rot ist, Düsseldorf/Wien 1981
GRUHL, Herbert: Ein Planet wird geplündert – Die Schreckensbilanz unserer Politik, Tb., Frankfurt/Main 1981
HABER, Heinz: Gefangen in Raum und Zeit, Stuttgart 1975
HARDING, Esther: Frauenmysterien einst und jetzt, mit einem Geleitwort von C. G. Jung, Zürich 1949
HAUSER-SCHÄUBLIN, Brigitta: Frauen in Kararan – Zur Rolle der Frau bei den Iatmul am Mittelsepik, Papua, New Guinea, Basler Beiträge zur Ethnologie, Bd. 18, Dissertation, Basel 1975, Basel 1976
dies.: Vom Terror und Segen des Blutes – die Emanzipation des Mannes von der Frau, in: *Wiener völkerkundliche Mitteilungen 19/20,* 1977/78
HELLIGER, Sabine: Weibliche Aspekte im Gottesbild – Untersuchungen zu Clemens von Alexandria, Zulassungsarbeit zum theologischen Staatsexamen, Basel 1981
HESSE, Hermann: Narziß und Goldmund, Tb., Frankfurt/Main 1981
HOLZKAMP, Christine und STEPPKE, Gisela: Erziehung als Wissenschaft und Erziehung als produktive Tätigkeit, in: *Mythos Frau – Projektionen und Inszenierungen im Patriarchat,* Berlin 1984
HORNUNG, Erik: Der Eine und die Vielen, Darmstadt 1971
HURWITZ, Siegmund: Lilith, die erste Eva – Eine Studie über dunkle Aspekte des Weiblichen, Zürich 1980
JACOBI, Jolande: Die Psychologie von C. G. Jung, Zürich/Stuttgart 1959
JACOBS, Jürgen, LEYHAUSEN, Paul, u.a.: Ökologische Vorschriften gegen den Fortschritt, in: *Bild der Wissenschaft,* Stuttart 1977
JACOBSEN, Helmuth: Die dogmatische Stellung des Königs in der Theologie der alten Ägypter, Dissertation München 1938, Glückstadt/Hamburg/New York 1955
KAST, Verena: Paare – Beziehungsphantasien oder wie Götter sich in Menschen spiegeln, Reihe Symbole, Stuttgart/Zürich 1984
KERÉNYI, Karl und C. G. JUNG: Einführung in das Wesen der Mythologie, Zürich 1951
KÖNIG, Marie: Die Frau im Kult der Eiszeit, in: *Weib und Macht,* Frankfurt 1980
LEE, Dorothy: Freedom and Culture, Englewood Cliffs, N. J. 1959
LEVEZOW, Konrad: Die Entwicklung des Gorgonen-Ideals in der Poesie und bildenden Kunst der Alten, in: *Abhandlungen der Akademie der Wissenschaften,* Berlin 1832
LOVINS, Amory B.: Sanfte Energie – Das Programm für die energie- und industriepolitische Umrüstung unserer Gesellschaft, Reinbek 1978
LUTZ, Rüdiger (Hrsg.): Frauenzukünfte, Weinheim/Basel 1984
MANSHOLT, Sicco: Die Krise, Europa und die Grenzen des Wachstums, Reinbek 1974
MEADOW, Dennis, MEADOW, Donella, ZAHN, Erich u.a.: Die Grenzen des Wachstums – Bericht des Club of Rome zur Lage der Menschheit, Stuttgart 1972

MELLAART, James: Catal Hüjük, Stadt aus der Steinzeit, Bergisch Gladbach 1967
MEULENBELT, Anja: „Nein, Vater, hör auf!" – Über Sexualität und Gewalt, in: *Feminismus – Aufsätze zur Frauenbefreiung,* München 1982
MONHEIM-GEFFERT, Marga: Geschlechterkampf im alten Israel, in: *2 x Patriarchat,* Bonn 1982^2
MÜLLER, Hans Wolfgang: Die stillende Gottesmutter in Ägypten, Hamburg 1933
MULACK, Christa: Die Weiblichkeit Gottes – Matriarchale Voraussetzungen des Gottesbildes, Stuttgart/Zürich 1983
OPITZ, Dietrich und VAN BUREN, E. Douglas: Die vogelfüßige Göttin auf dem Löwen, in: *Archiv für Orientforschung,* Bd. XI, Berlin 1934–1936
PAULYS Real-Encyklopädie der Classischen Altertumswissenschaften, hrsg. von Georg Wissowa, Stuttgart 1894 ff.
RADFORD RUETHER, Rosemary: Frauenbefreiung und Wiederversöhnung mit der Erde, in: *Frauenbefreiung,* hrsg. von E. Moltmann, München 1978
RANKE-GRAVES, Robert von: Griechische Mythologie, Quellen und Deutung, Hamburg 1960
REHBERG, Paula und Walter: Robert Schumann – Sein Leben und sein Werk, Zürich/Stuttgart 1969
RILKE, Rainer Maria: Briefe an einen jungen Dichter, Leipzig 1929
ROEDER, Günther: Urkunden zur Religion des alten Ägypten, Jena 1915
RUSH, Anne Kent: Mond, Mond, München 1976
PLATON, Gesammelte Werke, griechischer Text von Emilie Chambry, deutsche Übersetzung von Friedrich Schleiermacher, überarbeitet von Dietrich Kurz, Darmstadt 1971
SCHÄRF, Rivkah Kluger: Psyche and Bible, New York 1974
SCHERR, Johannes: Die Hexe von Glarus, in: *Menschliche Tragikomödie 6. Teil,* München 1928
SCHMIDT, Hans: Die Thronfahrt Jahwes am Fest der Jahreswende im Alten Israel, Tübingen 1927
SCHUMACHER, E. F.: Rückkehr zum menschlichen Maß – Alternativen für Wirtschaft und Technik – Mittlere Technologie in der Praxis, Reinbek 1977
ders.: Es geht auch anders – Jenseits des Wachstums – Technik und Wirtschaft nach Menschenmaß, München/Wien/Basel 1974
SETHE, Kurt: Die altägyptischen Pyramidentexte nach Papierabdrücken und Photographien des Berliner Museums, Darmstadt 1960^2
ders.: Kommentar zu den altägyptischen Pyramidentexten, Glückstadt, o.J.
ders.: Beiträge zur ältesten Geschichte Ägyptens, Leipzig 1905
SHUTTLE, Penelope und REDGROVE, Peter: Die weise Wunde Menstruation, Tb., Frankfurt 1982
SJÖÖ, Monica und MOR, Barbara: Die Wiederkehr der Göttin – Die Religion der großen kosmischen Mutter und ihre Vertreibung durch den Vatergott, Braunschweig 1985
SÖLLE, Dorothee: Aufrüstung tötet auch ohne Krieg, Stuttgart 1982
SORGE, Elga: Religion und Frau – Weibliche Spiritualität im Christentum, Stuttgart 1985
SPIEGELBERG, Wilhelm: Königsstatuen unter dem Bilde des Nilgottes, in: *Bulletin de l'Institut francais d'archeologie orientale,* Kairo 1901 ff.
STEINMEYER, Fritz-Joachim: Das Industriesystem produziert seine Opfer – Ansätze einer sozialen Gegenstrategie, Stuttgart 1972

TAYLOR, Gordon Rattray: Das Selbstmordprogramm – Zukunft oder Untergang der Menschheit, Frankfurt/Main 1971

THIMME, Jürgen: Phönizische Elfeinbeine, in: *Alte Welt* 1/1973, Bildhefte des Badischen Landesmuseums

TOMPKINS, Peter: Cheops – Die Geheimnisse der Großen Pyramide – Zentrum allen Wissens der alten Ägypter, München/Zürich 1973[4]

TROJA. Heinrich Schliemanns Ausgrabungen und Funde, Ausstellung des Museums für Vor- und Frühgeschichte, 1982, Berliner Gesellschaft für Anthropologie, Ethnologie und Urgeschichte, Schloß Charlottenburg Landhausbau, 1000 Berlin 19, nur direkt, nicht über den Buchhandel erhältlich

TUTANCHAMUN, Kestner-Museum, Tramplatz 3, Hannover 1981

UNGNAD, Artur, Hrsg.: Die Religion der Babylonier und Assyrer, Jena 1921

USENER, Hermann: Götternamen – Versuch einer Lehre von der religiösen Begriffsbildung, Bonn 1929[2]

VANDENBERG, Philipp: Nofretete, Echnaton und ihre Zeit, Bern/München 1976

VESTER, Frederic: Neuland des Denkens – Vom technokratischen zum kybernetischen Zeitalter, München 1984

VOLZ, Paul: Das Neujahrsfest Jahwes, Tübingen 1912

WAGNER-FELLER, Maria: Die Muttergottheit bei Erich Neumann, Zulassungsarbeit zum theologischen Staatsexamen, Bonn 1980

WEILER, Gerda: Ich verwerfe im Lande die Kriege – Das verborgene Matriarchat im Alten Testament, München 1984

WESTENDORFF, Wolfhart: Amenophis IV. in Urgottgestalt, in: *Pantheon Nr. XXI*, München 1963

WIDENGREN, Geo: Sakrales Königtum im Alten Testament und im Judentum, Franz-Delitzsch-Vorlesungen 1952, Stuttgart 1955

WISSELINCK, Erika: Frauen denken anders, Straßlach 1984

WITT, Siegfried de, Hrsg.: Zeit zum Umdenken – Kritik an v. Weizsäckers Atom-Thesen, Reinbek 1979

WOLFF, Hanna: Jesus, der Mann – Die Gestalt Jesu in tiefenpsychologischer Sicht, Stuttgart 1975

Zeitschrift für ägyptische Sprache und Altertumskunde, Leipzig

GERDA WEILER
1921 in Berlin geboren, war Lehrerin mit Schwerpunkt Religion. Später studierte sie Psychologie, mußte aber aus familiären Gründen das Studium abbrechen. Sie machte eine Zusatzausbildung für Erwachsenenbildung und wurde an der Volkshochschule tätig. Sie ist Mitbegründerin des Vereins „Frauen lernen gemeinsam" im Frauenzentrum Freiburg/Br. 1984 erschien ihr viel beachtetes Buch „Ich verwerfe im Lande die Kriege – Das verborgene Matriarchat im Alten Testament".

Gerda Weiler

ICH VERWERFE IM LANDE DIE KRIEGE

Das verborgene Matriarchat im Alten Testament

424 S., DM 39.80, ISBN 3–88104–140–0

Noch heute werden die Gesellschaftsmuster der abendländischen Menschheit entscheidend durch die Inhalte der alttestamentlichen Religion geprägt. Unbewußt und darum umso nachhaltiger bestimmt die patriarchale Denknorm der Bibel unsere Befindlichkeit in dieser Welt. Der vom Alten Testament ausgehende Geist macht Frauen zu Unterdrückten und zu Projektionsträgerinnen des Bösen. Davon sind *alle* Frauen betroffen. Doch auch das Volk der Bibel wurzelt im matriarchalen Urgrund. In Kenntnis der altorientalischen Ritualtexte führt Gerda Weiler die biblischen Familien- und Erzvätergeschichten auf matriarchale Kultlegenden – Lesetexte zum Ritualablauf – zurück und entlarvt die Vorstellung von einem patriarchalen Urmonotheismus als rückwärts gerichtete Projektion. Dabei erwachen vergessene Kulte zu neuem Leben, und die Bedeutung des matriarchalen Bewußtseins für die Heilung unserer am Patriarchat kranken Welt wird deutlich.

„*Dieses mutige Buch von Gerda Weiler hat verschiedene Dimensionen, die ich in theologischer Literatur nur allzu oft vermisse: Es ist ein* parteiliches Buch *insofern, als es von einem klar formulierten und durchgehaltenen erkenntnisleitenden Interesse getragen ist: das Alte Testament wird mit den Augen der Frau und ihrer Erfahrung in der Geschichte gelesen... Es ist ein* solidarisches *Buch... Und es ist ein* biophiles *und* zukunftsorientiertes *Buch insofern, als die Frage nach der Vorgeschichte der Sorge um die Zukunft dient.*"

Jürgen Lott

Frauenoffensive